권법 바이블

《기효신서》를 통해 본 고전 권법

紀效新書

권법 바이블

《기효신서》를 통해 본 고전 권법

최복규 지음

한국학술정보

◆ 저자의 글

몸의 길, 그 기록의 역사를 찾아서

≪기효신서≫를 처음 접한 것은 삼십여 년 전의 일이다. 전혀 예기치 않은 일이었지만 어쩌면 예정된 일인 것처럼 그렇게 조우했다. 돌이켜보면 스무 살 문턱을 넘어설 때까지 나는 무예를 짝사랑만 할 수밖에 없었다. 대학 입시에 올인해야 하는 팍팍한 대한민국의 중고등학교 시절은 꿈이 현실이 되는 것을 허락하지 않았기 때문이다. 왜 그렇게 무예를 갈망했던 것일까? 데이비드 캐러딘(David Carradine) 주연의 텔레비전 시리즈물 '쿵푸(Kung Fu)'[1]와 이소룡과 성룡의 홍콩 무협 영화의 세례를 과도하게 받았던 것일까? 은연중에 나 자신을 무협 속의 주인공에 투사하고 있었는지도 모른다. 내공을 쌓으면 거한도 한 방에 날려 보낼 수 있다는 허무맹랑한 설정을 철썩같이 믿고 있던 동심의 눈에 무예는 보통의 인간이 슈퍼맨이 될 수 있는 방법론으로 비쳐졌던 것 같다. 하지만 나에게 무예는 인간의 몸이란 구체적인 실재

1) 1972년 10월부터 1975년 4월까지 미국 ABC 방송국에서 방영된 텔레비전 시리즈물로 1970년대 초반 최고의 시청률을 기록한 드라마다. 70년대 후반쯤으로 기억되는데, 우리나라에서는 동양방송(TBC)에서 '쿵푸(Kung-fu)'라는 제명으로 방송되었다. 꽤 늦은 시간이었지만 졸린 눈과 싸우면서도 이 프로만큼은 가슴 졸이며 봤던 기억이 선하다. 이후 동양방송은 신군부에 의해 강제로 실시된 언론통폐합 조치에 따라 1980년 11월 30일을 끝으로 없어지고 만다.

에 투영된 지극히 사실적인 그 무엇이었다.

무예를 배우고자 하는 간절한 바람은 급기야 무술책을 보며 독학이라도 해야겠다는 데까지 이르렀다. 초등학교(당시엔 국민학교)의 막바지에 이르렀을 무렵, 부모님을 조르고 졸라 내외출판사에서 나온 소림권과 쿵후 교본을 어렵사리 구했을 때의 설렘을 어찌 말로 다 표현할 수 있을까?[2] 이내 골방에 틀어박혀 책을 펴놓고 한 동작 한 동작 따라하기 시작했다. 다음 동작을 할라치면 바로 전 동작을 기억하지 못해 다시 앞 장으로 넘어가는 수고로움 끝에 어쭙잖지만 반 정도는 해냈던 것 같다. 하지만 어느 순간 흐지부지되다가 이내 책을 덮고 말았다. 책을 보며 무예를 익히는 건 불가능하다는 나름의 결론을 내리며 말이다.

한참 뒤에나 깨달은 사실이지만 책을 통해 무예를 배운다는 얼토당토않은 생각은 무협 영화나 소설의 전형적인 소재인 '무예비급(武藝秘笈)'에서 온 것이었다. 곤경에 처한 주인공이 어렵사리 구한 비급의 무예를 익혀 악당을 한 번에 쳐부순다는 진부하지만 흥미진진한 얘기 말

2) 佐藤金兵衛 저, 조석주 역, ≪중국권법 소림권≫(서울: 내외출판사, 1979); 松田隆智 저, 이우진 역, ≪중국권법 쿵후교본≫(서울: 내외출판사, 1981). 이 책들은 아직 서가의 한 귀퉁이를 차지하고 있다. 40여 년의 세월을 함께 해온 셈이다.

이다. 그렇다고 해서 '동방불패'의 <규화보전>처럼 남성의 거세를 통해 절대 공력을 얻는다는 공상과학 무협을 믿을 정도로 순진하지는 않았다. 그보다는 실제적인 기법의 기록과 전달이라는 현실적인 설정에 더 매력을 느꼈다. 어쨌든 무의식적으로 각인된 무예비급에 대한 이미지가 훗날 내 삶의 방향을 결정하리라고는 그때는 꿈에도 생각지 못했다.

간절히 원하면 이루어진다는 말은 사실이었다. 대학에 들어간 후 무예 수업을 시작할 수 있게 되었다. 해범 김광석 선생님을 사사하면서 나의 무예에 대한 여정은 본격화되었다. 비록 시대가 시대인지라 무예 전통의 말단에서 그 향취를 조금밖에 맡지는 못했다는 고백을 하지만 몸을 통해 전해진 그 '느낌'만큼은 여전히 생생하게 남아 있다. 아울러 무예서를 보고 무술을 익힐 정도가 되기 위해서는 이미 그러한 이해를 가능하게 하는 지식 체계를 가지고 있어야 한다는 지극히 평범한 사실을 깨닫는 데 그리 오랜 시간이 걸리지 않았다.

느지막이(?) 시작된 무예 공부는 나의 삶에 숨통을 트여줬다. 인간 몸의 경이로운 움직임에 매료되어 밤낮을 잊은 채 이를 체화시키기 위해 노력했다. 어느새 전공인 물리학 공부는 뒷전으로 밀려나고 말았다. 필수 과목을 제외하고는 중국어, 한문, 동양철학, 역사 등 대부분의 인문학 관련 공부에 매진했다. 일종의 무데뽀 전략이기도 했지만 나름 체계를 가지고 있었다. 핵심에 무예가 놓여 있고 이 무예를 이해하기 위한 인문, 사회, 자연과학의 전방위적인 접근을 시도하고 있었으니 말이다. 그렇게 나의 20대는 무예와 하나가 되어가고 있었다.

그런데 어쩌면 나는 무예 수련이라는 핑계로 현실을 뒤로하고 있었다는 비판을 벗어나기 힘들지도 모른다. 80년대 말 90년대는 여전히 민주화가 진행 중인 상황이었다. 대학가는 데모가 일상이었고, 캠퍼스에는 늘 매캐한 최루탄 가스가 가득했다. 한가하게 무예 수련이나 하고 있는 내 모습이, 부조리한 현실 개혁을 열망하는 투사 친구들의 눈에 어떻게 비쳤을까 상상하는 건 어렵지 않다. 오매불망 내세를 그리며 현실은 안중에도 없이 종교에 빠져 있던 친구들이나 입신양명을 목표로 주어진 현실에서 최선의 위치를 차지하기 위해 올곧게 학업에만 몰두하는 친구들과 나는 동급으로 여겨졌던 것 같다. 하지만 그때나 지금이나 나는 한결같은 믿음을 가지고 있다. 나는 무예가 현실 개혁의 수단이자 방법론이 될 수 있다고 믿는다. 나에게 무예는 개체적 자아를 가진 인간, 그로 인해 이기적일 수밖에 없는 인간이 그 이기적인 자아를 극복하고 우주와 물아일체 되는 경지로 나아가기 위한 수양의 방편이다. 무예가 인간의 삶을 바꾸는 근본적인 계기가 될 수 있다는 생각은 인간의 의식 변화가 전제되지 않는 사회 변혁은 회의적일 수밖에 없다는 사실, 아니 불가능하다는 인식과 맞물려 더욱 강화될 수밖에 없었다.

책 읽기를 좋아하는 성향은 무예 공부에서도 이내 빛을 발하기 시작했다. 얼마 되지 않는 국내의 문헌에서 국외의 문헌들로 눈을 돌리게 되었다. 하지만 당시 국외 문헌은 매우 제한적으로밖에는 구할 수 없었다. 특히 중국 무술책을 구해볼 수 있는 루트는 한정되어 있었다. 명동의 중국대사관 앞에 위치한 중화서국이 대표적이다. 하지만 대부분 대만에서 출판된 서적들이었다. 중국 대륙 쪽 무술책들은 인사동에 위치한 동문선 서점을 통해 1990년부터 들어오기 시작했다. 이후 1992년 중국과 수교하면서부터 중국 대륙의 서적들이 본격적으로 유입되기 시작했다. 지금은 없어진 대학로에 위치한 삼련서점, 그리고 법인문화사, 화문서적 등이 중국 서적을 취급했다. 나는 중국[대만]에서 출판된 무예서들을 구하기 위해 주말이면 발길을 명동으로 인사동으로 대학로로 향하곤 했다.

물론 그렇다고 해서 처음부터 깊은 이해를 할 수 있었던 것은 아니었다. 그저 그림을 보고 상상의 나래를 펼치는 수준을 벗어나지 못했다. 그럼에도 무술책은 나를 매료시키기에 충분했다. 인간의 몸의 움직임이 이렇게까지 다양하게 확장될 수 있구나 하는 감탄을 한 적이 한두 번이 아니었다. ≪기효신서≫도 이럴 즈음 시야에 들어오게 되었다. 하지만 당시엔 ≪기효신서≫를 읽을 수 있을 정도의 고전무예에 대한 상식은커녕 고전 중국어에 대한 기초조차도 잡혀 있지 않았다. ≪무예도보통지≫를 배우고 공부하면서 곁가지로 ≪기효신서≫에까지 관심이 가는 정도였다. 그래서인지 ≪기효신서≫와 근현대 중국 무술책들을 대비해보면 나는 당시 후자에 더 흥미가 갔던 것 같다. ≪기효신서≫는 여전히 고리타분하게 느껴지는 고서일 뿐이었다.

하지만 아이러니하게 무예에 대한 공부가 깊어지면서 ≪기효신서≫는 점점 더 나에게 구체적인 그 무엇으로 다가왔다. ≪무예도보통지≫를 파고들면 들수록 ≪기효신서≫와의 거리가 점점 더 가까워졌던 것이다. 사실 무예서 편찬이라는 관점에서 보면 동아시아 무예사는 ≪기효신서≫에서 시작해 ≪무예도보통지≫에서 완결된다고 해도 과언이 아니다. ≪무예도보통지≫가 종착역이라면 ≪기효신서≫는 출발역인 셈이다. 오늘의 한국 무예가 직간접적으로 ≪무예도보통지≫와 연결되어 있다는 점을 고려하면 현재의 한국 무예를 이해하기 위해서는 ≪무예도보통지≫에 대한 이해가 선행되어야 하며, 다시 ≪무예도보통지≫를 제대로 이해하기 위해서는 ≪기효신서≫로 거슬러 올라가야 한다. ≪기효신서≫를 타파하지 않고는 한국 무예사 더 나아가 동아시아 무예사에 대한 그 어떤 통찰도 가능하지 않다는 결론에 이르게 되었다.

지금은 많이 수그러들었지만 1980년대 후반 90년대 초만 해도 한국

무예계의 화두는 '전통'이었다. 일제강점기에 유입된 검도와 유도, 해방을 전후한 시기 전해진 당수도[공수도]의 무예 담론에 맞서 등장한 전통무예 담론은 기존 무예 담론에 대한 비판적 시각을 견지함으로써 무예에 대한 자의식을 환기하는 데 기여하였다. 하지만 고유와 외래라는 단선적 흑백논리에 머물 뿐 문화 행위의 하나로 무예에 내재되어 있는 중층적인 발전 과정의 복선을 읽어내는 데는 실패하고 말았다.[3)]

이런 상황에서 ≪무예도보통지≫ 역시 냉철한 분석과 평가를 받아보기도 전에 ≪기효신서≫의 복사판이나 중국 무술의 아류에 지나지 않는다는 편견의 희생양이 되고 말았다. 사실 냉정하게 말하면 중국 무술이어서 혹은 일본 무술이어서 나쁠 이유는 없다. 모든 무예는 인간의 몸에 대한 통찰을 담고 있다는 점에서 어떤 보편적 가치를 공유하게 마련이다. 게다가 오늘날 우리가 즐기고 있는 다양한 스포츠 활동, 예컨대 축구, 농구, 야구, 테니스 등이 20세기 초에 외부로부터 들어온 것이라는 사실에는 하등 그 어떤 반발감도 가지지 않으면서 유독 무술에서 일본이니 중국이니 하는 선입견에 사로잡혀 호오의 감정을 이입하고 있다는 것은 이미 이런 식의 주장들이 감정적인 측면에 좌우되고 있다는 방증일 것이다. 아울러 무예가 민족주의와 결합하게 되고 대중들의 의식 속으로 교묘하게 파고들기 시작하면서 무예는 자민족중심주의의 상징처럼 여겨지게 되었다는 점 또한 간과해서는 안 될 것이다.

그런데 나의 관심은 정치성을 띤 이념적인 주장들과는 무관하게 인

---

3) 전통무예라는 개념 자체가 민족주의 감정에 호소하는 수준에 머물 뿐 어떤 확고한 인식론적 기반 위에 성립한 것은 아니었다. 우리 고유의 순수한 무예에 대한 집착은 민족주의와 반일주의에 의해 더욱 강화되었으며, 여전히 현재 진행형이다. 무예의 학적 연구를 위해서는 민족감정이나 개인적 호오와 같은 심리적 주관주의를 넘어서는 보다 객관적인 접근이 필요하다. 이러한 분위기 조성을 위해 무예학계가 좀 더 분발할 필요가 있다.

간의 움직임이라고 하는 어떤 보편적인 가치 체계를 지향하고 있었다. 나에게는 ≪무예도보통지≫가 전통무예가 아니어도 그것이 중국 무술의 보고여도 상관없다. ≪기효신서≫ 역시 마찬가지다. 국가주의, 일국주의(一國主義), 순혈주의 혹은 전통주의를 벗어나 인간이 왜, 어떻게 무예를 했는지, 역사 속에서 무예는 인간의 삶과 어떤 관련을 맺으며 발전해왔는지, 그리고 무예를 하는 그 인간의 의식 구조는 어떠했는지와 같은 보다 근본적인 질문에 더 관심을 가지고 있었다. 한마디로 '무예 인문학'이라고 할 수 있다. 따라서 모든 무예는 나의 존재론적 질문을 해결하기 위한 참고자료일 뿐이다.

20대의 나에게는 무협에 경도된 어린 시절의 동심이 여전히 남아 있었는지도 모른다. 하지만 지천명(知天命)을 맞이한 지금까지 무예에 대한 열정을 놓지 않고 있는 이유를 단순히 동심의 연장으로 치부할 수는 없을 것이다. 그렇다고 지난 세월 세속의 유혹에 한 치의 흔들림도 없이 살아왔노라고 군자연할 생각도 없다. 무예로 밥 벌어 먹고사는 게 쉽지 않은 현실에서 나 역시도 많은 고민을 했다. 하지만 뭐랄까, 그 어떤 것보다 무예는 나의 영혼을 사로잡는 매력이 있었다. 나는 그 매력을 거부할 수 없었던 것이다.

무예는 나에게 상상의 나래를 펴주는 동화이기도 하며, 시공간을 초월하는 움직임을 구현하기 위한 과학이기도 하며, 자아를 찾아가는 치열한 수행의 방편이기도 하다. 나에게 무예는 실천과 이론이 중층적으로 결합된 유기적인 세계다. 나는 그 세계를 여행하며 무한한 행복과 만족을 느껴왔다. 실천가의 맹목적인 수련 혹은 이론가의 탁상공론 일변도로 흐르기 쉬운 연구, 그 사이에서 나는 탱탱한 긴장감을 유지하며 실천과 이론이 결합된 지행합일을 꿈꿔왔다.

이제 무예를 실천의 대상으로서뿐 아니라 근본적으로 그러한 실천을 가능하게 하는 이론으로 바라보고자 한다. 여기 상재하는 이 책은 지난 20여 년 지속되어 온 나의 관심의 연장선상에서 이루어진 결과물이다. 그간 무예 이론을 정립하기 위해 배움을 구하고, 책을 읽으며, 나름 열심히 고민하며 살아왔다. 하지만 워낙 천학비재한지라 늘 한계만 절감한다. 세월이 더 간다고 크게 나아질 것 같지도 않아 늘 마음 한구석 허전함을 감출 수가 없다. 그러나 어쩌겠는가? 타고난 재주가 이것밖에는 안 되는 것을. 그럼에도 불구하고 10년 후, 아니 언젠가 또 기회가 주어진다면 지금보다 더 나은 작업을 해보고 싶다는 바람을 버리지는 않겠다. 무예에 대한 나의 여정은 앞으로도 중단 없이 계속될 것이다.

본의 아니게 저자의 변이 길어지고 말았다.

자, 그럼 이제부터 고대 권법의 세계로 함께 여행을 떠나보자.

2018년 9월 가을의 문턱에서

힐베르쉼 한국무예연구소(KIMA)에서

최복규 씀

◆ **일러두기**

1. 본서는 네덜란드 레이던대학교(Leiden University)에서 "≪무예도보통지≫ 연속 특강(The Muyedobotongji Cycle)"의 하나로 2010년 9월 19일 행한 권법 강의를 바탕으로 집필되었다.
2. 중국어와 일본어의 한글 표기는 최영애－김용옥 중국어표기법과 최영애-김용옥 일본어표기법을 따랐다. 하지만 국립국어원의 기준을 따라 신해혁명(1911년) 이전의 중국 인명에 대해서는 한국식 한자음을 그대로 살려 표기하고 괄호 안에 원어를 병기하는 방식을 취했다. 예) 척계광(치지꾸앙, 戚繼光).
3. 주석에 인용표시를 하였으며, 외국 문헌의 경우 국문 번역본이 있는 경우 원서명 다음에 병기했다. 해당 국가의 연호로 표기된 중국 문헌이나 일본 문헌은 서기를 병기해 독자의 편의를 도모했다. 예) 民國85年(1996).
4. 본문의 내용 전개상 원문이 필요하다고 판단한 경우 번역문 아래 원문을 넣었다. 그렇지 않은 경우는 주에 원문을 제시하거나 아예 원문을 빼기도 했다.

5. 권말에 참고문헌, 색인을 두었다. 참고문헌은 주제별로 분류하여 제시하였으며, 중요 참고문헌은 간략한 해제를 덧붙여 독자들의 이해를 돕도록 했다. 문헌의 배열은 고문헌 자료와 주요 참고문헌들은 유사한 항목을 묶어서 배열하는 방식을 취했으며, 그 밖의 자료는 저자명의 가나다순(한글, 중국어, 일본어 문헌의 경우)과 알파벳(영문)순으로 나열했다.

6. 이 책에서 부호는 다음과 같이 사용하였다.

   ≪≫: 책이나 논문집처럼 독립된 저작의 제목을 나타낸다.

   예) ≪무예도보통지≫, ≪진단학보≫ 등.

   <>: 편명이나 편명에 해당하는 항목, 논문명을 나타낸다.

   예) ≪무예도보통지≫<권법>, < ≪무예도보통지≫ 권법에 관한 연구> 등.

   “ ”: 인용문일 경우 사용하였다.

   ‘ ’: 단어나 구를 강조하기 위해서 사용하였다.

   [ ]: 번역문의 원문에서 빠진 내용을 보충해 넣을 경우 사용하였다.

◆ 차례

◆ 프롤로그

몸의 길, 구전에서 기록으로

왜 ≪권법 바이블≫인가

본서는 명대 대표적인 병서 가운데 하나인 ≪기효신서≫의 권14 <권경첩요편(拳經捷要篇)>을 역주한 것이다. 고전에 관심이 있는 눈썰미 있는 독자들은 눈치챘겠지만 <권경첩요편>의 '경(經)'이라는 글자는 ≪사서오경(四書五經)≫이나 ≪십삼경(十三經)≫, ≪도덕경(道德經)≫, ≪금강반야바라밀다심경(金剛般若波羅蜜多心經)≫, 아니면 ≪성경(聖經)≫과 같은 경전을 가리킬 때의 바로 그 경이다. 유가나 도가 혹은 불교처럼 철학이나 종교와 같은 고매한 형이상학을 중시하는 시각에서는 도대체 손발을 움직이는 재주에 불과한 권법에 '경'이라는 단어를 붙이는 것이 가당찮다고 여길 수도 있다. 한마디로 급수가 떨어진다는 말이다. 하지만 동아시아의 전통에서는 ≪검경(劍經)≫, ≪사경(射經)≫, ≪권경권법비요(拳經拳法備要)≫ 등에서 볼 수 있듯이 무예 매뉴얼에도 '경'을 붙이곤 했다.

'경(經)'의 본래 뜻을 생각하면 그리 이상한 일도 아니다. 원래 '경'은 베틀에 세로로 정렬된 날줄을 의미했다. 날줄은 항상 제 위치에 있으며 기준을 잡아준다. 그 사이로 북이 왕복하며 씨줄을 엮어 비단을 짜게 된다. 여기서 '경'의 의미가 파생되어 남북 방향이나 그 방향으로 난 길, 경도와 같은 지리적인 개념, 더 나아가 날실을 제대로 배열해야 베를 잘 짤 수 있다는 생각에서 어떤 일을 하는 능력이나 행위, 기준이나 가르침까지 의미의 외연이 넓어지게 되었다.

이 점을 염두에 두고 '권경첩요(拳經捷要)'를 해석해보면 '권경(拳經)'은 '권법의 경전'을, '첩요(捷要)'의 '첩(捷)'은 '신속하다', '빠르다', '요(要)'는 '요점', '핵심'을 가리키므로 '권경첩요(拳經捷要)'는 "권법을 빠르게 익힐 수 있는 핵심을 담고 있는 바이블"이라는 의미가 될 것이다.

척계광(치지꾸앙, 戚繼光, 1528~1588)은 <권경첩요편>에 권법을 익히기 위한 기준이 되는 가르침, 즉 불변하는 진리를 담고자 했다. 따라서 '권경'이 '권법 바이블'로 번역되어도 하등 이상할 이유가 없다. 독자들이 이 책을 다 읽고 난 후에 이 번역에 수긍할 수 있다면 나의 번역이 성공적이었다는 의미일 것이다. 그렇게 되기를 희망한다.

몸의 길을 문서화하다

인간은 무예를 창조하였고 무예는 인간의 삶을 지탱하게 했다. 작게는 개인의 호신과 가족의 안위를 위해서, 크게는 집단과 국가의 방위를 위해서 무예는 인간의 삶과 그 궤를 같이해왔다.

무예의 원형은 인간이 생존을 위해서 도구나 무기를 사용하거나 아니면 맨몸으로 공격과 방어를 위해 취했을 모종의 행위 양식으로 거슬러 올라갈 수 있을 것이다. 처음에는 주변에서 구할 수 있는 돌이나 나무 막대기 등을 이용해 휘둘러 치거나 찌르는 단순한 동작에서 시작되어 시행착오를 거듭하면서 점차 세련된 형태로 정착한 것이 무예의 초기 형태였다. 자연에서 구할 수 있는 재료도 다양한 가공을 통해 좀 더 날카롭고 예리하게, 때로는 더 멀리 날아가게 만듦으로써 살상력을 극대화시킬 수 있다는 사실을 발견하는 데는 그리 오래 걸리지 않았다. 특히 청동이나 철의 제련법이 알려지고 담금질을 통해 더 강하게 만들 수 있게 되면서 도검과 같은 금속 무기가 비약적으로 발전하게 되었다. 무예 역시 이러한 기술의 발전과 더불어 진화하였다.

원시 무예는 여타 삶의 기술과 마찬가지로 직접적인 대면 접촉과 구전을 통해 다음 세대로 전해졌다. 아마존의 원주민 사회에서 활을 쏘고 창을 사용하는 기술 체계가 아버지에서 아들로 이어지는 것처럼 말이다. 기술은 세대를 거듭하면서 시행착오를 통해 경험이 축적되면서 좀 더 세련된 형태로 발전하였다

이 과정에서 사냥은 무예 발전의 중요한 동인이 되었다. 먹고사는 문제가 초미의 관심사였던 것은 원시사회라고 해도 예외가 아니었다. 농경사회로 진입해 정착 생활을 하기 전까지, 아니 그 이후에도 사냥은 여전히 식량을 구하기 위한 중요한 루트였다. 그런데 사냥은 단순한 작업이 아니었다. 효과적인 사냥을 위해서는 도구의 활용뿐 아니라 필연적으로 조직을 구성하고, 구성원 간에 역할 분담을 해야 하며, 매복과 추적과 같은 활동이 효과적으로 어우러져야만 했다. 사냥감을 대상으로 한 이러한 활동은 곧바로 다른 인간

들에게도 적용될 수 있었다. 무예 역시 이러한 과정에서 함께 발전하였다.

하지만 무예가 본격적으로 발전하게 된 계기는 '전쟁'이었다. 인간 대 인간의 싸움, 특히 집단 대 집단이 맞붙는 물리적 폭력 행위의 정점인 전쟁은 사냥과는 또 달랐다.[4] 전쟁은 무기와 기술의 발전을 촉진시키고, 이를 담당할 전문가 집단을 등장시켰으며, 국가 제도가 성립할 수 있는 토대를 제공하였다. 무예는 다시 독립된 군사 기술로 전문화되었으며, 정규 교육 과정으로 제도화되었다. 무예에 관한 지식 역시 이 과정에서 체계적으로 정리하여 공유되기 시작했다. 인간의 몸과 움직임, 그를 둘러싼 세계에 대한 깨달음이 겹겹의 시간 속에 퇴적되어 무예는 하나의 문화가 되었다. 전쟁은 무예를 고도화된 인지적 행위의 하나로 편입시켰던 것이다.

그렇다고 해서 무예가 오랜 기간 몸과 몸이라는 직접 대면 방식에 의해서 가르쳐지고 전수되어 왔던 관성에서 벗어난 것은 아니었다. 이는 전통시대 일반적으로 기예가 전해지는 과정과 크게 다르지 않았다. 스승[교사]은 직접 기술을 보여주며 제자[학생]는 스승을 따라 하면서 배웠다. 구전심수(口傳心授)로 상징되는 이러한 전통적인 교육 방식은 스승[교사]과 제자[학생] 사이에서 문자 그대로 입으로 전하고 마음과 마음을 통해서 전해 받는 과정이었다.

물론 구전이라고 해서 아무런 체계 없이 상황에 따라 나오는 대로 말로 지시하고 따라 하는 건 아니었다. 구전의 매개로 '가결(歌訣)'이

---

4) 전쟁의 기원이 신석기시대까지 거슬러 올라간다는 아더 훼릴의 주장은 음미할 만하다. 그는 신석기시대에 이미 전투에 필요한 대형의 편성과 운용, 잠복, 기습이 행해지고 있었다고 주장한다. 이는 기존 석기시대에 대해 가지고 있던 우리의 통념이 오류일 수도 있다는 사실을 보여준다. 아더 훼릴 저, 이춘근 역, ≪전쟁의 기원≫(서울: 인간사랑, 1990).

사용되었다. '구결(口訣)' 혹은 '결가(訣歌)'라고도 불리는 가결은 표현이 간결하며 운율을 가지고 있는 일종의 시가(詩歌)로 산문에 비해 기억하기 쉬우면서 의미를 함축적으로 담을 수 있었다. 이런 이유로 가결은 전통시대 다양한 분야에서 지식의 전달과 습득을 위한 보조 수단으로 활용되곤 했다. 예컨대, 한의학에서 한약재의 성질과 법제의 방법을 다룬 '약성가(藥性歌)', 한약재의 배합 방법을 다룬 '방제가결(方劑歌訣)'이나 산학(算學)에서 수학 공식의 가결 등이 대표적인 예라고 할 수 있다.[5)]

무예 분야도 예외가 아니었다. 무예 가결에는 무예의 원리, 공격과 방어의 테크닉, 응용법, 수련 방법, 마음 운용법[心法] 등 오늘날 운동역학이나 운동생리학, 스포츠심리학적인 내용으로 분류될 다양한 경험적 지식이 담겨 있었다. 학습 단계별로 필요한 지식은 가결로 정리되어 교수되었으며, 늘 입으로 암송하며 의미를 되새겨야 했다. 가결의 지식과 실제 몸의 움직임이 하나로 일치되는 상승의 단계에 이르도록 하는 것이 무예 공부의 핵심이었다. 가결은 스승의 곁을 떠난 이후에도 하나의 기준이 되어 공부의 나침반이 되곤 했다. 물론 그렇다고 해도 구전심수의 핵심은 어디까지나 스승-제자 간의 직접적인 전달과 수신의 관계라고 할 수 있다. 가결은 어디까지나 보조적인 수단에 불과했다.

근대적인 교육 제도의 관점에서 구전심수는 때때로 주먹구구식으

5) 구한말에 쓰여졌지만 오늘날에도 임상에서 널리 활용되고 있는 ≪방약합편(方藥合編)≫에 실린 '인삼'의 약성가를 예로 들면 다음과 같다. "인삼은 맛이 달고 원기 잘 보한다오. 갈증을 멎게 하고 진액도 나게 하며 영위조화 시킨다네(人蔘味甘補元氣, 止渴生津調營衛)." 황도연·황필수 저, 김동일 역, ≪방약합편(方藥合編)≫(평양: 과학·백과사전출판사 편, 1986), 315쪽.

로 대충 이루어지는 교육 방식으로 폄하되기도 한다. 하지만 구전심수의 방법론은 교사와 학생의 직접적인 대면 접촉이 강조되고 일정 수준에 이르지 못하면 다음 단계로 나아갈 수 없다는 점에서 오늘날로 치면 오히려 수준별 학습과 질적 교육이 결합된 교육 모델의 면모를 지니고 있기도 했다.

하지만 여러 가지 장점에도 불구하고 구전심수는 표준화를 이루기 어렵다는 결정적인 단점이 있었다. 구전심수의 관건은 교사의 자질에 있었다. 말하자면 교사의 자질이 학생의 수준을 결정한다는 말이다. 하지만 교사들의 자질을 표준화할 수 있는 방법이 없었기 때문에 교육의 질이 천차만별일 수밖에 없었으며, 구전되는 과정에서 핵심 정보가 누락되거나 변형되는 경우가 생길 수밖에 없었다.[6] 아무리 뛰어난 교사가 있더라도 그의 지식이 온전히 전해지지 못한다면 전대의 지식과 경험은 사장될 수밖에 없다. 특히 군사 조련은 그 특성상 통일성과 일관성이 요구되었기 때문에 표준적인 체계를 만드는 것이 중요했다. 체계화된 훈련과 교습을 위해서 구전 지식은 표준화되고 궁극적으로 문서화될 필요가 있었다.

오늘날 전하고 있는 무예서는 그런 노력의 결과물이다. 물론 문자화된 구전 지식 체계 역시 과거 지식의 전모를 반영하는 건 아니다. 구전은 구전이 이루어지는 장(場)을 벗어나게 되면 진가를 잃어버리고 만다. 스승과 제자, 지식 전달자와 수신자라는 상호작용의 구조, 그 속에서 의미 있는 역할을 했던 구전은 지면으로 옮겨지는 순간

6) 척계광은 당시 무예 교사들이 자신이 가지고 있는 기예를 금과옥조처럼 여기며 다른 병사들에게 그 기법을 전수하는 데 거부감을 가지고 있다고 비판한다. 范中義 校釋, ≪紀效新書≫(14卷本)(北京: 中華書局, 2001), 123-124쪽. ≪기효신서≫는 이렇게 사적인 차원에 머물던 지식을 공적인 차원으로 환원시키기 위한 노력의 산물이기도 했다.

그 생명력은 이미 퇴색되고 만다. 따라서 오늘날 남아 있는 가결들, 즉 문서화되는 과정에서 살아남은 가결들을 분석한다고 해서 당시의 구전 지식 체계를 온전히 복원할 수 있다고 믿는 건 커다란 오산이다. 더욱이 스승-제자라는 인적 네트워크의 연결고리가 끊어진 상황에서 문서화된 지식은 부분적이며 파편화된 정보일 수밖에 없다. 아울러 그런 인적 네트워크가 오늘날까지 지속된다고 하더라도 과거 지식과의 정합성을 갖는다는 보장이 없다는 사실도 지적될 필요가 있다. 지식 역시 사회와 부단한 상호작용을 하며 발전하게 마련이다. 하지만 고전무예가 살아 숨 쉬던 그 장은 이미 사라진 지 오래다. 단순히 인적 네트워크, 소위 계보가 남아 있다고 해도 의심의 눈초리를 거둘 수 없는 이유는 환경 변화와 무관한 '인간'의 존재와 폐쇄된 공간 내에서 전해진 지식의 한계에 대한 우려때문이다.

그렇다고 문서화된 고전무예의 기록이 과거를 향해 나아가고자 하는 우리에게는 징검다리가 된다는 점이 부정되는 건 아니다. 문자로 기록되지 않았다면 오늘날 우리가 당대의 무예 지식 체계에 다가가는 시도 자체가 불가능했을 것이다. 고전무예를 이해하기 위해서는 당연히 문서화된 기록에 의존해야만 한다.

비밀의 문, 그 빗장을 열다

고전무예서는 바로 그 인간들의 무예에 대한 체계적이면서 전문적인 기록이라고 할 수 있다. 하지만 구전되던 무예 지식이 곧바로 문자화된 것은 아니었다. 본격적인 무예서가 등장하기까지는 더 많은 시간이 필요했다.

초기의 기록은 바로 가결을 지면으로 옮겨놓은 것에 불과했다. 후대로 내려오면서 동작과 기법에 대한 구체적인 묘사와 함께 그림이 덧붙여져 시각적으로 이미지화할 수 있게 되었다. 개별적인 기법들을 연결하여 기승전결을 갖춘 투로[품새]가 등장하였으며, 문서화하는 과정에서 이를 총보(總譜)와 총도(總圖) 형태로 기록하기 시작했다.[7] 단순히 잊어버리지 않기 위한 수동적인 채보에 머무는 것이 아니라 재현을 가능하게 하는 매뉴얼로 진보하게 된 것이다. 이러한 흐름 속에서 무예의 이론화에도 관심을 기울이게 되었으며, 마침내 이론과 실기를 아우른 무예서가 등장하게 되었다. 음악으로 치면 시공을 초월해 연주가 가능한 악보가 만들어진 셈이다. 무예서를 통해 한 인간의 죽음과 함께 사라질 수밖에 없었던 무예가 반복과 재생이 가능해졌으며, 하나의 지식 체계로 공유될 수 있게 된 것이다. 이는 무예사에서 획기적인 사건이었다.

---

7) 전통적으로 무예 기법은 '세(勢)'로 표현되었다. 하나의 세는 공격과 방어의 의미를 담고 있는 기술 단위로 한 폭의 그림과 기법을 설명한 가결로 기록되곤 했다. 총도(總圖)는 이 세들의 그림을 순서대로 나열하여 일목요연하게 볼 수 있도록 한 것이며, 총보(總譜)는 각 세명을 순서대로 나열한 것이다. 총도가 움직임의 전체적인 느낌과 구도를 전해준다면 총보는 기술의 계열적인 순서를 인지적인 차원으로 환원해 보여준다고 할 수 있을 것이다.

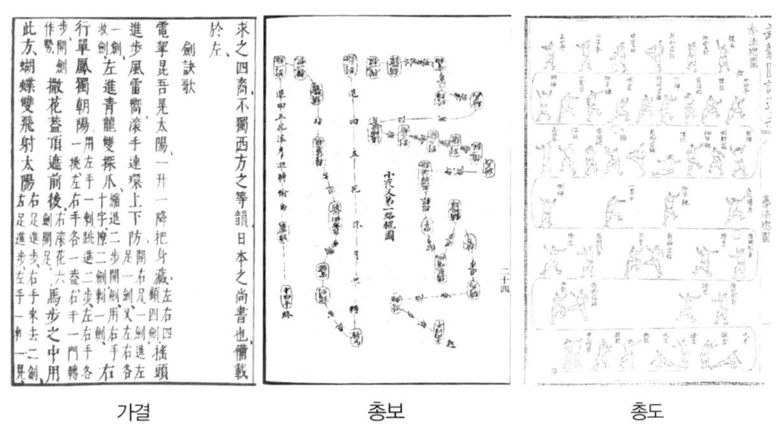

<그림 1> 무예 기록의 단계별 진화

무예 지식은 몸의 길을 찾아가는 과정에서 얻은 깨달음이 축적되어 형성되었다. 두 팔과 두 다리에 의지해 움직일 수밖에 없다는 점에서 인간의 움직임은 제한된 범위 안에 놓여 있게 마련이다. 하지만 그 한계 내에서 인간은 무한한 변주를 만들어냈다. 무예는 바로 유한한 인간의 몸을 무한으로 확장하려는 과정에서 생긴 깨달음의 산물이었다. 하지만 깨달음은 깨달음을 얻은 개인 존재의 소멸과 함께 사라질 수밖에 없다는 점에서 일회적이다. 무예서는 그 깨달음에 영속성을 부여했다.

물론 무예서가 깨달음 그 자체는 아니다. 무예서는 깨달음의 계기를 제공할 뿐이다. 그런데도 무예서는 움직임의 길이 시공을 초월해 공유될 수 있는 가능성을 열어주었다는 점에서 중요하다. 과거의 무예가 학문의 장으로 편입될 수 있는 것은 바로 무예서가 존재하기 때문이다. 설사 과거 어떤 무예가 존재했다고 하더라도 기록이 없다면 포폄이 불가능하며 객관적인 학(學)의 대상이 될 수 없다. 과거의 사실 그 자체가 역사가 될 수 없듯이 과거의 모든 무예가 학문이 될 수 있는 것은 아니다. 몸의 길, 즉 무예가 학문의 대상이 되기 위해서는 문자화되어야만 한다.

오늘 우리가 무예서를 주목하는 이유도 바로 여기에 있다. 무예서를 통해 우리는 과거의 무예로 다가갈 수 있기 때문이다. 그런데 무예서 독해는 그리 만만한 작업이 아니다. 무예는 시공간을 점유하는 인간의 구체적인 움직임을 바탕으로 하고 있으며, 늘 상대를 전제로 하고 있다. 솔로가 아니라 듀엣인 셈이다. 아울러 지면으로 수렴되면서 놓치게 될 많은 부분을 어떻게 메워 넣느냐 하는 문제가 항상 따라다니게 마련이다. 3차원에서 이루어지는 인간의 몸의 움직임을 2차원의 지면으로 환원시키는 것이 가능한가? 가능하다면 역으로 환원된 기록을 바탕으로 원래의 모습을 재구성해낼 수 있는가? 또 이런 과정을 거쳐 복원된 무예는 원래의 무예와 같은가? 같다면 혹은 다르다면 그건 어떻게 증명할 수 있는가? 수백 년이 지난 오늘, 당시의 상황을 직접 체험할 수 없는 우리가 고전무예서를 보면서 맞닥뜨리게 되는 인식론적인 문제들이며, 동시에 무예서를 통해 당대 인간의 움직임을 온전히 이해할 수 있느냐 하는 문제가 그리 만만하지 않은 이유이기도 하다.

시간이 많이 흐른 데다 모든 것이 변해버렸다. 그들에게 무예는 생명을 건 대척점에서 의미를 가지는 심각한 예술이었다. 무예를 구성하는 당시의 행위 양식은 오늘날 이미 낯설어졌으며, 무예를 설명하는 그들의 일상적인 언어는 암호가 되어버렸다. 까만 건 글씨요, 흰 건 종이라는 말처럼 그림은 그림이고 글은 검은 먹 자국에 지나지 않을 뿐 도저히 의미 맥락이 명료하게 다가오지 않는 것들이 부지기수다.

하지만 그렇다고 비관적인 것만은 아니다. 고전무예서 속의 그 인간이나 지금의 우리 모두 동일한 몸뚱어리를 가지고 숨 쉬고, 먹고 마시며, 울고 웃고, 고민하며, 움직이며, 살아가는 인간이기 때문이다. 진화론의 긴 스펙트럼으로 보면 무예서 속의 인간과 우리는 사실 동시대를 살고 있다고 해도 과언이 아니다. 그렇다면 이 명백한 생물학적 사실 앞에서 몸에 관한 지식 체계가 가지는 보편성을 의심할 필요는 없을 것이다. 그들이 움직인 길이 내가 움직이는 길과 다르지 않으며, 그들이 간 길을 나라고 가지 못하란 법은 없을 것이다. 고전무예서가 공허한 기록이 아니라 오늘의 우리에게도 의미를 가지는 이유이기도 하다.

무예 기법이 상대를 전제로 하고 있다는 말은 그 기법이 상대와 나의 움직임을 규정하는 장(場) 속에서 의미를 가진다는 말이다. 기법을 구성하는 동작들은 상대와의 상호작용 과정의 전후 맥락 안에서 합리적으로 선택된 결과물일 수밖에 없다. 따라서 무예 기법이 가지는 합리성은 직접 상대를 세워놓고 적용해보는 시뮬레이션을 통해 입증될 수도 있을 것이다. 아울러 무예서를 구성하는 언어 역시 사회적인 맥락 안에서 의미를 가질 수밖에 없기 때문에 동시대의 다른 기록들과 대조하는 작업을 통해서 그 의미를 추적하는 작업 역시 가능할 것이다. 이렇게 실타래를 풀 듯 하나하나 천착하다 보면 당대인의 몸의 길에 다가갈 수 있지 않겠는가? 그들이 움직이며 느꼈을 그 느낌을 추체험하는 것이 불가능한 일만은 아닐 것이다. 적어도 나에겐 무예서의 독해가 탁상공론이 아니라 실제를 반영하는 구체적인 그 무엇으로 다가왔던 이유였다.

그 어떤 분야보다도 이론과 실천이 하나로 합일되어야 함을 강조하는 분야는 무예였다. 무예는 삶과 죽음의 갈림길에서 이루어지는 심각한 예술이다. 탁상공론으로는 생명을 부지할 수 없다. 몸에 대한 이론적 깨달음은 곧 실천으로 검증되어야 하며, 실천을 통해 검증된 개별 사실은 다시 이론으로 회귀해 실천을 뒷받침해야만 한다. 이론 없는 실천이 맹목적이듯 실천 없는 이론은 공허할 수밖에 없다. 아울러 당대의 성취를 남겨야겠다는 생각, 누군가는 이것을 읽고 실제로 움직이며 몸의 길을 터득하고자 노력하리라는 것을 예상했을 때 거기엔 이미 회통의 정신이 담겨 있었던 것이다. 비록 지금은 본래 의도와는 달리 그들에게 다가가기 위해서는 부단한 노력이 필요하지만 말이다.

고전무예로 향하는 비밀의 문은 너무나 굳건히 잠겨 있어 열고 들어가기가 쉽지 않아 보인다. 여기 비밀의 문을 열고 들어갈 수 있는 열쇠가 바로 우리 손에 있다. 빗장을 여는 건 우리 몫이다. 열쇠가 있어도 어떻게 꽂는지조차 생소해져 버렸지만 제대로만 읽힌다면 무예서는 우리에게 전혀 알려지지 않은 신세계를 보여줄 것이다.

신화를 넘어서

그 열쇠 가운데 하나가 바로 ≪기효신서(紀效新書)≫다. 지금으로부터 약 460여 년 전 중국 명나라 장수인 척계광(치지꾸앙, 戚繼光, 1528~1588)이 자신의 병학과 군사 조련, 무예에 관한 경험과 지식을 종합해 저술했다. 일반인에게는 생소할지 모르지만 이 책은 사실 동아시아의 고대 병법이나 고전무예에 관심이 있는 사람, 무예 수련생들 사이에선 꽤나 유명한 책이다.

통계에 따르면 ≪기효신서≫는 1561년 처음 편찬된 후 오늘에 이르기까지 평균적으로 5년마다 새로이 판각되어 간행되었는데, 동아시아에서 ≪손자≫ 병법을 제외하고 병서로서 ≪기효신서≫만큼 오랫동안 대중의 사랑을 받아온 책은 없었다.[8] 그렇다고 이 책이 중국에서만 유명세를 탄 것은 아니었다. 한국과 일본에까지 알려지고 해당 지역에서 다시 판각되어 재간행되기를 거듭한 시공을 초월한 책으로서 오늘날로 치면 한마디로 베스트셀러이자 스테디셀러였다.

무슨 이유로 ≪기효신서≫는 이렇게 오랫동안 대중의 사랑을 받을 수 있었던 것일까? 입이나 귀에 발린 빈말이 아니라 [기효] 정법(正法)에 바탕을 두고 있으면서도 거기에 얽매이지 않고 현실적이며 실용적인 방법론을 다루고 있는 새로운 서적[신서]이라는 타이틀이 암시하고 있듯이 ≪기효신서≫는 기존의 병서와는 전혀 달랐다는 데서 그 이유를 찾아야 할 것이다.

한마디로 ≪기효신서≫는 혁신적인 병서였다. ≪기효신서≫는 화포와 조총과 같은 화기와 창검의 재래식 병기를 결합한, 즉 장병과 단병을 조화시킨 보병 중심의 전술, 그리고 이러한 군사 운용을 가능하게 하는 동원 체계와 훈련 방법론, 병참과 보급, 병기의 표준화, 상벌 체계의 확립 등과 같은 세부 절목, 무예의 훈련 방법 등을 체계적으로 담고 있었다. 형이상학적인 군사 담론 위주로 편찬되었던 기존의 병서에서는 볼 수 없는 내용들이었다.

8) 曹文明・呂穎慧 校釋, ≪紀效新書≫(18卷本)(北京: 中華書局, 2001), 18쪽, <總序>.

≪기효신서≫가 주변국인 조선과 일본에 영향을 미친 건 어쩌면 당연했다. 조선에서는 ≪기효신서≫를 바탕으로 군사 시스템이 개편되었다. 조선 후기의 포수[조총수], 사수[궁수], 살수[창검수]의 삼수병으로 이루어진 보병 중심 전술 체계는 ≪기효신서≫의 전법이 반영된 결과였다. 이 과정에서 ≪기효신서≫의 전법과 무예, 군사 조련법을 조선의 실정에 맞게 정리한 ≪연병지남≫(1612), ≪병학지남≫, ≪무예제보≫(1598),[9] ≪무예제보번역속집≫(1610), ≪무예도보통지≫(1790)와 같은 다양한 서적들이 여러 시기에 걸쳐 간행되기도 했다.

일본에는 이보다 훨씬 뒤인 18세기 말 1798년(寬政 10년)이 되어서 비로소 히라야마 시료우(平山子龍, 1759-1828)에 의해 최초로 ≪기효신서≫가 소개된다. 19세기 중반 들어서면서 ≪기효신서≫는 더욱 광범위하게 확산되기 시작하는데, ≪기효신서초해(紀效新書抄解)≫(1846), ≪기효신서정본(紀效新書定本)≫(1856), ≪기효신서정본강해(紀效新書定本講義)≫, ≪기효신서비해(紀效新書秘解)≫, ≪기효신서화해(紀效新書和解)≫ 등 다양한 ≪기효신서≫ 주석서들이 간행되었다.[10] 당시 ≪기효신서≫는 실제적인 군사 전술을 구현하기 위한 목적에서는 물론이거니와 서양 제국주의 세력의 군사적인 압

9) 원본은 프랑스 동양언어문화학교(Institut National des Langues et Civilisations Orientales)에 소장되어 있다. 국립중앙도서관에서 1982년 마이크로필름 형태로 들여왔으며, 현재는 책자[사본] 형태로 열람 가능하다. 청구기호 M古4-1-205 국립중앙도서관. 동일 마이크로필름의 복제본이 국사편찬위원회에도 소장되어 있다. 소장번호 COR-I.205 국사편찬위원회. 최근 수원박물관에서 개인 소장자로부터 ≪무예제보≫를 구했다는 보도가 나오기도 했다(인천일보, 2017, 11월 17일). 아울러 한글박물관에도 ≪무예제보≫가 소장되어 있다고 알려져 있다.

10) 박귀순, <한중일 무예 교류사 연구> ≪한국무예의 역사・문화적 조명≫(서울: 국립민속박물관, 2004), 347쪽에서 재인용.

박이 시작되는 시기 재래의 군사 전략을 돌아보기 위한 목적에서 중시되었다.

하지만 전통시대 동아시아에서 ≪기효신서≫가 차지했던 위상은 오늘날 찾아보기 힘들다. 오늘날 ≪기효신서≫는 박제된 과거일 뿐이다. 지난 세기 팔구십 년대 우리나라에서 일었던 전통무예 붐은 잠깐 동안이나마 ≪기효신서≫에 주목하게 만들었다. 그러나 안타깝게도 ≪기효신서≫의 진지한 독해로 이어지지는 못했다. 엄밀히 말하면 ≪기효신서≫는 근대 한국에서 제대로 읽힌 적이 없다고 해도 과언이 아니다. 무예의 학적 전통의 단절과 한문 해석학에 대한 이해 부족, 여기에 민족주의에 경도된 근대 학계의 분위기와 맞물려 일개 병서, 그것도 중국의 병서에까지 관심을 확장시키기 어려웠던 것이다.

팔구십 년대를 휩쓸었던 전통무예 담론은 대중의 관심을 불러일으켰다는 공에도 불구하고 무예에 대한 객관적인 접근과 차분한 연구를 허락지 않았다는 데서 그 과를 지적하지 않을 수 없다. 새 장작이 꼭대기에 올라가고, 목소리 큰 사람이 이긴다는 식으로 오늘의 시선에 의해 필요하면 모든 것이 불려 나와 '전통'으로 탈바꿈하던 시대, 고구려 고분벽화는 필요에 따라 태권도가 되기도 하고, 당수도가 되기도 하며, 합기도, 택견이 되기도 하던 시대, 연개소문은 기천의 고수가 되며, 있지도 않은 고구려의 사무랑이 해동검도의 시조로 자리매김되던 그런 시대, 어디서부터 역사이고 어디서부터 신화인지 구분이 안 되는 그런 시대, 한마디로 천 년도 넘는 시공간을 넘나들던 그런 시대에 기껏 460여 년 전의 고리타분한 고서를 차분히 들여다볼 여유를 기대하는 건 무리였던 것이다.[11)]

나는 신화를 부인하지 않는다. 왜냐하면 신화에는 당대를 살아가는 '인간'의 모습이 투영되어 있기 때문이다. 현대의 무예 신화를 천착해 들어가면 역으로 우리는 상처받은 영혼과 이를 애써 무시하려는 방어기제, 그러한 왜소한 현실을 넘어서 과거에서 나의 존재의 위안을 찾으려는 어떤 욕망을 만나게 된다. 지난 세기 우리 사회를 풍미했던, 그리고 여전히 그 영향력을 행사하고 있는 무예 신화에는 치유되지 않은 심리적 상처가 남아 있을지도 모른다. 하지만 만들어진 신화를 넘어서 역사와 냉정히 대면하는 용기가 없으면 자신의 정체성과 주체성을 세우는 일은 요원해지고 만다.

≪기효신서≫는 신화를 거부한다. ≪기효신서≫의 무예는 결코 신비하지 않다. 16세기 중반 당대인의 무예에 대한 생각, 현실에 두 발을 디디고 있는 '인간'을 가감 없이 차분한 목소리로 들려줄 뿐이다. 지금의 우리와도 그리 멀리 떨어져 있지 않은 시대, 전쟁터에서 죽음의 공포와 맞닥뜨려야만 하는 적나라한 인간, 당시를 치열하게 살아야만 했던 그들의 그림자가 어른거린다. 그런 점에서 ≪기효신서≫는 '인간적'이다.

나는 아직까지 인간의 몸의 길에 대한 통찰을 구체적, 직접적으로 보여주는 동아시아의 무예 기록으로 ≪기효신서≫보다 오래된 것을 만나지 못했다. 적어도 동아시아의 무예사를 읽어내고자 한다면 ≪기효신서≫를 비켜갈 수는 없다. 아울러 ≪기효신서≫에 대한 정확한

11) 이 지적은 무예 실기에 대한 평가가 아니다. 무예의 역사성이나 전통성과 상관없이 땀과 노력으로 일정 수준에 도달한 뛰어난 개인은 언제나 있게 마련이다. 그러한 기술적 성취 역시 정당한 평가를 받아야만 한다. 하지만 무예의 학적 연구는 논리의 영역이다. 논리는 상식적이며 합리적인 추론에 기반해야만 한다. 그간 무예계의 많은 주장들이 논리가 아니라 감정과 믿음에 기반하고 있었던 것은 아닌지 반성할 필요가 있다는 점을 지적한다.

이해와 정치한 분석은 우리 무예의 학적 전통을 오늘에 되살리는 데도 기여를 할 것이다. 신화로 점철된 한국의 근대 무예사를 인간사의 문제로 전환시키기 위해서라도 ≪기효신서≫를 읽어야 한다. 그것도 제대로.

≪기효신서≫, 어떻게 읽을 것인가

그런데 문제는 ≪기효신서≫가 쉽게 읽히지 않는다는 데 있다. ≪기효신서≫는 한문(Classical Chinese)으로 쓰여져 있다. 따라서 한문을 현대 한국어로 옮기는 과정, 즉 '번역함'을 거쳐야만 본모습이 드러난다. 여기서 '번역함'이란 한자를 한글로 옮기는 단순한 문자의 전환을 의미하는 건 아니다. 460여 년 전이라는 시간과 ≪기효신서≫가 편찬되던 당시의 공간, 즉 중국 동남부 연해의 저지앙(浙江)지방, 이 양자가 교차하는 지점에 놓인 ≪기효신서≫가 당대라는 콘텍스트 속에서 가지는 '의미'를 오늘 이 자리 한국의 독자들이 '이해'할 수 있도록 옮기는 작업을 가리킨다. 이 작업이 성공적으로 이루어질 때 비로소 제대로 된 '독해'가 가능해질 것이다.

≪기효신서≫는 척계광이 당대의 독자를 염두에 두고 집필한 것이다. 훈련을 받아야 하는 병사들이나 훈련을 담당한 교사나 이들을 관리 감독할 지휘관, 혹은 척계광의 병법을 습득하기 위한 사람들이 1차적인 청자가 될 것이다. 여기서는 간단히 척계광을 제1화자(A), 병사들을 제1청자(B)라고 하자. 그런데 오늘날 ≪기효신서≫를 읽는 독자는 번역자(A')라는 제2화자의 목소리를 통해서 척계광의 메시지

를 접하게 된다. 여기서 번역자는 척계광의 제1메시지를 이해하는 사람이며 동시에 그의 메시지를 오늘의 언어로 풀어서 오늘날의 독자(제2청자)에게 전달할 수 있는 이중 언어 소유자이다. 따라서 번역자는 제1메시지가 이루어지는 당대라고 하는 16세기 후반의 명나라라는 시간과 공간, 오늘의 독자라고 하는 현실을 모두 이해하고 있어야만 한다.12)

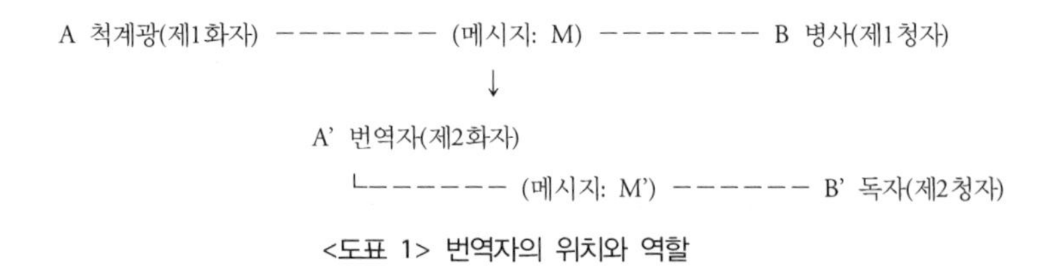

<도표 1> 번역자의 위치와 역할

여기서 우리는 번역이 단순한 '문자의 옮김'이 아니라는 사실을 다시 한번 상기할 필요가 있다. 척계광이 전하고자 하는 메시지를 정확히 옮기기 위해서는 나의 인식의 지평을 확장시켜 그와 교감할 수 있어야 한다. 왜냐하면 그에 상응하는 지식을 확보하지 못하고서는 진정한 '의미의 옮김'이 이루어지기 힘들기 때문이다. 번역이 단순히 한문이라는 언어의 문제만을 다루는 것이 아니라 그 언어가 담고 있는 당대의 메시지에 대한 구조적인 이해가 병행되어야만 하는 이유이기도 하다. 비유하자면 솔로가 아닌 한문과 무예의 이중주인 셈이다. 따라서 ≪기효신서≫의 본격적인 독해를 위해서는 다음과 같은 점들이 고려되어야만 한다.

12) 김용옥 역, <번역의 이론과 실제> ≪도올논문집≫(서울: 통나무, 1991), 216-219쪽.

먼저 한문을 제대로 읽을 수 있는 훈련이 필요하다. 한문을 읽기 위해서는 기본적으로 문법과 어휘 지식뿐 아니라 각종 공구서를 다룰 수 있는 훈련이 되어 있어야 한다. 아직 신뢰할 만한 번역서가 존재하지 않는 ≪기효신서≫의 경우 한문에 대한 선 이해가 없다면 정확히 읽어낼 수가 없다. 그런데 문제는 한문이 쉽지 않다는 데 있다. 전문가들조차 실수를 하곤 한다. 척계광은 문언문을 잘 모르는 군중의 지휘관이나 병사들이 쉽게 이해할 수 있도록 구어인 백화체를 많이 사용하고 있기 때문에 문언문과 함께 백화체도 숙지를 해야 한다. 게다가 인용을 통해서 자신의 견해를 전개시키는 글쓰기 방식[이는 고전에서 일반적으로 보이는 방식이기도 하다]으로 인해 정확한 의미를 파악하기 위해서는 원전을 찾아서 대조해볼 필요가 있다. 인용 과정에서 단어를 바꾸거나 중간의 구를 빼는 등 변형을 하는 경우가 많기 때문에 본래의 문맥에서의 의미를 정확히 짚고 있어야 척계광의 논지를 명확히 드러낼 수 있다.

둘째, ≪기효신서≫ 텍스트의 본격적인 이해를 위해서는 판본학, 교감학, 음운학, 시학, 군사학, 무예학 등의 제반 분과 학문의 지식을 활용해야만 한다. 현재까지 남아 있는 ≪기효신서≫의 판본으로는 명나라 시기의 간행본과 초본(抄本)은 약 20여 종, 민국 연간에 간행된 것은 16-17종으로 알려져 있다.[13] 각 판본은 내용의 누락뿐 아니라 벽자(僻字, 흔히 쓰지 않는 까다로운 글자), 오자(틀린 글자), 탈자(빠진 글자), 피휘(避諱, 황제의 이름에 사용된 글자를 피해 다른 글자로 표기하는 법) 등으로 인해 편차가 심하다. 따라서 다양한 판

13) 曹文明・呂穎慧 校釋, ≪紀效新書≫(18卷本)(北京: 中華書局, 2001), 18쪽, <總序>.

본을 대조해 교감을 할 필요가 있다.[14] 본서에서 다루는 <권경첩요편> 역시 판본에 따라 차이가 크다. 권법의 세도 10개 혹은 8개가 누락된 경우가 일반적이며, 벽자, 오자, 탈자, 피휘 등이 발견된다.[15] 따라서 ≪기효신서≫ 각 판본에 대한 검토와 판본 간의 교감을 통해 정본을 확보할 필요가 있다. 또한 세의 가결은 기본적으로 7언절구 형태의 구조를 갖추고 있기 때문에 이를 읽어내기 위해서는 음운학이나 시학의 지식이 있어야 한다.

셋째, 고전무예의 학적 전통을 되살릴 필요가 있다. 식민지배와 함께 급격한 근대화를 겪는 과정에서 다른 전통 학문들과 마찬가지로 고전무예학도 설 자리를 잃어버리고 말았다. 과거에는 일상적인 개념을 드러내는 평이한 용어들이 지금은 도무지 이해되지 않는 암호로 여겨지기도 한다. 아무리 한문을 능숙하게 읽을 수 있다고 해도 호구(虎口), 대문(大門), 소문(小門), 음양(陰陽)이 가지는 무술적인 의미를 파악하기는 쉽지 않다. 왜냐하면 각각의 한자는 익숙하기도 하고 쉽게 알 수 있는 것들이기는 하지만 이들이 무술 분야에서 전문 술어로 사용될 때는 그 의미하는 바가 일상적인 용법과는 전혀 다르게 변하기 때문이다. 아울러 간과해서는 안 될 점은 무예를 설

---

14) 현재까지 나온 점교본 가운데 18권본은 曹文明 · 呂穎慧 校釋, ≪紀效新書≫(18卷本)(北京: 中華書局, 2001)를 14권 본은 范中義 校釋, ≪紀效新書≫(14卷本)(北京: 中華書局, 2001)를 추천한다. 정확한 교감과 구두를 하고 있으며, 주석도 유용하다. 해방군출판사(解放軍出版社)의 ≪중국병서집성(中國兵書集成)≫에도 18권 본과 14권 본 ≪기효신서≫가 합본으로 영인되어 있다. 하지만 ≪중국병서집성≫본은 편집자가 18권 본과 14권 본을 하나로 묶는 과정에서 무예에 관한 내용이 중복된다고 보고 14권 본의 무예에 관한 내용을 삭제하여 싣고 있다. 연구자들이 간혹 이러한 사정을 자세히 확인하지 않고 ≪중국병서집성≫을 근거로 14권 본 ≪기효신서≫에 무예에 관한 내용이 실려 있지 않다고 판단하는 오류를 범하기도 한다.

15) 조선본 ≪기효신서≫(1664)는 10세가 누락되어 있으며, ≪문연각사고전서≫(1782), 청대 편찬된 학진탐원본의 <권경첩요편> 모두 8세가 누락되어 있다. 보다 상세한 내용은 본서 제4장을 참조하기 바란다.

명하는 언어 역시 당대의 정치, 사회, 문화적 영향 아래 놓여 있다는 점이다. 따라서 사회적 맥락 안에서 무예 용어가 가지는 중층적인 의미를 읽어낼 필요가 있다. 콘텍스트를 읽어내기 위해서는 ≪기효신서≫에 사용된 용어들을 재구성하는 작업이 필요하다. 이와 함께 무예서는 필연적으로 무예 실기와 관련이 있을 수밖에 없는데, 무예 기법을 설명하고 있는 가결과 이를 표현한 그림 역시 양자가 상호보완적인 관계에 있으므로 그에 대한 이해가 필요하다. 한 폭의 그림으로 가결이 표상하고 있는 기법 체계 모두를 드러내기는 애당초 불가능하다. 그림은 가결이 전하고자 하는 메시지의 일부를 표상할 뿐이다. 아울러 그림에 대한 세부적인 분석이 중요함에도 불구하고 혼동하지 말아야 할 점은 미술사가의 그림 분석과 무예사가의 그림 분석에는 차이가 있을 수밖에 없다는 점이다.

넷째, 고전무예를 대하는 우리의 태도를 돌아볼 필요가 있다. ≪기효신서≫와 관련해 흔하게 받는 질문 가운데 하나는 왜 하필 ≪기효신서≫인가 하는 것이다. 여기에는 그것은 중국 무술이지 우리의 고유한 무예가 아니라는 민족주의적인 시각이 암묵적으로 전제되어 있다. 이러한 태도는 사료에 대한 객관적인 접근을 방해한다. 임진왜란 이후 지난 300년 이상 ≪기효신서≫의 무예와 전법은 조선 군대의 정규 교육 과정의 하나로 우리의 제도와 삶 속에 뿌리를 내리고 있었다. <권경첩요편>의 권법도 예외가 아니었다. 우리 것이니 아니니 하는 다분히 주관적인 잣대를 들이대기 이전에 우리 삶의 한 부분이었다는 사실을 유념할 필요가 있다. 편견을 걷어내야 보다 객관적인 시각을 견지할 수 있다.

다섯째, 여기에 덧붙여 서구의 과학주의의 세례를 받은 체육학이나 스포츠학 시각의 접근에서 한 걸음 더 나아갈 필요가 있다. 과학주의 시각에서 고전무예는 전근대적이며 고리타분한 것으로 여겨지곤 한다. 하지만 서구의 근대가 유일한 대안이 아니듯 과학주의만이 정답일 필요는 없을 것이다. 인간의 사유를 표현하는 다양한 언어가 존재한다는 사실을 받아들인다면 고전무예의 언어 역시 인간의 몸에 얽힌 사유를 풀어내는 하나의 대안일 수 있다. 역사 속의 그 언어를 복원함으로써 우리의 삶을 설명할 수도 있지 않은가.

≪기효신서≫의 독해는 결국 이러한 문제의식을 어떻게 구조화하여 텍스트로 다가갈 것인가라는 방법론과 밀접한 관련을 가지고 있다. 독해는 텍스트의 일방적 수용이 아니라 적극적인 해석에 기반을 둔 텍스트와 나의 상호작용이다. 번역은 바로 이러한 능동적 해석을 가능하게 하는 매개가 된다. 따라서 그 중요성은 아무리 강조해도 지나치지 않다.

고전무예로 들어가는 길

우리는 신화를 깨뜨릴 수 있을까? 껍질을 깨지 않으면 새는 결코 창공을 비상할 자유를 얻지 못한다. 선입견을 깨뜨리지 않으면 진실에 다가갈 수 없다. 고구려 고분벽화에, 신라 화랑에, 고려의 수박에 의지해 나의 존재의 위안을 삼는다면 우리는 역사의 진실을 영원히 볼 수 없을지도 모른다. 나는 이 책에서 무예의 고유성[전통성]에 대한 얘기를 하지 않는다. 인간 삶의 한 부분으로 무예를 바라볼 뿐이다. 고전무예를 연구하기 위해서는 그간 우리의 눈앞에 놓여 있던 프리즘을 벗어던지는 작업, 아니 최소한 우리가 프리즘을 통해 과거를 바라보고 있다는 인식이 선행되어야만 한다.

이 책은 그 신화를 넘어서기 위한 첫걸음이다. 없는 얘기를 만들기보다 있는 얘기, 하지만 그동안 제대로 관심 기울이지 않았던 그런 얘기를 함께 해보고자 한다. 그 이야기 속에서 무예는 그저 인간 삶의 한 부분으로 끝없이 착종하며 생멸을 거듭하는 보잘것없는 것으로 그려진다. 하지만 진실하다. 허무맹랑하지 않고 살냄새나는 인간의 모습이 투영되어 있다. 아울러 이 이야기의 끝에 모두 함께 또 다른 우리의 이야기를 만들어갈 것을 제안한다. 옛사람이 선 자리에서 우리는 새로운 발걸음을 내디뎌야 한다. 시행착오를 줄여야 한다. 진보의 역사관처럼 거창한 모토를 내세우는 것이 아니다. 지극히 평범한 삶의 경험을 말하는 것이다. 남들이 이미 다 간 길인줄도 모르고 제가 제일 처음 개척한 것인 양 떠드는 것처럼 민망한 일이 어디 있단 말인가? 마찬가지로 남이 간 길을 제대로 알지 못하면서 어찌 자기가 지금 새로운 길을 가고 있다는 것을 알 수 있겠는가? 남이 간 길, 우리보다 선대의 인간들이 간 길을 제대로 아는 것, 바로 거기서 시작해야 한다. 고전무예서의 독해는 바로 그 출발점인 셈이다.

이 책은 크게 세 부분으로 이루어져 있다. 먼저 ≪기효신서≫의 <권경첩요편>을 이해하기 위한 역사적 배경과 무예 이론에 대한 개괄적인 내용을 담고 있는 이론 파트(1-4장), 다음 <권경첩요편>의 실제 번역을 다루고 있는 역주 파트(5장), 그리고 마지막으로 <권경첩요편>의 대표적인 판본을 영인한 <부록>. 각각의 세부 사항은 다음과 같다.

제1장은 구전의 특징과 구전 무예가 어떻게 문서화되었는가, 그리고 현존하는 최고의 권법 매뉴얼인 ≪기효신서≫<권경첩요편>과 ≪기효신서≫의 저자인 척계광과 그의 삶에 대해서 살핀다. 아울러 ≪기효신서≫와 ≪손자≫ 병법을 대조해봄으로써 기존 병서와는 다른 ≪기효신서≫만의 특성을 드러내고자 했다.

제2장은 명나라시대 다양한 문파가 등장하게 된 배경과 척계광이 활약할 당시에 유행했던 다양한 권법 유파에 대해서 다루었다. 당시 무예는 크게 군진과 민간이라는 두 축을 중심으로 상호작용을 하며 발전하고 있었다. 다양한 문파가 등장했지만 이들 문파의 지나치게 전문화된 경향은 오히려 기법의 다양성을 저해하는 요소가 되기도 했다. 척계광은 다양한 문파의 기법을 두루 익혀야 한다는 겸이습지(兼而習之)의 사상을 제창하였으며, <권경첩요편>의 32세는 바로 겸이습지의 사상을 구체화한 결과물이었다.

제3장은 ≪기효신서≫의 서지학적 특성에 대해서 살펴보았다. ≪기효신서≫는 언제 최초로 편찬되었는지, 그리고 서로 다른 판본으로 전하는 18권 본 ≪기효신서≫와 14권 ≪기효신서≫에 실린 무예를 비교해서 그 차이를 설명했다. 아울러 현존하는 ≪기효신서≫의 대표적인 판본을 선택해 각 판본 간 32세를 대조해 특성을 드러내 보였다. 특히 무예에서 권법이 가지는 의의, 유독 권법만 상반신을 벗고 행하는 모습으로 그려진 이유, <권경첩요편>의 32세가 하나의 투

로가 아니라는 점을 무예 이론의 측면에서 살펴보았다.

제4장은 번역을 위한 기초 작업으로서 판본과 교감의 중요성에 대해서 다루고, 기존의 <권경첩요편> 번역에 대한 개괄적인 검토, 권법 32세의 가결의 구조에 대해서 설명했다.

제5장은 <권경첩요편>의 역주로 이 책에서 사용한 판본에 대한 소개, 비교본과 참조본에 대해서 다루었으며 실제 번역과 주해를 제시하였다.

<부록>에는 본서에서 주로 참조한 4종의 <권경첩요편> 판본을 영인본으로 함께 실었다. 많은 독자들이 <권경첩요편>의 실물을 보고 싶어 하지만 현실적으로 구하기가 쉽지 않다. 관심 있는 독자들의 보다 깊이 있는 연구에 도움이 되기를 바란다. 특히 상하이시립도서관 소장본은 중국 대륙에 남아 있는 가장 오래된 ≪기효신서≫ 판본으로 우리나라에서는 본서를 통하여 처음 소개된다.

Part 1

권법 매뉴얼

무예사의 새 장을 연 최고(最古)의
매뉴얼 ≪기효신서≫

01

구전의 문서화

무예서 편찬

현존하는 최고(最古)의 권법 매뉴얼

맨손 격투는 인류 사회에서 보편적으로 발견되는 행위 양식 가운데 하나이다. 선사시대의 동굴벽화, 혹은 기원전 그리스와 이집트에서 발견된 프레스코 벽화나 도자기 등에 남아 있는 그림이나 도안 등을 통해 간접적이지만 당시 여러 지역에 존재했던 맨손 격투의 모습을 엿볼 수 있다.

동아시아에서도 맨손 격투는 상당히 오래전부터 행해졌던 것으로 보인다. 비록 신화이기는 하나 치우(蚩尤) 부락은 짐승의 싸움을 모방한 각저희(角抵戱)를 했다는 전설이 전하며, 춘추전국시대에 이르러서는 민간에서는 '무거운 돌 던지기', '높이뛰기', 일종의 씨름이나 레슬링에 해당하는 '각력(角力)', '상박(相搏)', '수박(手搏)'이 행해졌으며, 도가(道家)의 '양생술(養生術)'과 검을 사용한 '기격술(技擊術)'이 등장하기도 했다.[1)]

춘추전국시대는 야금 기술이 발달하면서 청동기에서 철기로 넘어가는 과도기였다. 철제 병기가 광범위하게 퍼졌으며, 전차전에서 보병 중심으로 전쟁의 양상이 바뀌었다. 귀족들의 윤리 규범과 에티켓에 기반을 둔 명예 전투가 종말을 고하고 일반 백성들까지 동원되는 전면전으로 확대되었다. 이러한 상황은 무예가 더욱 발전하게 하는 요인이 되었다.

오늘날까지도 광범위하게 영향을 미치고 있는 ≪손자≫ 병법을 비롯한 ≪오자≫, ≪사마법≫, ≪육도≫, ≪삼략≫, ≪울료자≫, ≪이위공문대≫와 같은 일련의 병서들은 직·간접적으로 이러한 사회 분위기와의 관련 속에서 탄생했다.

한대에 들어서 맨손 격투는 보다 전문화되어 병가의 한 분야로 정착하였다. 최초의 목록학 문헌인 ≪한서·예문지≫[2]는 병서(兵書)를 육예(六藝), 제자(諸子), 시부(詩賦), 수술(數術), 방기(方技)와 어깨를 나란히 하는 독립된 분야로 다루고 있다. 병서는 다시 병권모(兵權謀), 병형세(兵形勢), 병음양(兵陰陽), 병기교(兵技巧), 병서략(兵書略)의 다섯 하위 분야로 나뉘는데, 이 가운데 무예는 '병기교(兵技巧)'에 포함되어 있었다. 여기서 '기교'란 "손과 발을 반복적으로 움직이고, 병기를 편리하게 다루며, 인체의 관절을 숙련시켜 공격과 방어에서 승리를 한다(技巧者, 習手足, 便器械, 積機關, 以立攻守之勝者也)"는

---

1) 陳山 저, 강봉구 역, ≪중국무협사≫(서울: 동문선, 1997), 207쪽.

2) ≪한서·예문지≫는 한대의 반고(班固, 32~92)가 편찬한 ≪한서(漢書)≫에 포함되어 있다. 반고는 당시 정사의 기록에 존재하는 문헌의 목록을 여섯 범주로 분류하여 싣고 있다. ≪한서·예문지≫는 전체 7편으로 구성되어 있다. 제1편은 총설에 해당하는 서(序) 그리고 이하 차례로 제2편 육예략(六藝略), 제3편 제자략(諸子略), 제4편 시부략(詩賦略), 제5편 병서략(兵書略), 제6편 술수략(數術略), 제7편 방기략(方技略)으로 배열되어 있다. ≪한서·예문지≫ 이후 ≪수서(隋書)≫, ≪구당서(舊唐書)≫, ≪신당서(新唐書)≫, ≪명사(明史)≫도 그 예를 따라 ≪예문지≫ 혹은 ≪경적지(經籍志)≫라는 이름으로 문헌 목록을 싣고 있다.

말이다. <병기교편>에는 다양한 사법(射法)에 관한 서적 목록과 함께 ≪검도(劍道)≫ 38편, ≪수박(手搏)≫ 6편이라는 목록이 보인다.

당시 병기교는 사법(射法), 검법(劍法), 맨손 격투[수박(手搏)]가 주를 이루고 있었던 것으로 보인다. ≪수박≫은 현재 전하지 않기 때문에 당시 수박이 어떤 형태의 맨손 격투였지에 대해서는 정확히 알 수 없다. 다만 병기교가 군사 기술을 가리킨다는 점, 그리고 당시 대체로 타격계와 유술계의 기술 분화가 엄격하게 이루어지지 않고 혼용되었다는 점, 수박(手搏), 각저(角抵), 상박(相撲), 각력(角力) 등의 술어가 혼용되어 사용되는 것이 일반적이었던 상황을 감안하면 여기 수박은 타격계와 유술계의 기법 양자를 포괄하는 형태였을 것이다.

≪수박≫ 이후 송나라 시기에 이르기까지 맨손 격투에 대한 독립된 저작은 발견되지 않는다.[3] 북송의 조로자(調露子)가 편찬한 ≪각력기(角力記)≫는 ≪수박≫ 이후 맨손 격투술인 각력을 전문적으로 다루고 있는 문헌이다.[4] 이 책은 <서

角力記

宋 調露子撰

述旨

夫角力者。宜勇氣。量巧智也。然以決勝負。騁趫捷。使觀之者遠怯懦。成壯夫。已勇快也。使之能鬭敵。至敢死者。之教勇。無勇不至。斯亦兵陣之權輿。爭競之萌漸。天生萬物。含血噙息者。無有。喜怒之性。六情未始有從教而得者。本乎天然。且如攻鬭力者。始乎陽。(本其怒戲)常卒乎陰。(欲勝情至[illegible]被害)以禮飲。始乎治。(尊卑有別酬酢有次)常卒乎亂。(耽酒淫洩)故相搏者。始嬉戲。常卒怒擊。(今猫犬虎狼始以爪牙而相擊嚙終則鬭)是知喜極則怒生。戲亦氣也。氣逸而下。鬭以。氣也。氣奮而上。戲氣發乎脾。鬭氣生乎肝。故曰。夫有血氣。必有鬭心也。豈不然也。上古之人淳素。以食飽飲足。或以前肱爲格擊。手亦未取勝負。別若鷄犬鬭敵而已。則知出自然。豈因教訓後能耶。上古之口亦同此矣。又以人之性氣。猶大澤焉。平時渺瀰焉。大風鼓之。巨浪起。(若人之怒)小風吹之。細文生。(若人通悅)若角力之氣。中等風作。浪波動搖也。非適非小。則大近於怒。小存於喜。競力角技。則非喜非怒。此角力是兩徒搏也。且虎有爪牙之利。故以器仗格之。則非徒搏也。人彼此皆空相擊。可云徒搏也。晉侯夢與楚子搏是也。釋名云。相搏也。手搏其士曆拳猶未然也。手上下之言也。

名目

角力記　一

<그림 2> 조로자의 ≪각력기(角力記)≫

---

3) 독립된 매뉴얼이 보이지 않을 뿐 맨손 격투를 의미하는 수박(手搏), 각저(角抵), 상박(相撲) 등 맨손 격투를 의미하는 다양한 기록을 사료에서 발견하는 건 어렵지 않다. 맨손 격투는 여전히 삶의 한 부분이었다.

4) ≪각력기(角力記)≫는 ≪송사(宋史)≫와 ≪통지(通志)≫, ≪총서집성초편(叢書集成初編)≫

(序)>와 <술지(述旨)>, <명목(名目)>, <고고(考古)>, <출처(出處)>, <잡설(雜說)>로 이루어져 있다. 각력의 의미와 특징, 당시 각력을 가리키는 다른 명칭들, 고대 텍스트에 대한 견해, 문헌적인 근거, 저자 자신의 각력에 대한 생각 등을 풀어서 서술하고 있다. 하지만 저자인 조로자가 누구인지, 이 책의 편찬 배경이 무엇이었는지에 대해서는 전혀 알려져 있지 않다. 대체로 ≪각력기≫에서 '각력'은 흔히 레슬링이나 씨름과 같은 유술계의 기법에 부가적으로 상대를 가격하는 기법이 포함된 형태로 여겨진다.5)

則多者勝兩多則熟者勝兩熟則䁣與狠者勝數者
備矣乃可較敵一家數溫家長打七十二行着二十
四尋腿三十六合鎖趙太祖長拳多用腿山西劉短
打用頭肘六套長短打六套用手用低腿呂短打六
套趙太祖長拳山東專習江南亦多習之三家短打
鉞亦頗能溫家拳則鉞所專習家有譜今不能盡述
也略具數節于後一勢四平勢井闌四平勢高探馬
勢指襠勢一條鞭勢七星勢騎虎勢地龍勢一撒步
勢拗步勢長拳變勢短打不變勢逼近用短打若遠
開則用長拳行着旣曉短打復會行着短不及長矣

<그림 3> ≪무편≫ 전집(前集), 권5 <권(拳)> '온가권보'

무예 매뉴얼의 성격을 온전히 가지고 있는 기록은 명대에 들어서 본격적으로 등장한다. ≪무편(武編)≫은 권법에 대한 이론적인 측면과 당시 권법 문파에 대한 소개, 수련법 등을 비교적 상세하게 기술하고 있다. 아울러 부분적이긴 하지만 '온가권보(溫家拳譜)'도 채록되어 있다.

하지만 오늘날의 시각에서 볼 때, 이러한 문헌들을 무예 기법의 보존과 재현이라는 목적을 구현하기 위

등에 포함되어 있다.

5) 참고로 ≪각력기≫에 대한 국내의 연구로는 남덕현·이천희·이지훈, <송대 ≪각력기(角力記)≫에서 본 '각력(角力)'의 의미 분석> ≪한국체육사학회지≫, 12권 2호(한국체육사학회, 2007) 한 편이 있다. 하지만 이 논문은 서지학적인 검토 없이 후대의 오·탈자가 제대로 걸러지지 않은 배인본을 사용해 분석 작업을 진행하고 있기 때문에 오류가 많다. 이용에 주의를 요한다. 현대적으로 교감을 하고 주석을 단 판본은 다음을 참조하기 바란다. 翁士勳, ≪≪角力記≫校注≫(北京: 人民體育出版社, 1990).

한 본격적인 권법 매뉴얼로 보기에는 무리가 있다.

≪기효신서(紀效新書)≫는 바로 이 점에서 기존의 기록들과는 성격을 달리한다. 왜냐하면 단편적인 무예 기록의 차원을 넘어서 기법의 보존과 재현, 테스트를 위한 평가 기준을 제시함으로써 표준적인 시스템을 구현하고 있기 때문이다.

≪기효신서≫에는 각 무예들을 구성하는 핵심 기법이 그림과 가결로 제시되어 있다. 가결은 간단하지만 함축적이며, 동시에 핵심을 찌른다. 그림은 이를 시각화한다. DVD와 같은 광학 매체가 일반화되어 있는 오늘날의 시각에서 그림이 사용되었다는 사실 하나만 가지고는 그다지 감흥이 와 닿지 않을 수도 있다. 하지만 시공을 점하는 3차원상에서 이루어지는 몸의 움직임을 지면으로 옮기겠다는 생각은 당시의 기준으로 보면 발상의 전환이 없이는 이루어질 수 없는 혁신적인 그 무엇이었을 것이다.

七星拳手足相顧挨
步逼上下隄籠饒君
手快脚如風我自有
攪衝劈重
到騎龍詐輸佯走誘
追入遂我回衝凭伊
力猛硬來攻怎當我
連珠砲動

懸脚虛餌彼輕進二
換腿決不饒輕趕上
一掌滿天星誰敢再
來比並
丘劉勢左搬右掌劈
來脚入步連心挪更
拳法探馬均打人一
着命盡

<그림 4> ≪기효신서≫ 권14 <권경첩요편(拳經捷要篇)>

≪기효신서≫를 통해 비로소 무예 기법은 기록되어 후대로 전해질 수 있게 되었으며 포폄, 학적 토론이 가능해지게 되었다. ≪기효신서≫<권경첩요편>은 몸의 길, 그 가운데서도 맨몸의 길을 그림과 가결이라는 형식을 통해 문서화한 동아시아 최초의 매뉴얼이었다.

척계광과 그의 시대

저자와 텍스트라는 관점에서 보면 오늘날 우리가 접하는 ≪기효신서≫는 저자인 척계광 개인의 지식과 경험을 반영하고 있다고 할 수 있을 것이다. 하지만 텍스트는 저자가 속한 시대라고 하는 역사적 현실에 발 디디고 있다. 따라서 ≪기효신서≫에 대한 접근 역시 저자인 척계광 개인과 그가 활약했던 당대의 역사 현실이라는 두 측면에서 이루어질 필요가 있다.

척계광은 오늘날 중국 산똥(山東)성 떵저우(登州, 현 蓬萊)에서 태어났다.[6] 자는 원경(元敬), 호는 남당[南塘, 만년에는 맹저(孟諸)라고 함]으로 세습 군호였다. 세습 군호제는 척계광이 어려서부터 병법과 무예를 익히며 자연스럽게 군사와 관련된 분위기를 익히며 성장할 수 있었던 배경이 되었다. 당시 무가에서는 무예 사범을 가정교사로 초빙해 자식들에게 무예를 가르치는 것이 일반적이었다.[7] 척계광도 이런 경로를 통했을 것이다. 척계광의 무예 수련은 성장한 이후에도

6) 척계광의 생몰 시기는 정확하게는 음력으로 1528년 10월(윤달) 1일~1587년 12월 10일이다. 양력으로 환산하면 1528년 11월 12일~1588년 1월 17일에 해당한다. 현대 출판물에서 간혹 척계광의 몰년을 1587년으로 표기한 경우도 보이는데, 이는 음력을 따른 것이다.

7) 邱心田 校釋, ≪練兵實紀≫(北京: 中華書局, 2001), 87쪽.

계속되었으며 그의 온 생애를 지속했다고 해도 과언이 아니다. 당대의 선배 무장인 당순지(탕순즈, 唐順之, 1507~1560)에게서 창법을, 유대유(위따여우, 俞大猷, 1503~1579)와 유현(리우시엔, 劉顯, ?~1581)[8]으로부터 곤법의 비기를 전해 받기도 했다. 그의 저술 곳곳에 보이는 무예에 대한 통찰은 이러한 실천 경험에서 우러나온 것이었다. 이런 그가 무장이 갖추어야 할 기본 소양의 하나로 무예를 강조하는건 전혀 이상한 일이 아니었다.[9]

때때로 장수가 만 명을 상대하는 병법, 즉 전략적인 측면에 치중하면 되지 몸소 무예를 익힐 필요가 있겠느냐는 질문을 받기도 했지만 그는 주장(主將) 역시 앞서서 몸소 실천할 수 있는 능력을 갖추고 있어야만 한다는 신념을 견지했다. 앞장 서기 위해서는 담력이 있어야만 하며 무예는 바로 담력을 보증하는 것이었다. 그는 다음과 같이 말한다.

> 장수된 자가 몸소 먼저 무예를 익히지 않고서 어찌 다른 사람들을 이끌 수 있겠는가? 스스로 화법(花法)과 실법(實法)을 분별하지 못한다면 어떻게 병사들이 익힌 무예 수준의 고하를 분별하겠는가? 만일 무예 수준을 알기 위해 교사에게 물어보아야만 한다면 병사들이 복종하지 않을 것이다. 세간에 말하길, "무예가 높은 사람은 담이 크다"고 하였다. 장군이란 앞에서 군대를 이끌어야 하니 만일 몸에 기예를 갖추고 있지 않다면 어찌 앞장섬에 두렵지 않겠는가? 또한 몸소 앞장섬에 나의 기예를 믿고 두세 명은 감당할 수 있어야 좌

8) 유현의 아들 유정(劉綎, ?~1619)은 임진왜란 당시 조선에 부총병으로 파견 나왔으며, 무예가 뛰어나고 철도를 잘 휘두른다고 해서 '유대도(劉大刀)'라고 불렸다. 임종욱, ≪중국역대인명사전≫(서울: 이회문화사, 2010), '유정(劉綎)' 항목.

9) 范中義 校釋, ≪紀效新書≫(14卷本)(北京: 中華書局, 2001), 346쪽, 권14 <연장편(練將篇)> '습무예(習武藝)' 참조.

우의 용감한 병사들이 빽빽이 따르게 된다. 병사 개개인은 오직 장군의 기색을 보고 담대해지게 마련이다. 기색은 담력과 관련이 있고, 담력은 무예와 관련이 있으니 그 관계된 바가 소소한 것이 아니다. 다재다능한 장수가 되고자 한다면 모두 정밀한 수준에 이를 필요는 없다 해도 각종 무예를 접해서 모두 어느 정도 지식을 갖추어야 한다. 다시 한두 가지를 전념으로 익혀 절묘하게 구사할 수 있어야 실전에서 사용할 수 있으며 병사들을 훈련시킬 수 있게 될 것이다. 온 마음과 뜻을 다한다면 한 달 안에 한 가지 무예에 익숙해질 수 있을 것이다. 각종 교사를 좌우에 두고 매일 식사를 하고 남는 틈을 허투루 보내지 않고 한 명의 교사를 통해 무예를 익히는 것을 소일거리로 여기며 다른 일에 방해를 받지 않는다면 무예는 저절로 정밀해질 것이다.[10]

하지만 척계광이 단순히 무적인 재능만을 갈고닦은 것은 아니었다. 그는 글 읽기에도 심혈을 기울였다. 병서뿐 아니라 다양한 유가 경전을 익히고, 글을 짓고 시를 쓰는 등 당시 문인들과 대등한 수준에 이를 정도로 글을 익혔다. 무관이었던 척계광이 가진 문적 능력은 당시 무관들의 일반적인 수준이 문맹이었다는 사실에 비춰보면 상당히 파격적이었다. 이러한 문적인 소양은 훗날 문관들과 교유하는 중요한 자산이 되었을 뿐 아니라 ≪기효신서≫와 같은 병서를 저술하는 바탕이 되었다.

척계광이 처음 군무를 맡기 시작한 것은 1544년으로 그가 17세가

---

10) "爲將者, 己不先學, 何以倡人? 己不知花法, 實法之辨, 何以辨別士卒所習之高下? 如憑教師而高下之, 人不服矣. 諺云: "藝高人膽大." 將軍者, 將軍于前, 使無技藝在身, 安得當前不懼? 且身當前行, 恃我之技, 可當二三人, 左右勇健, 密密相隨, 人人膽壯, 惟看將軍氣色. 氣色係于膽, 膽係于武藝, 是所關非小小也. 欲爲全才之將, 凡種種武藝, 皆稍習之, 在俱知而不必俱精. 再須專習一二種, 務使精絶, 庶有實用, 庶可練兵. 肯專心致之, 不過一月可熟一種. 各種教師置于左右, 每日飮食之餘, 無所消遣, 則用一教師習之, 以爲消遣之地, 他功不妨, 而武藝自精." 邱心田 校釋, ≪練兵實紀≫(北京: 中華書局, 2001), 186쪽.

되던 해였다. 아버지의 뒤를 이어 등주위지휘첨사(登州衛指揮僉事)로 공직을 시작하였다. 당시 중국 동남 연해 지방은 왜구들의 약탈 행위로 골머리를 앓고 있었다. 특히 1552년을 전후해서는 왜구의 침입이 저지앙(浙江), 후우지엔(福建), 꾸앙똥(廣東) 등 중국 동남해 연안의 거의 전 지역으로 확산되기 시작했다.

보통 왜구라고 하면 오늘날 소말리아 해역에서 볼 수 있는 해적을 떠올리기 쉬운데, 규모 면에서 오늘날의 해적들은 당시의 왜구와는 상대가 안 되었다. 왜구는 일본의 무사와 낭인, 상인들이 중국인 조력자들과 결탁해 대규모 무장 조직으로 수백 척에 이를 정도의 대규모 선단을 동원할 실력을 가지고 있었다. 주로 해상무역을 통해 이득을 얻는 것이 목적이었지만 명 정부의 통제에 반항해 해안 지방을 침입해 약탈과 방화, 살인 등을 일삼거나 때로는 일정 지역을 점령하고 주민들을 무력으로 위협해 노동력을 갈취하기도 했다.

<그림 5> 16세기 중엽 명나라 왜구 침입 지역

척계광은 산똥과 저지앙 지방에서 군사직을 수행하고 1556년 태참장으로 닝뽀(寧波), 사오싱(紹興), 타이저우(台州) 세 지역의 왜구를 방어하는 중책을 맡게 된다. 하지만 그는 임무 수행에 실패하고 만다. 16세기 명나라의 군대는 서류상으로는 세계 최강이었지만 문서에 기록된 군대와 현실은 차이가 컸다. 당시 장령들은 부패하고 무능했으며 병사들은 싸우려는 의지가 없었다. 70여 명의 왜구들이 12만 명의 수비군이 있는 명나라 제2의 도시 난징(南京) 부근까지 침입한 사건이 발생할 정도로 당시 군대는 내부적으로 취약점을 드러내고 있었다. 왜구를 소탕하려는 척계광의 간절한 바람에 반해 현실은 그리 녹록지 않았던 것이다.[11)]

당시 명군과 왜구의 대결은 여러 면에서 전문가와 비전문가의 대결로 간주될 정도였다.[12)] 왜구들은 전술적인 측면과 개인 기량 모든 면에서 명군을 압도하고 있었다. 왜구들의 부대는 소규모로 편성되어 있었으며, 병사 개개인은 모두 숙련된 무술 실력을 갖추고 있었다. 왜구들은 또한 기만전술을 잘 사용했다. 처음부터 맞부닥뜨려 싸우기보다 언덕이나 둔덕의 엄폐물 뒤에 숨어서 아군이 지치기를

---

11) 레이 황 저, 박상이 역, ≪1587 아무 일도 없었던 해≫(서울: 도서출판 가지 않은 길, 1997), 238쪽.

12) 레이 황의 견해를 따랐다. 명대의 조세제도 전문가인 레이 황은 당시 왜구에 대한 명나라의 군사적인 열세를 명 정부의 구조적인 모순 쪽에 초점을 맞추고 있다. 반면, 명대 군사 제도 전문가인 스워프(Swope)는 레이 황의 견해를 반박한다. 그는 명대 군사 제도가 부분적으로 문제가 있기는 했지만 당시 명의 군사력은 동아시아의 최강이었다고 본다. 로쥐(Lorge)는 명의 군사력이 대부분의 정복 왕조처럼 대항군을 공격하고 무찌르는 데는 효과적이지만 일단 제국이 수립되고 나면 내외적인 반란과 소규모 침입을 제어해야 하는 수세적인 위치에 놓이게 되는 과정에서 문제점을 노출하게 된 것으로 보고 있다. 보다 자세한 내용은 다음을 참조하기 바란다. 레이 황 저, 박상이 역, ≪1587 아무 일도 없었던 해≫(서울: 도서출판 가지 않은 길, 1997); Kenneth M. Swope, ***A Dragon's Head and a Serpent's Tail: Ming China and the First Great East Asian War, 1592-1598*** (Norman: University of Oklahoma Press, 2009); Peter A. Lorge. ***Chinese Martial Arts: From Antiquity to the Twenty-First Century***(New York: Cambridge Press, 2012).

기다렸다가 빈틈이 생기면 이를 놓치지 않고 공격해 들어오는 방식을 선호했다. 포로로 잡은 어린이와 부녀자들을 전면에 세워 방패막이로 삼는 심리전술을 구사하기도 했다. 특히 왜구들은 장도(長刀)를 사용한 접근전에 뛰어났는데, 장도는 날이 길고 예리하였으며 가벼운 데다 두 손으로 잡고 휘두르기 때문에 일반 요도보다 위력적이었다. 명군의 칼은 길이가 짧아 상대가 안 되었으며, 길이가 긴 장창 역시 장도에 두 동강이 나버리곤 했다. 급기야 왜구들의 창칼에 반사되는 햇볕의 섬광만 봐도 명군 병사들은 사기를 잃어버리는 지경에 이르렀다.[13]

척계광은 실패의 경험을 통해 왜구를 방어하기 위해서는 기존의 군대 조직으로는 불가능하며 스스로 병사들을 모아 직접 훈련을 시키는 것이 낫다는 판단을 하게 된다. 유력한 후원자였던 담륜(탄룬, 譚綸, 1520~1577)[14]의 지원에 힘입어 1559년 이를 실천에 옮긴다. 광부와 농민 4천여 명을 모아 군대를 조직해 훈련을 시키는데, 그의 훈련은 한마디로 이목(耳目)과 수족(手足), 심(心)과 영진(營陣)으로 요약할 수 있다. 이목은 눈과 귀를 말하며 깃발과 징과 북 등을 사용하여 병사들이 장수의 지휘에 따라 일사불란하게 움직이도록 하는 지휘와 통제에 관한 훈련을 말한다. 수족은 병기를 쥐고 운용하

13) 레이 황 저, 박상이 역, ≪1587 아무 일도 없었던 해≫(서울: 도서출판 가지 않은 길, 1997), 246-248쪽.

14) 담륜은 명나라 지앙시(江西) 이후앙(宜黃) 사람으로 가정(嘉靖) 23년(1544) 진사(進士)가 되었으며 이후 남경예부주사(南京禮部主事), 좌시랑(左侍郞), 병부상서(兵部尚書)를 역임했다. 동남 지역에 왜구가 침입해 피해가 심해지자 향병을 훈련시켜 유대유, 척계광 등을 이끌고 왜구를 섬멸하였다. 이후 북방의 지저우(薊州), 랴오저우(遙州), 빠오띵(保定)의 총독을 맡았으며, 척계광을 북방으로 불러들여 방어 임무를 수행하도록 한 것도 그였다. 척계광과 함께 '담척(譚戚)'으로 불렸다. 임종욱, ≪중국역대인명사전≫(서울: 이회문화사, 2010), '담륜(譚綸)' 항목 참조.

는 훈련으로 무예를 정밀하고 강하게 단련시키는 것을 말한다. 심은 병사들의 담력을 키우고 사기를 진작시켜 용감하게 싸울 수 있도록 하며, 영진의 훈련은 병사들이 진법을 익혀 서로 협조하여 공동으로 대처할 수 있도록 하는 것을 말한다. 1년여의 훈련을 거치면서 척계광의 군대는 무예가 정밀하며, 전술적으로 강하고, 기율이 있으며, 명령에 복종하고, 한마음으로 뭉친 강력한 조직으로 거듭나게 된다.

≪기효신서≫는 바로 이 과정에서 병사들을 효율적으로 훈련시키기 위해 편찬된 군사 교범이었다. 병사를 선발하는 방법과 이들을 대(隊), 기(旗), 초(哨), 총(總) 단위로 묶어 편제하여 운용하며, 강력한 규율을 사용해 병사들을 통제하고 훈련시키는 방법, 다양한 전술의 훈련, 담기의 훈련을 통해 심리적으로 강인한 군대를 만드는 법이 실려 있다. 장교의 교육에 대해서도 다루고 있는데, 덕을 쌓아 병사들과 혼연일체가 되며 실천을 통해 솔선수범할 것, 그리고 군사 이론인 병법과 실천에 해당하는 무예에 정통해야 하며, 소양을 위해서 독서를 열심히 할 것을 강조하고 있다. 아울러 무기의 개선에도 힘을 써 다양한 화기와 병기를 개량하거나 새로 채택함으로써 전투력을 높이고자 한 방법들에 대해서도 기술하고 있다.

≪기효신서≫ 전술의 핵심은 보병을 중심으로 화기와 냉병기를 조화롭게 운용하는 것이었다. 중국 남방은 습지가 많아 기병 전술을 적용하기 힘들었다. 따라서 보병을 중심으로 원거리에서 화기로 적의 예봉을 꺾고 곧이어 창검으로 무장한 살수들이 원앙진이라는

진법을 갖춰 접근전을 통해서 적을 섬멸하는 것을 골자로 하고 있었다. 개인 무예 기량이 뛰어난 왜구를 상대하기 위해 고안한 원앙진은 12명의 병사가 한 단위가 되어 공격과 방어를 유기적으로 할 수 있도록 한 진법이었다. 기본 대형은 2열 종대이며, 첫 줄에 두 명의 등패수, 바로 뒤에 두 명의 낭선수, 그 뒤에 네 명의 장창수, 마지막 두 명은 당파수로 구성되어 있었다. 등패수는 낭선수의 엄호를 받으며, 낭선수는 장창수의 엄호를 받게 된다. 당파수는 장창수를 엄호한다. 등패수는 표창을 소지하며 당파수는 화전(火箭)을 함께 소지하는데 이는 원거리에서 적을 공격하기 위한 것이었다. 원앙진에서 공격의 핵심은 4명으로 구성된 장창이었다.

원앙진이 2열 종대를 기본 대형으로 삼지만 고정된 형태로만 운용되는 것은 아니었다. 전투 상황에 따라 좌우로 대오를 변화시키며 유연하게 대처하도록 구성되어 있다. 각각의 대오는 다시 2열로 나뉘어 대오를 구성한 양의진(兩儀陣)으로 변화할 수 있으며 다시 삼재진(三才陣)이 된다. 아래 그림의 삼재진은 대장을 중심으로 낭선이 좌우로 서고 다시 그 옆에 패수가 서며 패수의 좌우로 장창이 배열된 형태를 띠고 있다. 맨 뒤에 당파가 선다(<그림 6, 7>).

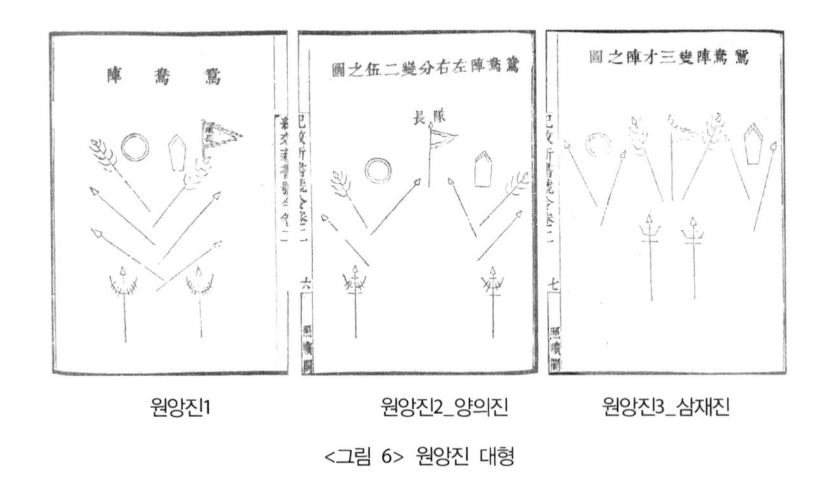

원앙진1　　원앙진2_양의진　　원앙진3_삼재진

<그림 6> 원앙진 대형

<그림 7> 원앙진의 실제[15]

≪기효신서≫의 전법과 무예를 바탕으로 한 척계광의 군대는 저지앙(浙江) 지역에서 왜구를 소탕한 다음 후우지엔(福建)과 광똥(廣東) 지방으로 옮겨간다. 근 12년 동안 치른 크고 작은 100여 회의 전

15) 이 배치 그림은 ≪연병실기≫에서 가져온 것으로 무기 체계가 ≪기효신서≫에 기술된 원앙진과는 차이가 있다. 하지만 실제 병사들이 원앙진 대열을 섰을 때의 모습을 실감나게 묘사하고 있다.

투에서 모두 대승을 거두었다. 1561년 봄, 저지앙 지방의 타이저우(台州)를 침범한 왜구들을 신허(新河), 후아지에(花街), 상횡링(上峰嶺), 텅링(藤嶺), 츠앙사(長沙) 등지의 전투에서 대패시키고 만여 명의 중국인 포로를 구출하는 성과를 거둔다. 이를 타이저우(台州)대첩이라고 하는데, 척계광의 군대가 고대 무적의 군대를 일컫던 '악가군(岳家軍)'에 빗대어 '척가군(戚家軍)'이라는 명성을 얻기 시작한 것도 이 무렵이었다. 후우지엔(福建)으로 옮긴 척계광은 1562년 헝쉬(橫嶼), 니우티엔(牛田), 린뚄(林墩)에서 대첩을 거두고, 1565년에는 다시 광똥으로 옮겨 유대유 부대와 함께 왜구를 섬멸하게 된다. 척계광의 활약에 힘입어 1566년경 명나라 동남해 연안에서 왜구들은 완전히 축출된다.[16]

이후 척계광은 명의 수도인 북경의 북쪽 관문인 지저우(薊州) 지역의 방어 임무를 맡게 된다. 지저우는 동남해 연안과는 달리 몽고족의 침입에 노출되어 있었다. 기병 중심의 몽고군에 대처하기 위해서는 보병 중심의 왜구를 상대하는 ≪기효신서≫와는 다른 전법과 무예가 필요했다. 우선 기병의 돌격을 차단하기 위해서 전거[전투용 수레]를 도입하고 여기에 보병을 배치하였다. 아울러 아군 역시 기병을 동시에 운용하는 전법을 발전시키게 된다. 전거와 기병, 보병을 결합한 전법과 무예에 대한 방법론을 총괄하여 1571년 ≪연병실기≫를 저술하였다.

척계광이 병가 지식의 기록과 전달이라는 측면에 관심을 쏟았던 이유는 단순히 병사들의 훈련이라는 실용적인 목적에만 있었던 것은 아니었다. 그가 활동하던 시기는 명나라가 안고 있는 문제가 복합적

16) 曹文明・呂穎慧 校釋, ≪紀效新書≫(18卷本)(北京: 中華書局, 2001), 3-4쪽.

으로 드러나던 시기였다. 그가 병사모집 절차, 월급 액수, 전투 대형의 조직, 병참, 무기 규격의 통일, 진법과 무예의 조련, 군대 예절에 이르기까지 하나하나 기록하고 관리를 해야만 했다는 사실은 그만큼 체계가 없었다는 방증이기도 하다.[17] 하지만 척계광은 좌절하지 않고 시대를 넘어서는 선구적인 모습을 보였다. 그는 문제 해결을 혁신의 계기로 삼았던 것이다. ≪기효신서≫를 통해 구현한 혁신적인 군사 사상과 방법론, 그리고 거기에 기반을 둔 일련의 전술적 해결책들은 바로 문제의식을 구체화하는 과정에서 찾아낸 것이다.

아울러 그는 단순히 병사들만 염두에 둔 것은 아니었다. 그는 문무 겸전의 지장(智將)을 이상적인 리더로 생각하고 있었다. 그는 맹목적인 용기만을 앞세운 당시의 무장들에 대해 비판적인 시각을 가지고 있었다. 병사들을 통솔하는 리더로서 장교에게 요구되는 덕목은 덕과 절제가 조화된 그러면서도 사태를 냉철히 분석하여 순발력 있게 대응할 수 있는 능력이었다. 독서는 이를 위한 방법론이었다. 스스로도 많은 책을 읽으며 이를 병사들을 통솔하고, 전법을 향상시키는 자양분으로 삼던 그에게 기록을 통해 후세를 도모하겠다는 생각은 지극히 당연한 것이었는지도 모른다.

---

17) 레이 황 저, 박상이 역, ≪1587 아무 일도 없었던 해≫(서울: 도서출판 가지 않은 길, 1997), 238쪽. 레이 황의 주장은 조선의 상황에도 시사점을 준다. 임진왜란 역시 이런 관점에서 보면 조선에 내재되어 있는 문제들이 표면적으로 드러나는 계기가 되었기 때문이다. ≪기효신서≫가 조선에 크게 환영을 받았던 이유 역시 동일한 문제의식을 공유한 데서 찾을 수도 있을 것이다.

≪손자≫ VS ≪기효신서≫

그렇다면 ≪기효신서≫를 병법의 고전으로 꼽히는 ≪손자(孫子)≫ 병법과 비교하면 어떨까? 사실 척계광 역시 당대의 다른 무장들처럼 ≪손자≫의 영향하에서 성장하였기 때문에 ≪기효신서≫에서 ≪손자≫의 영향을 읽어내는 건 그리 어렵지 않다.[18] 게다가 척계광은 병법을 제대로 공부하고자 한다면 ≪손자≫보다 더 좋은 책은 없다고 직접적으로 언급하고 있기까지 하다. 이러한 확신은 실전 경험을 통해 ≪손자≫가 전하는 원칙들이 얼마나 정밀하게 들어맞는지를 검증한 데서 나온 것이었다.

그렇다고 그가 ≪손자≫를 무작정 추종하기만 한 것은 아니다. 척계광은 ≪손자≫의 한계에 대해서도 명확히 인지하고 있었다. 그는 ≪손자≫를 전쟁의 거시적인 그림에 초점이 맞춰진 전략서로, 상승의 이론을 추상적이면서 형이상학적인 언어로 다루고 있을 뿐 이를 구현하기 위한 세부 절목에 대해서는 전혀 언급을 하고 있지 않다고 비판한다. 마치 선가(禪家)에 상승의 가르침만 있어 초학자가 어디서부터 공부를 시작해야 할지 모르는 것과 같다

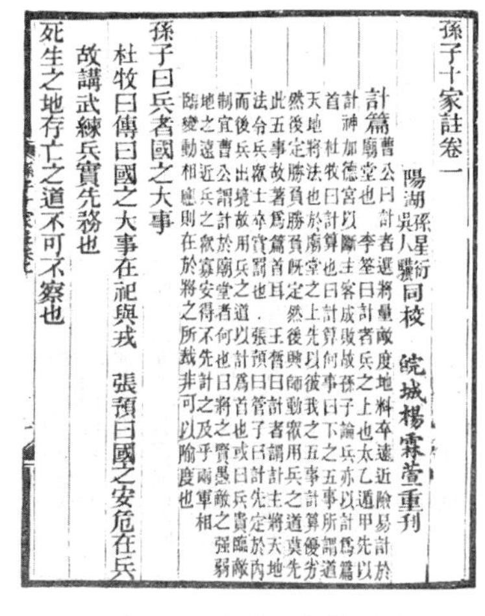
孫子十家註卷一
陽湖孫星衍 吳人驥 同校 皖城楊霖萱重刊
計篇 曹公曰計者選將量敵度地料卒遠近險易計於廟堂也 李筌曰計者兵之上也太乙遁甲先以計神加德宮以斷主客成敗故孫子論兵亦以計爲篇首 杜牧曰計算也曰計算何事曰下之五事所謂道天地將法也於廟堂之上先以彼我之五事計算優劣然後定勝負勝負既定然後興師動衆用兵之道莫先此五事故著爲篇首耳 王晳曰計者謂計主將天地法令兵衆士卒賞罰也 張預曰管子曰計先定於內而後兵出境故用兵之道以計爲首也或曰兵貴臨敵制宜曹公謂計於廟堂者何也曰將之賢愚敵之強弱地之遠近兵之衆寡安得不先計之及乎兩軍相臨變動相應則在於將之所裁非可以險度也
孫子曰兵者國之大事
杜牧曰傳曰國之大事在祀與戎 張預曰國之安危在兵
故講武練兵實先務也
死生之地存亡之道不可不察也

<그림 8> ≪손자≫의 한 페이지

18) <권경첩요편>에도 ≪손자≫에서 인용한 구절이 곳곳에 등장한다. 보다 자세한 내용은 뒤의 <역주편>을 참조하기 바란다.

는 것이다.[19]

≪기효신서≫는 그런 면에서 ≪손자≫와는 대척점에 서 있다고 할 수 있다. ≪기효신서≫는 ≪손자≫에 비하면 하승이며 형이하학적이다. 전쟁의 큰 그림이 아니라 개별 전투에 필요한 전술을 다룬다. 내용 역시 추상적이지 않고 구체적이다. 병사들을 어떻게 선발해야 하는지, 선발된 병사는 어떻게 배치시키고, 훈련시켜야 하는지, 월급은 얼마를 지급해야 하는지, 전투 대형은 어떻게 구성해야 하는지, 징과 깃발을 사용해 어떻게 명령을 전달해야 하는지, 무기의 제작은 어떻게 해야 하는지, 군대의 예절은 어떠해야 하는지, 무예 조련은 어떻게 해야 하는지에 이르기까지 하나하나 기록하고 있다. 이러한 세부적인 조목들은 이전의 병서에서 찾아볼 수 없는 것들이었다(<표 1> 참조>).

물론 그렇다고 해서 ≪기효신서≫가 단순한 매뉴얼에 머무는 것으로 오해되어서는 안 된다. 척계광 역시 병가의 논리를 그 심연에까지 확장하고 있음을 주목해야 한다. 오지양(우즈르앙, 吳之勷, 1754~1828)은 ≪기효신서≫를 다음과 같이 평가했다. "그 말을 살펴보건대 분수, 형명, 기정, 허실은 마치 선가의 최상승과 같아 돈오(頓悟)를 한 자는 능히 알 수 있으나 점입(漸入)자는 그 심오한 뜻을 다 알아낼 수가 없다."[20]

---

19) 曹文明・呂穎慧 校釋, ≪紀效新書≫(18卷本)(北京: 中華書局, 2001), 2쪽 <자서(自敍)> 참조.

20) 紀效新書後序: 顧其言分數形名奇正虛實處, 如禪家最上乘, 有頓悟者能之, 漸入者無以窮其蘊. 曹文明・呂穎慧 校釋, ≪紀效新書≫(18卷本)(北京: 中華書局, 2001), 364쪽.

<표 1> ≪손자≫ VS ≪기효신서≫

≪손자≫	≪기효신서≫
상승	하승
형이상학	형이하학
추상적	구체적
전략	전술
장수	병사

≪손자≫병법과 ≪기효신서≫가 대척점에 서 있다고 했지만 어느 하나가 다른 하나를 완전히 대체할 수 있다는 말로 이해되어서는 안 된다. 왜냐하면 양자는 상호보완적이기 때문이다. ≪손자≫병법이 제시하는 이상은 ≪기효신서≫가 없으면 공허한 구호에 머무르기 쉽고, 반대로 ≪손자≫병법이 없이 ≪기효신서≫만 있었다면 거시적인 그림을 보지 못하는 우를 범하게 될지도 모른다. 입이나 귀에 발린 빈말이 아니라[기효] 정법(正法)에 바탕을 두고 있으면서 거기에 매몰되지 않는 현실적이며 실용적인 방법론을 다루고 있는 새로운 서적[신서]이라는 제명에서 알 수 있듯이, 척계광은 자신이 발 디디고 있는 현실에 자신을 철저히 투사하고 있었다.

02

무예 전파

시공을 초월한 무예

백가쟁명(百家爭鳴)

척계광이 활약하던 16세기 중반은 무예사적으로 보면 선진(先秦) 시대 백가쟁명(百家爭鳴)의 시기에 비견될 수 있다. 선진시대에는 유가, 도가, 묵가, 법가, 명가, 병가 등 소위 제자백가라 일컬어지는 다양한 학파가 등장해 사회변혁을 위해 왕도와 패도, 예법, 천도관, 인성론 등 다양한 학설을 주창하며 경쟁하였다. 명대의 무예계 역시 다양한 문파의 무예가 등장해 각축을 벌이며 발전하였다는 점에서 그와 유사했다.

명대 민간 무예의 발전은 이전 송대 무예계의 특징들을 계승한다는 점에서 송대와 관련지어 살펴볼 필요가 있다.[21] 송대는 근대적인 의미에서 중국 문화가 발전하기 시작한 시기로 평가된다. 도시 사회

---

21) 이하 송대 민간 무술계의 상황에 대해서는 다음을 참조했다. 陳山 저, 강봉구 역, ≪중국무협사≫(서울: 동문선, 1997), 187-207쪽.

가 발달하고 근대 성시(城市)문화가 형성되었으며, 개인이 학문을 가르치는 기풍이 생겨나면서 민간 사학이 보급되었고, 아울러 활자 인쇄술이 발명되면서 문화가 대중적으로 전파되기 시작한 것은 모두 송대 들어서 나타난 현상이었다.

특히 기존의 거주지역[방(坊)]과 상업지역[시(市)]으로 나뉘어 있던 폐쇄적인 성시(城市)구조가 무너지고 점포와 주택이 혼합되기 시작하였으며, 상인들의 좌판, 장인들의 점포, 짐승을 도살하여 파는 노점상, 야시장 등이 등장하게 되는데, 송대 성시(城市)는 전통적인 의미의 정치적인 지배와 개인 통제라는 단일 기능에서 근대적인 도시행정 관리와 상업무역이라는 이원적인 기능으로 전환하기 시작했다는 점에서 그 성격을 달리한다.

전통적인 성시 구조와 기능의 변화는 과거엔 볼 수 없었던 방대한 시민 사회를 형성시켰다. 북송의 수도 주변에는 1백만 명이 넘는 사람이 거주하고 있었으며, 이들은 빈번한 왕래, 여유로운 생활, 절에서의 만남, 운동, 유희, 다회와 연회 참석, 시서회, 무예 연마, 음악 감상과 같은 다양한 사회 활동을 하였다. 기방과 창을 하는 곳, 찻집, 무예 연습장은 공공 사교 장소이면서 동시에 민간 문화, 기예를 전승하는 집산지가 되었다.

당시 무술은 잡기[백희]나 설화, 그림자극, 인형극, 곤충이나 개미, 가축을 훈련시키는 것과 마찬가지로 대중 사회의 기예가 되어 일상생활에 스며들었다. 각저(角抵), 사봉(使棒), 상박(相撲), 타경(打硬), 거중(擧重), 타탄(打彈), 사노(使弩) 등과 같은 무예가 거리에서 일상적으로 행해졌으며, 무술을 겨루어 실력을 비교해보기 위한 시합이 생겨났다. 무예를 익히기 위한 방법론의 하나로 다양한 기법들을 연결하여 특정한 상황에 응용할 수 있도록 하는 수련법인 투로, 즉 태권도의 품새나 카라테의 카타에 해당하는 수련법이 등장한 것도 이 시기의 특징이었다. 아울러 무술을 전문적으로 수련하는 집단이 등장하였는데, 이들은 외부의 침입에 대비하고 치안을 유지하기 위한 자발적인 군사 집단으로 기능하였다. 이들 집단은 사(社)라고 하여 우두머리인 사두(社頭)를 중심으로 내부 규약인 사규를 준수하며, 무예를 전수하고 수련을 했다. 활, 씨름, 봉 등을 전문적으로 수련하는 '궁전사(弓箭社)', '각저사(角抵社)', '금표사(錦標社)', '영략사(英略社)'와 같은 무술 단체들이 있었다.

송대 민간 무예는 엄밀히 말하면 그 연원을 군진 무예에서 찾을 수 있다. 군진 무예가 민간으로 퍼져나가는 동시에 이러한 사회적 변화와 맞물려 독자적으로 발전하게 된 것이다. 퇴역 군인이나 군복무를 마치고 사회로 복귀한 사람들을 통해 군진의 무예가 민간으로 전파되는 것은 일반적인 전파 경로 가운데 하나였다. 역으로 민간의 무예가 군진으로 유입되기도 했다. 군진 무예와 민간 무예가 서로 다른 경로를 따라 발전해갈 수밖에 없었음에도 불구하고 현실에서 양자가 완전히 분리될 수 없었다.

군진 무예는 새로운 무기의 개발과 전술적인 응용, 전장 환경의 변화와 더불어 발전하였다. 명대는 특히 군사 기술에서 화기의 비중이 급격히 커지는 시기였다. 중량의 대구경 화포뿐 아니라 경량의 이동형 화포와 개인 화기인 조총 등이 실전에 도입되어 본격적으로 활용되었다. 이런 상황에서 화기와 냉병 무예의 결합 전술의 개발과 적용은 이 시대의 중요한 군사 전술상의 과제였으며 무예는 화기와의 관련성 속에서 재정의될 필요가 있었다. 명대 무장들에게 주어진

과제는 냉병 무기와 화기 사이의 최적의 접합점을 찾는 것이었다.

명대에는 또한 인쇄술이 발달하고 출판이 유행하였으며, 아울러 광범위한 독자층이 형성되기 시작했다. 독자의 수요를 맞추기 위해 소설과 희곡 등이 대량으로 인쇄되어 보급되기 시작하는데, 무예서 역시 관심 있는 독자들의 요구에 부응해 출판되었다. ≪소림곤법천종(少林棍法闡宗)≫, ≪단도법선(單刀法選)≫, ≪궐장심법(蹶張心法)≫, ≪수비록(手臂錄)≫과 같은 병서[무예서]들은 당시 민간 무예의 구체적인 실상을 보여주고 있다.

당대의 대표적인 무장인 척계광(치지꾸앙, 戚繼光, 1528~1588), 정약증(정르우어쩡, 鄭若曾, 1503~1570), 하량신(허리앙츠언, 何良臣, 약 1506~1600), '당순지(탕순즈, 唐順之, 1507~1560)' 등의 저작들은 모두 민간 무예에 대해 기록하고 있는데, 여기엔 권법도 포함되어 있었다. 이들 기록을 종합하면 당시 민간에는 대략 30여 가지의 권법이 유행했던 것으로 보인다. 기본적으로 각 무장들의 출신 지역이나 활동하던 지역이 달랐던 점을 감안하면 기록된 권법은 여러 지역에 분포되어 독립적으로 발전하고 있었던 권법이었을 것이다. 지역명이 붙어 있는 권법 명칭이 다수 발견된다는 점은 이를 방증한다. 아울러 비슷한 명칭이지만 서로 다르게 기록된 경우도 보이는데, 다른 권법 문파일 가능성도 있지만 이 경우 기록의 특성상 어떤 원 자료가 있고 이를 인용하는 과정에서 변형이나 왜곡이 생겼을 가능성도 배제할 순 없을 것이다. 어쨌든 권법이 당대의 무장들의 눈에 들어 기록되었다는 사실은 권법이 그만큼 사회적으로 영향을 미치고 있었다는 방증일 것이다.

<표 2> 명대 기록에 보이는 다양한 권법들[22]

출처	《기효신서》		《진기(陣紀)》		《무편(武編)》		《강남경략(江南經略)》
권법 명칭	송태조	삼십이세장권	송태조	삼십이세상권	소태소상권		조가권
		육보권		육보권			조태조신권(삼십육로)
		후권		후권			무호하서천 이십사세
		와권		와권			말릉관타한동장권(육로)
	온가	칠십이행권	온가	칠십이행권	온가	장타칠십이 행착	남권(사로)
		삼십육합쇄		삼십육합쇄		삼십육합쇄	북권공간권(사로)
		이십사기탐마		이십사기탐마		이십사심퇴	서가권(육로)
	입섬번	십이단	입섬번	십이단			온가구괘권(십이로)
							손가피괘권(사로)
	여홍팔하		여홍지팔하		여홍타육투		장비신권(사로)
	면장단타		면장지단타		면장권호흘협		패왕권(칠로)
	이반천퇴법		이반천퇴법				후권(삼십육로)
			조롱자퇴법				동자배관음신권
	응조왕나법		응조왕나법				구곤십팔질타화나
			당양오나법				면가단타파법
	천질장질법		천질장질법				구내홍팔하등파법
	장백경타법		장백경타법				삼십육나법삼십육해법
	파자권						칠십이질법칠십이해법

22) 林伯原, 《中國古代武術論文集》(臺北: 五洲出版社, 民國78年(1989)), 65쪽. <명대 각 가(家) 권법 명칭 통계표>를 바탕으로 수정하였다. 《속문헌통고(續文獻通考)》 권160 <병고군기(兵考軍器), 총론군기(總論軍器)>에도 권법 명칭들이 등장하나 그 내용은 《강남경략》과 동일하다.

<표 2>는 여러 기록에 보이는 권법들을 정리한 것이다. 각각의 명칭이 기술적인 특징을 대변하고 있다고 가정하면 이를 통해 간접적이나마 당대 권법의 분위기를 읽을 수 있을 것이다. 권법은 크게 1) 고대인의 이름을 가탁한 경우, 2) 사물이나 동물의 형상이나 특징을 모방한 경우, 3) 특정 기법을 문파의 대표명으로 내세운 경우로 나누어볼 수 있다.

먼저 고대인의 이름을 가탁한 경우는 송태조[권]을 들 수 있다. 조태조장권이라고도 불리는 이 권법은 송나라 태조 조광윤(자오쿠앙인, 趙匡胤, 927~976)에 가탁해서 지어진 명칭이다. 송태조삼십이세장권 혹은 조가권은 실제로 조광윤이 창안했다기보다는 조광윤의 이름의 권위를 빌린 것일 가능성이 높다. 손가, 오가, 서가처럼 특정 성씨가 무술 이름 앞에 붙는 경우, 이반천, 조룡자, 응조왕, 당양오, 천질장, 장백경처럼 인명과 그가 구사하는 기법이 결합되어 문파의 이름이 된 경우도 있다. 당대의 유명 (무예)인의 이름을 빌려 권법의 권위를 높이려는 경향은 무예계에 광범위하게 퍼져 있었던 것으로 보인다.

두 번째 동물이나 사물을 형상화한 권법으로는 후권(猴拳)이나 와권(囮拳)이 그 대표적인 예라고 할 수 있다. 고대 사회에서 원숭이는 영험한 동물로 숭배의 대상이 되곤 하였다. 후권은 원숭이의 영민한 움직임을 상징화한 권법이었을 것이다.[23] 와권은 구체적으

23) 일본의 카게류 검법 역시 원숭이를 상징화하고 있다. 카게류는 장도(長刀)를 사용하는 도법(刀法)으로 ≪기효신서≫(14권 본)와 ≪무비지≫에 '카게류노모쿠로쿠(影流之目錄)'라는 이름으로 그 기록이 남아 있다. 척계광은 신유(辛酉, 1561)년 타이저우(台州)대첩 때 이 목록을 진상(陣上)에서 얻었다고 한다. 카게류 검법은 중국과 조선에도 큰 영향을 미쳤는데, ≪기효신서≫(14권 본)의 장도, 정종유의 ≪단도법선(單刀法選)≫, ≪무예제보≫와 ≪무예도보통지≫의 장도[쌍수도]는 모두 카게류의 연장선상에 있다. 일본 검술의 한국 전파에 관해서는 다음 논문을 참조하기 바란다. Choi, Bok Kyu, Dissemination of Japanese Swordsmanship to Korea. ***Martial Arts Studies***. 6 (Cardiff: Cardiff University Press,

로 어떤 형식과 기술을 가지고 있는지는 확실치 않다. '와(囮)'를 ≪옥편(玉篇)≫ 구부(口部)는 새를 잡을 때 유인하기 위해 가두어 놓거나 매어두는 후림새(鳥媒)로 설명하고 있다. 따라서 와권은 상대를 유인해 속이거나 기만하는 기법을 특징으로 하는 권법이었을 것이다.

세 번째에 해당하는 것은 단타(短打)나 퇴법(腿法), 나법(拿法), 질법(跌法), 타법(打法) 등이 붙은 것으로 단타의 경우 짧게 치는 기술로 보통 주먹이나 팔꿈치, 어깨 등을 사용해 근접해서 사용하는 기법을 가리킨다. 단타계 기술로는 여홍팔하(呂紅八下)나 면장단타(綿張短打)가 유명하였다. 여홍은 사람의 이름이며, 산똥 까오탕(高唐) 사람으로 알려져 있다. '여홍팔하'는 '여홍팔세(呂紅八勢)' 혹은 '팔세자모연환수(八勢子母連環手)'라고도 불린다.[24] 이 권법은 자모라는 명칭에서 알 수 있듯이 주된 기법과 보조적인 기법이 서로 쌍을 이루며 진퇴와 공수를 겸비하고 있었던 것으로 보인다. 면장(綿張)은 명대 중엽의 민간 무예가로 저지앙(浙江) 진후아(金華)인으로 알려져 있으며, 문헌에 따라 '면장(眠張)', '면장(綿章)', '면장(綿張)' 등 서로 다른 한자로 기록되어 있다.[25] 명대 단타류 권술은 주로 남방에서 유행하였으며 면장은 대표적인 인물 가운데 한 명이었다. 퇴법은 발차기를 말하며, 나법은 오늘날의 금나술이나 주지쯔처럼 상대의 관절을 잡아채고, 꺾어서 제압하는 기술을 가리킨다. 질법은 유도나

2018), pp.27-40. DOI: http://doi.org/10.18573/mas.63 카게류 검법에 대해서는 (가제) ≪쌍수도≫에서 보다 자세하게 다룰 예정이다. 다음 책을 기다려주기 바란다.

24) ≪무편≫에는 '여단타육투(呂短打六套)'라고 기록되어 있다. 여기서 '여단타'는 '여홍의 단타'를, '육투'는 6가지의 투로를 가리킨다. ≪속문헌통고(續文獻通考)≫ 권166에는 '내홍팔하(內紅八下)'로 되어 있는데, '내홍(內紅)'은 '여홍(呂紅)'의 오류이다.

25) ≪中國武術大辭典≫編纂委員會, ≪中國武術大辭典≫(北京: 人民出版社, 1990), 447쪽.

씨름, 술각처럼 상대를 던지거나 넘어뜨리는 기술이며, 타법은 주먹이나 손바닥을 사용하여 가격하는 기술들을 가리킨다. 이렇게 개별적으로 특화된 기술이 한 문파나 권법의 대표성을 띤 명칭으로 채택되었다는 사실은 당시 권법 기술이 다양하게 분화되어 발전하고 있었다는 사실을 역으로 보여준다.

물론 이러한 분류에 포함시키기 어려운 애매한 명칭들도 있다. 예를 들면, 위의 표에서 "파자권(巴子拳)"은 그 의미가 명확하게 드러나지 않는다. 원문에는 '파자권곤(巴子拳棍)'으로 되어 있다. 여기서는 파자권을 권법을 나타내는 것으로 분리해보았지만 이 단어가 들어 있는 구절의 문맥을 감안하면 '파자권곤'이 권법과는 상관없이 독립적으로 단순히 곤법을 가리킬 가능성도 배제할 수는 없다. 아울러 파자권은 그 발음이 빠쯔취앤으로 오늘날의 빠지취앤[八極拳, 팔극권]과 유사하기 때문에 양자를 같은 것으로 보기도 한다. 하지만 양자 간에 어떤 내적 연관성이 존재한다는 증거는 찾기 힘들다.

무엇보다 이들 다양한 문파의 명칭들은 권법의 기술이 분화되어 발전하기 시작했다는 사실을 보여준다는 점에서 주목할 만하다. 단타, 퇴법, 나법, 질법, 타법과 같은 전문화된 기술이 문파를 대표하는 명칭으로 부여되어 있다는 점에서 문파 간 기법 차이가 뚜렷이 구별되고 있다는 점을 알 수 있다. 짧게 치는 단타가 성립하려면 길게 치는 장타 개념이 존재해야만 한다. 또한 단타를 주 특기로 삼아 운용하기 위해서는 상대에게 접근해 들어가는 전술적 운용이 필요하다. 반면, 장타는 상대와 거리를 둔 상황에서 기법을 전개하는 능력을 키워야만 한다. 마찬가지로 발기술인 퇴법은 손기술인 타법과는 대비되어 이해되어야 한다. 따라서 다양한 기법을 주 특기로 하는 인물[문파]의 등장은 기본적으로 기술적 다양성이라는 측면에서 봐야 하며, 동시에 이러한 분화를 가능하게 한 당대의 상황과 맞물려 이해될 필요가 있다.

또 하나 주목해야 할 점은 이들 문파의 이름에서 청나라 말기에 등장하는 태극권(太極拳), 팔괘장(八卦章), 형의권(形意拳)에서 보이는 형이상학적인 술어들은 발견되지 않는다는 점이다. 장타, 단타, 타법, 나법, 질법과 같은 기법이나 송태조, 천질장, 유단타처럼 사람 이름과 기법과 같은 구체적이며 직접적인 용어들만 보인다. 이는 무술에 추상화된 이론이 개입되기 이전 단계의 특징들을 보여주고 있다. 아울러 흥미롭게도 오늘날 유명세를 날리고 있는 소림사의 권법이나 내가권법도 전혀 언급되지 않고 있다.[26]

권법 문파에 대한 척계광의 견해

그렇다면 척계광은 당시 권법 문파에 대해 어떠한 생각을 가지고 있었을까? 먼저 고금의 권법 문파에 대해 척계광의 언급을 살펴볼 필요가 있다(이하 모든 인용에 사용된 번호와 밑줄, 구두점, 부연 설

26) 명대 조광유(趙光裕)의 ≪신전무경표제정의주석(新鐫武經標題正義注釋)≫은 전체 9권, 본문 8권에 부권(附卷) 1권이 덧붙여져 있다. 이 마지막 부권에 조광유가 교정을 한 진법(陣法), 마법(馬法), 사법(射法), 곤법(棍法)이 실려 있다. 곤법에는 곤법, 곤법총결가, 소릉곤가(邵陵[少林]棍歌), 소릉권세가(邵陵[少林]拳勢歌), 창법하사세가(鎗法下四勢歌), 파법사평가(鈀法四平歌)가 포함되어 있다. 츠엉사오캉(鄭少康)은 '소림권세가'의 가결과 명칭이 ≪기효신서≫<권경첩요편>에 나오는 세명과 직·간접적으로 관련이 있다고 보고 있다. 아울러 ≪기효신서≫가 이 ≪주석(注釋)≫보다 시기적으로 앞선다는 점을 들어 당시 군진 무예가 소림권에 영향을 끼쳤을 가능성이 있다고 본다. 鄭少康, ≪紀效新書拳經考≫(上海體育學院博士學位論文, 2008), 28-34쪽.

명은 필자가 삽입).

> 고금(古今)의 권법 문파로는 ① 송태조(宋太祖)[家]에 삼십이세장권(三十二勢長拳), 그리고 육보권(六步拳), 후권(猴拳), 와권(囮拳)이 있었다. [이들 권법의] 명칭은 제각기 다르지만 실제로는 크게 차이가 없다. 오늘날 유행하는 ② 온가(溫家)의 칠십이행권(七十二行拳), 삼십육합쇄(三十六合鎖), 이십사기탐마(二十四棄探馬), ③ 입섬번(入閃番)의 십이단 역시 뛰어난 가운데서도 뛰어난 것들이다. ④ 여홍(呂紅)의 팔하(八下)는 비록 강하기는 하지만 면장(綿張)의 단타(短打)만 못하다. 산동 이반천의 퇴법, 응조왕의 나법, 천질장의 질법, 장백경의 타법, 겸창대봉(兼槍帶棒)의 소림사 곤법과 청전곤법(青田棍法), 양씨창법(楊氏鎗法), 파자권곤(巴子拳棍)도 오늘날 모두 유명한 것들이다.

> 古今拳家, ⑤ 宋太祖有三十二勢長拳, 又有六步拳, 猴拳, 囮拳. 名勢各有所稱, 而實大同小異. 至今之溫家七十二行拳, 三十六合鎖, 二十四棄探馬. 入閃番十二短, 此亦善之善者也. 呂紅八下雖剛, 未及綿張短打. 山東李半天之腿, 鷹爪王之拿, 千跌張之跌, 張伯敬之打, 少林寺之棍與青田棍法相兼, 楊氏鎗法與巴子拳棍, 皆今之有名者.[27]

여기서 '고금'의 권법은 척계광의 시대 이전의 오래된 권법과 그가 활동하던 당대에 행해지고 있는 권법을 말한다. 오래된 권법[古]은 이미 사라진 권법을 말하는 건 아니다. 물론 그렇다고 해서 송태조 권법을 실제 송태조 조광윤(자오쿠앙인, 趙匡胤, 927~976)이 창시했으며 그로부터 전해져 내려왔다고 보는 것도 무리가 따른다. 왜냐하면 척계광이 활약하던 16세기 말과는 이미 시기적으로 600여

27) 戚繼光, ≪紀效新書≫, 18卷本, 書號: T01525-30, 上海市立圖書館 소장.

년 가까이 차이가 나며 조광윤과 송태조권법 양자를 이어줄 어떤 근거도 찾아볼 수 없기 때문이다. 아마도 여기서 송태조권법은 송태조에 가탁해서 만들어진 무술로, 그렇지만 척계광의 관점에서는 오래된 권법이었을 것이다.

바로 다음 구절부터 다양한 권법 문파와 권법의 명칭이 나온다. 이 부분은 해석에 주의할 필요가 있다.

먼저 ①은 그간 대체로 송태조삼십이세장권, 육보권, 후권, 와권의 네 개의 권법 명칭이 별개의 유파를 가리키는 것으로 해석되곤 했다. 그런데 문장 구조를 보면 이러한 해석에 의구심이 든다. 왜냐하면 ⑤를 보면 원문에는 '송태조'와 '삼십이세' 사이에 '유(有)'자가, 바로 뒤의 '육보권', '후권', '와권' 앞에 다시 '우유(又有)'가 있어, 전체적으로 "유(有) … 우유(又有) … "의 구조를 띠고 있는데 이 구조가 해석에 반영되고 있지 않기 때문이다. 송태조와 삼십이세장권 사이에 있는 '유'는 두리뭉실 넘어가면서 바로 뒤에 '우유'는 살려서 육보권, 후권, 와권은 별개로 본다면 자의적인 해석이 되고 만다. 나는 "유(有) … 우유(又有) … "의 구가 모두 송태조에 걸리는 것으로 본다. 이 경우 삼십이세장권, 육보권, 후권, 와권은 송태조[家]에 속하는 구체적인 투로[기법]로 해석되어야 한다. 이 부분은 바로 뒤에 이어지는 ②, ③번 구절과 대조해보면 더욱 명확해진다.

②번은 척계광 당대의 문파로 제시되고 있는 온가에 대한 설명이다. 칠십이행권과 삼십육합쇄, 이십사기탐마는 모두 온가에 속하는 권법[투로, 기법]을 가리킨다. 이 부분을 이해하기 위해서는 당순지의 설명을 살펴볼 필요가 있다.

> 가(家)란 다음을 일컫는다. 온가장타(溫家長打)에는 칠십이행착, 이십사심퇴, 그리고 삼십육합쇄가 있다. 조태조장권(趙太祖長拳)은 퇴법을 많이 사용한다. 산시(山西) 유단타(劉短打)에는 두주(頭肘)를 사용하는 여섯 개의 투로가 있다. 장단타(張短打)에도 여섯 개의 투로가 있는데, 수법과 낮은 발차기[低腿]를 사용한다. 여단타(呂短打)에도 여섯 개의 투로가 있다. 조태조장권은 산뚱(山東)에서 전문적으로 익히며, 지앙난(江南)에서도 많이 익힌다. 삼가[劉家, 張家, 呂家]의 단타는 위에(越-중국 저지앙[浙江]성 동부)지방에서도 상당히 잘 한다. 온가권은 위에지방에서 전문적으로 익히는데, 온가에는 보(譜)가 있으나 지금 그것들을 모두 다 서술할 수는 없다. 간략히 몇 개의 절목을 뒤에 싣는다.[28]

당순지는 당시 권법 문파를 크게 장타와 단타로 구분하고 있다. 앞에 등장하는 온가장타와 조태조장권이 장타 계열의 문파이며, 뒤이은 유단타, 장단타, 여단타는 모두 단타계 권법이었다. 온가장타에는 칠십이행착, 삼십육합쇄, 이십사심퇴가 포함되어 있었다. 조태조장권에 대해서는 퇴법을 많이 사용하는 것을 특징으로 보고 있다.[29]

이 기록을 척계광의 <권경첩요편>의 기록과 비교해보면 <표 3>에서처럼 한두 글자의 차이를 빼면 전체적으로 양자는 같은 내용을 기록한 것임을 알 수 있다. <권경첩요편>의 해석에서도 이 점이 반영되어야 한다. 따라서 칠십이행착, 삼십육합쇄, 이삽사심퇴는 각각 개

---

28) 一家數: 溫家長打七十二行著, 二十四尋腿, 三十六合鎖. 趙太祖長拳多用腿. 山西劉短打, 用頭肘六套, 長[張]短打六套, 用手, 用低腿. 呂短打六套, 趙太祖長拳, 山東專習, 江南亦多習之. 三家短打, 鉞亦頗能. 溫家拳則鉞所專習,家有譜, 今不能盡述也. 略具數節于後. 唐順之, ≪武編≫, 中國兵書集成 第13冊(北京: 解放軍出版社, 1989 영인), 783-789쪽, 전집(前集) 5. <권(拳)> 참조. '장단타(張短打)'의 '장(張)'은 원문에는 '장(長)'으로 되어 있다. 하지만 장단타가 유단타, 여단타와 함께 삼가(三家) 가운데 하나로 언급되고 있으므로 여기서 장(長)은 성(姓)을 가리키는 장(張)의 오류로 보인다.

29) 唐順之, ≪武編≫, 中國兵書集成 第13冊(北京: 解放軍出版社, 1989 영인), 783-789쪽.

별적인 권법 문파를 가리키는 것이 아니라 온가에 포함되어 있는 투로를 가리킨다는 것을 알 수 있다.

<표 3> ≪무편≫과 ≪기효신서≫에 기록된 온가 권법

≪무편≫	≪기효신서≫
온가장타칠십이행착(溫家長打七十二行著)	칠십이행권(溫家七十二行拳)
이십사심퇴(二十四尋腿)	이십사기탐마(二十四棄探馬)
삼십육합쇄(三十六合鎖)	삼십육합쇄(三十六合鎖)

다음 ③번의 '입섬번(入閃番)'은 그간 '팔섬번(八閃番)'이라고 해석되어 왔다. 하지만 저본인 융경본의 글자는 자세히 보면 '입(入)'자에 가깝다. 바로 다음 면에 보이는 '여홍팔하(呂紅八下)'의 '팔(八)'자와 대비해보면 전자가 '팔섬번(八閃番)'이 아니라 '입섬번(入閃番)'에 가깝다는 걸 확인할 수 있다. 츠엉사오캉(鄭少康)과 유재성 모두 '입섬번(入閃番)'으로 읽고 있다. 츠엉사오캉은 융경본 ≪기효신서≫를, 유재성은 조선본 ≪기효신서≫를 저본으로 삼고 있으면서도 모두 "팔(八)"이 아니라 "입(入)"으로 보고 있다는 점이 흥미롭다.[30] 융경본, 조선본 모두 영인해서 이 책 뒤에 실어놓았으므로 직접 대조해 보기 바란다. 이 경우 바로 뒤의 '십이단' 역시 독립적인 무술 문파가 아니라 입섬번의 투로를 나타내는 것으로 해석되어야 한다.

30) 鄭少康, ≪紀效新書拳經考≫(上海體育學院博士學位論文, 2008), 109쪽; 유재성 역주, ≪기효신서≫ 상권(서울: 국방부군사편찬연구소, 2011), 280쪽.

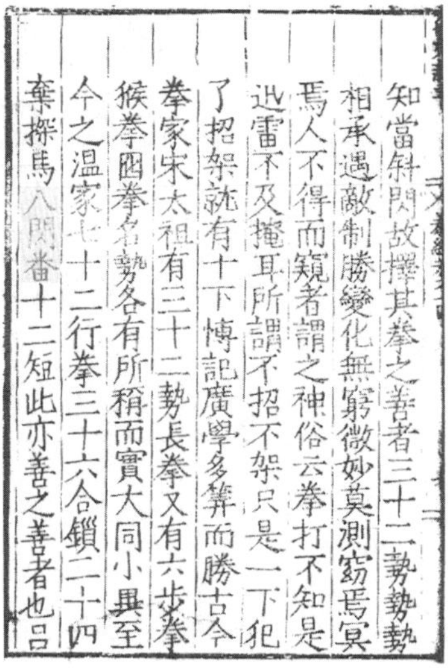

知當斜閃故擇其拳之善者三十二勢勢
相承遇敵制勝變化無窮微妙莫測窈焉冥
焉人不得而窺者謂之神俗云拳打不知是
迅雷不及掩耳所謂不招不架只是一下犯
了招架就有十下博記廣學多算而勝古今
拳家宋太祖有三十二勢長拳又有六步拳
猴拳囮拳名勢各有所稱而實大同小異至
今之温家七十二行拳三十六合鎖二十四
棄探馬八閃番十二短此亦善之善者也呂

융경본 기효신서

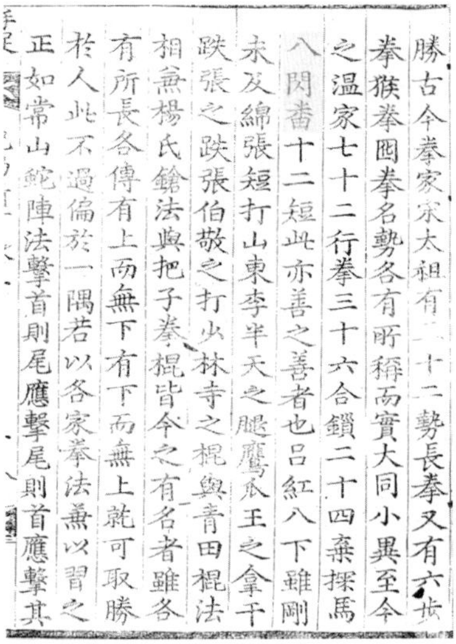

勝古今拳家宋太祖有三十二勢長拳又有六步
拳猴拳囮拳名勢各有所稱而實大同小異至今
之温家七十二行拳三十六合鎖二十四棄探馬
八閃番十二短此亦善之善者也呂紅八下雖剛
未及綿張短打山東李半天之腿鷹爪王之拿千
跌張之跌張伯敬之打少林寺之棍與青田棍法
相兼楊氏鎗法與把子拳棍皆今之有名者雖各
有所長各傳有上而無下有下而無上就可取勝
於人此不過偏於一隅若以各家拳法兼以習之
正如常山蛇陣法擊首則尾應擊尾則首應擊其

조선본 기효신서

<그림 9> 융경본 ≪기효신서≫와 조선본 ≪기효신서≫의 입섬번(入閃番)

따라서 ②의 온가, ③의 입섬번이 독립된 문파를 가리킨다는 점을 염두에 두면 ①의 삼십이세장권, 육보권, 후권, 와권은 모두 송태조[家]에 속하는 투로나 기법을 가리킨다는 사실을 알 수 있다. 이 경우 앞에서 언급한 "유(有) … 우유(又有) … " 구문은 송태조[가]에 삼십이세장권과 이에 더하여 육보권, 후권, 와권이 있다는 강조 구문으로 자연스럽게 해석이 된다. 아울러 각각 명칭이 다르지만 실제로는 거의 같다는 말 역시 바로 하나의 '가(家)', 즉 송태조가라는 문파의 공통 속성을 가지는 권법들이기 때문에 가지는 특징이라고 볼 수 있을 것이다.[31] 그러므로 전체 문단은 송태조, 온가, 입섬번 이 세

31) 반면, 하량신은 다음과 같이 말한다. "송태조의 삼십육세장권, 육보권, 후권, 와권은 권명이 비록 다르지만 승리를 취한다는 점에서는 한가지이다(宋太祖之三十六勢長拳, 六步拳、猴拳、囮拳. 拳名雖殊, 而取勝則一焉.)." 何良臣 撰, ≪陣紀≫, 中國兵書集成第25冊

문파를 나열하여 설명하는 구조로 해석하는 것이 타당하다.

앞에 나오는 ①, ②, ③의 권법들은 다시 뒤에 이어지는 ④번 이하의 권법들과 대비된다. 전자의 세 권법에 대해서는 '뛰어난 것 가운데 더 뛰어난 것'이라고 한 반면 후자는 단순히 '유명한' 권법이라고만 언급하고 있는데서 척계광은 전자에 더 비중을 두고 있다는 사실을 알 수 있다. 반면, ④번에 등장하는 여러 문파 역시 이름이 있기는 하지만 송태조, 온가, 입섬번에 비해 상대적으로 못하다는 뉘앙스를 풍긴다.

당순지는 송태조와 온가를 장타로 분류하고 있다. 하지만 입섬번은 구체적으로 어떤 특징을 가지는지 확인되지 않는다. 송태조, 온가에 이어 입섬번이 제시되고 바로 뒤에 ④번 이하에 단타를 배치하고 있는 문장 구조로 볼 때 입섬번 역시 장타 계열의 권법 문파였을 것이다.

④번 이하는 단타, 퇴법, 나법, 질법, 타법을 특징으로 하고 있는 문파들이다. 척계광은 면장의 단타를 여홍의 단타[八下]보다 더 나은 것으로 보고 있다. 척계광이 말하는 여홍의 단타는 당순지가 말하는 여단다(呂短打)를 가리키는 것으로 보인다. 바로 다음 이어지는 퇴, 나, 질, 타법은 앞 절에서 이미 설명했듯이 각각 전문화된 기법을 특징으로 하는 문파들이다.

권법 문파 외 병장 무예에 대한 언급도 보인다. 소림곤법과 청전곤법, 양씨창법, 파자권곤의 네 문파가 열거되어 있다. 하지만 원문의 소림곤법과 청전곤법을 언급한 구절은 문장 구조가 애매한 부분이 있어 해석이 쉽지 않다. 일단 '소림사지곤여청전곤법상겸(少林寺之棍與青田棍法相兼)'이라는 구절은 소림사의 곤법과 청전곤법 두

(北京: 解放軍出版社, 1994 영인), 719쪽.

가지를 대상으로 하고 있다는 점은 확실하다. 하지만 바로 뒤의 '상겸(相兼)'이 정확하게 와 닿지 않는다. 유재성은 이 부분을 "소림사 곤법과 청전곤법은 서로 같으며"라고 번역했는데, 양자를 같은 것으로 볼 수 있는 근거를 찾기가 쉽지 않고 이 문장 구조상 두 가지가 같다는 구절이 뜬금 없이 삽입된 듯한 인상을 주기 때문에 논리적으로도 맞지 않는다.[32] 나는 여기 '상겸'이 소림사곤과 청전곤법이 공유하는 장점을 나타낸다고 보았다. 이 두 곤법은 곤법이면서 동시에 창법의 장점을 함께 가지고 있는 것으로 알려져 있다. 따라서 겸창대봉(兼槍帶棒)의 특징을 가지는 소림사곤과 청전곤법이라고 풀었다. 뒤에 나오는 '파자권곤(巴子拳棍)'은 이 글의 전체적인 맥락이 권법을 설명하고 있다는 점에서 보면 '파자권'과 '파자곤'을 별도로 떼어내서 볼 수도 있다. 하지만 이 구절 자체만 놓고 보면 앞의 곤법과 창법과 같은 병장 무예를 설명하는 연장선상에 놓여 있기 때문에 파자권곤은 하나의 곤법 명칭을 나타낸 것일 가능성도 있다.

이상의 논의를 바탕으로 척계광의 시각에 의해 걸러진 권법은 다음과 같이 정리할 수 있을 것이다. 오래된 문파로는 송태조가 있었고, 척계광 당대의 문파로는 온가와 입섬번이 있었다. 이들 세 문파를 그는 뛰어난 것들 가운데 뛰어난, 즉 메이저 문파로 인식하고 있다. 반면, 뒤에 이어지는 여홍, 면장, 이반천, 응조왕, 천질장, 장백경의 권법들은 특화된 기술로 이름이 나 있기는 했지만 송태조, 온가, 입섬번에 비해서는 상대적으로 비중이 떨어지는 마이너한 문파로 분류되고 있다. <권경첩요편>의 뒤에 이어지는 도와 가결로 표현된 32세 이들 권법 가운데서 척계광에 의해 뛰어난 기법이라고 판단되

32) 유재성 역주, ≪기효신서≫ 상권(서울: 국방부편찬연구소, 2011), 280쪽.

는 것들을 뽑아서 편찬한 것이라고 할 수 있을 것이다.

온가권과 척계광의 권경 32세

척계광은 자신이 편찬한 권법 32세를 뛰어난 권법 문파의 기법들 가운데서 뽑았다고 명시하고 있다. 이 점을 고려하면 앞에서 언급한 이들 권법 문파들이 <권경첩요편> 32세의 원천 소스가 되었다고 볼 수 있을 것이다. 그런데 32세의 어떤 기법이 어떤 문파에서 왔는지, 그리고 구성 비율은 어떻게 되는지에 대해서는 거의 알려져 있지 않다. 개별 문파의 기법들에 대한 기록이 남아 있지 않은 상황에서 이를 추적해나가는 것은 불가능해 보인다. 다행히 부분적이기는 하지만 32세의 근원을 추적할 수 있는 자료가 남아 있다.

≪무편≫에 채록되어 있는 '온가권보(溫家拳譜)'는 불완전하기는 하지만 당시 온가권에 포함되어 있었던 세들을 보여주고 있다. 이 기록을 통해 우리가 확인할 수 있는 세들은 사평세(四平勢), 정란사평세(井闌四平勢), 고탐마세(高探馬勢), 지당세(指襠勢), 일조편세(一條鞭勢), 칠성세(七星勢), 기호세(騎虎勢), 지룡세(地龍勢), 일철보세(一撤步勢), 요보세(拗步勢)의 10세이다.[33]

이 세들은 <권경첩요편>의 32세와 일정 부분 중복된다. 물론 세명이 같거나 유사하다고 해서 실제 기법 또한 그러하리라는 보장은 없다. 다만 척계광이 당시 유명한 권법 문파들의 기법 가운데 뛰어난 것들을 뽑아서 32세로 정리했다고 직접적으로 밝히고 있으며, 그

---

33) 唐順之, ≪武編≫, 中國兵書集成 第13冊(北京: 解放軍出版社, 1989 영인), 783-789쪽.

유명한 권법 문파에 온가가 포함되어 있다는 점, 그리고 ≪무편≫의 온가권보가 바로 그 온가를 기록하고 있다는 점을 고려하면 공통적으로 발견되는 세명은 공유되는 기법이었을 가능성이 높다.

다음은 ≪무편≫의 <온가권보>와 ≪기효신서≫<권경첩요편>을 대조한 표이다(<표 4>. 세명 앞의 번호는 필자 삽입).

<표 4> <온가권보>와 <권경첩요편>의 세명 비교

	<온가권보>	<권경첩요편>
1	사평세(四平勢)	중사평세(中四平勢)
2	정란사평세(井闌四平勢)	정란사평세(井欄四平勢)
3	고탐마세(高探馬勢)	탐마세(探馬勢)
4	지당세(指襠勢)	지당세(指當勢)
5	일조편세(一條鞭勢)	일조편세(一條鞭勢)
6	칠성세(七星勢)	칠성권세(七星拳勢)
7	기호세(騎虎勢)	과호세(跨虎勢)
8	지룡세(地龍勢)	작지룡세(雀地龍勢)
9	일철보세(一撤步勢)	일삽보세(一霎步勢)
10	요보세(拗步勢)	요란주세(拗鸞肘勢)

먼저 1번 온가권보의 '사평세(四平勢)'는 <권경첩요편>에는 '고사평세(高四平勢)'와 '중사평세(中四平勢)'의 두 가지로 보인다.

2번 정란사평세는 <권경첩요편>에 동일하게 정란사평세로 보인다.

3번 고탐마세는 <권경첩요편>에는 탐마세로 되어 있다.

4번 <온가권보>의 지당세(指襠勢)와 <권경첩요편>의 지당세(指當勢)의 '당(襠)'과 '당(當)'으로 통가자(通假字, 서로 혼용되는 글자)로 같은 세명으로 볼 수 있다.

5번의 일조편세는 <권경첩요편>에 동일한 세명으로 보인다.

6번의 칠성세는 <권경첩요편>의 '칠성권세'와 유사하다.

7번은 기호세(騎虎勢)와 과호세(跨虎勢)에서 '기(騎)'와 '과(跨)'는 다른 글자지만 모두 걸쳐 앉는다[탄다]라는 의미를 가지고 있기 때문에 양자는 동일한 의미를 나타낸다고 볼 수 있다.

8번 지룡세와 작지룡세 역시 유사한 세명이다.

9번 일철보세(一撤步勢)의 '철(撤)'은 거두어들인다, 물러난다는 의미이다. 일삽보세(一霎步勢)의 '삽(霎)'은 빠르다, 순식간이라는 의미이다. 일삽보세의 기법은 발을 뒤, 혹은 옆으로 물리는 동작이 포함되어 있기 때문에 일철보와 일삽보 역시 동일한 세명으로 볼 수 있다.

10번 <온가권보>의 요보세와 직접적으로 연결되는 세명은 <권경첩요편>에 보이지 않는다. 하지만 <권경첩요편>에는 요단편세(拗單鞭勢), 요란주세(拗鸞肘勢)처럼 요보를 사용하는 세명이 있다. 이 세들은 서로 관련성이 있을 가능성이 있다.

이상은 세명에만 국한된 매우 단편적이면서 피상적인 분석이지만 적어도 동일한 세명이거나 동일한 세를 다소 다르게 표기한 세명, 그리고 유사한 세명 등을 감안하면 온가권보의 10세 가운데 9세가 사실상 <권경첩요편>에 수용되고 있다고 봐도 크게 무리는 없을 것이다. <권경첩요편> 32세 가운데 약 삼 분의 일에 해당하는 세가 온가권에서 왔다는 사실은 당시 온가가 그만큼 영향력이 큰 권법이었다는 점을 보여준다고 할 수 있을 것이다.

군대로 유입된 민간 무술

동아시아 무예사에서 서로 다른 경계를 넘나들며 무예가 전해지거나 영향을 미치며 발전해왔다는 사실을 발견하는 건 어려운 일이 아니다.

1543년 포르투갈의 화승총이 일본에 전래된 것이나 일본의 오오다치(大太刀) 혹은 노다치(野太刀)를 사용하는 장도술[쌍수도법]이 중국과 조선으로 전해지고, 중국의 절강병법(浙江兵法)이 조선에 도입되면서 등패, 낭선, 장창, 당파, 권법 등의 무예가 함께 전해지게 된 것은 16세기 동아시아에서 국가 간에 이루어진 무예 교류의 대표적인 예라고 할 수 있을 것이다. 하지만 동시에 조총이 일본 내에서 각 한[藩]으로 확산되는 것이나 장도가 중국 내에서 확산되는 것은 외적 교류가 내적 교류와 중첩되는 양상을 띠고 있음을 보여준다. 유대유의 군진에서 무예를 익힌 소림사 승려에 의해 군진의 곤법이 소림사로 전해진 것은 군진 무예가 민간 무예로 전이된 내적 전파의 한 예라고 할 수 있을 것이다. 소림사의 곤법은 다시 정종유(츠엉종여우, 程宗猷, 1561~?)를 통해서 민간으로 알려지게 되며, 모원의(마오위앤이, 茅元儀, 1594~1640)를 통해서 군진으로 흡수되기도 했다.[34]

---

34) 정종유가 저술한 ≪소림곤법천종(少林棍法闡宗)≫은 현존하는 소림사 무술 매뉴얼로는 가장 오래되었다. 모원의는 ≪소림곤법천종(少林棍法闡宗)≫ 내용 가운데 상당 부분을 그의 기념비적인 저작인 ≪무비지(武備志)≫에 전재하고 있다. 모원의는 다음과 같이 말한다. "모든 무예는 곤법에서 나왔으며, 곤법은 소림에서 나왔다. 소림에 대한 설명으로는 정종유의 ≪소림곤법천종≫만큼 자세한 것은 없다. 그러므로 특별히 싣는다." 茅元儀, ≪武備志≫, 中國兵書集成 第30冊(北京: 解放軍出版社, 1989 영인), 3503쪽, 권88, 진련제(陣練制) 교예(教藝) 5.

근대 카라테는 이러한 전파를 좀 더 명료하게 보여주는 실질적인 예이다. 중국의 남권이 오키나와로 전파되면서 형성된 카라테는 오키나와에서 다시 일본 본토와 서구로 전파된다. 일제 식민지배기에 일본에서 유학을 하며 카라테를 익힌 한국인들에 의해 해방을 전후한 시기 다시 한국으로 전파되고, 여기서 다시 태권도로 발전한다. 물론 이러한 과정에서 형성된 중국의 남권과 오키나와 카라테, 일본 본토의 카라테, 한국의 태권도는 모두 나름의 독자성을 확보하며 발전하게 된다는 점도 지적되어야 할 것이다. 우리나라에서는 민간에서 유행하던 태권도가 군대로 유입되어 군사 체육의 하나로 정착하게 된다. 흥미로운 건 군진과 민간의 상호작용은 명대의 현상일 뿐 아니라 지금 현재도 진행되고 있다는 사실이다.

이렇게 무예가 직접적이든 간접적이든, 아니면 전체적이든 부분적이든지를 막론하고 시공을 넘어 퍼져나가는 것을 '전파(dissemination)'라고 한다면 무예 전파는 작게는 개인이나 조직 차원에서 크게는 지역이나 국가 수준에 이르는 다양한 스펙트럼 속에서 이루어져 왔다고 할 수 있다. 전파는 문명사의 한 과정으로 많은 경우 우리가 의식하지 못하고 있을 뿐 실제로는 역사적으로 꾸준히 이루어져 왔으며 지금도 계속되고 있다.

전파가 이루어지는 수준이나 규모, 경계 등의 문제를 고려하면 한 지역 내에서 이루어지는 내적 전파와 국가 간에 이루어지는 외적 전파 더 나아가 문명 간의 전파로 나눠볼 수 있을 것이다. 물론 국가나 지역의 경계가 역사적으로 변화되어 왔다는 점에서 이러한 구분이 명확하게 나누어질 수 있는 건 아니다. 실제로는 무예의 내적 전파와 외적 전파는 중첩되면서 복잡한 양상을 보이는 것이 일반적이다.

따라서 하나의 무술이 발생하고 전파되며 발전하는 과정은 단순한 선형이 아니라 복선이 교차하며 이루는 면의 형태를 띠게 된다.

무예의 교류가 중층적으로 이루어지고 있다는 점을 감안하면 ≪기효신서≫의 무예들이 모두 군사 전통의 연장선상에서 놓여 있는 것이 아니라는 사실이 그다지 놀랄 만한 일은 아니다. 척계광은 자신이 구상하는 전법을 구체화하기 위해 기존의 군사 무예뿐 아니라 민간 무술도 필요하면 다양하게 수용하는 열린 자세를 가지고 있었다. 그런 점에서 ≪기효신서≫의 권법은 민간 무술이 어떻게 군대로 유입되었는지를 보여주는 하나의 대표적인 예라고 할 수 있다.

그런데 여기서 주목해야 할 점은 척계광의 작업이 단순히 민간에서 유행하던 권법을 군진으로 이식시키는 데 그친 것은 아니라는 점이다. 그는 민간 무술의 한계를 명확히 인지하고 있었다. 군진과 민간이라는 서로 다른 환경에서 필요로 하는 무예는 다를 수밖에 없다. 환경은 무예의 성격을 규정한다. 군진 무예가 되었든 민간 무예든 모두 무예라는 범주 안에서 많은 특징들을 공유하게 마련이다. 하지만 군진 무예가 집단을 대상으로 하고, 살상을 목적으로 하며, 병장기를 중시한다는 점에서 개인 중심, 호신, 맨손 기술을 강조하는 민간 무예와는 차이가 있다.

민간 무술의 각 문파의 특화된 기술 체계는 전문화가 너무 극단으로 치우쳐 발기술 혹은 손기술, 단타나 질법 등 어느 특정 기술에만 매몰되어 범용성이 떨어지는 폐단이 있었다. 권법을 예로 들면, 상대와의 격투는 서서 혹은 누워서, 거리를 두고 아니면 엉겨 붙어서, 손기술을 사용해서 혹은 발기술을 사용하는 등 다양한 상황이 발생할 수밖에 없다. 그래플링 기술만 가지고 있으면 타격 기술에 대응하는 데 한계가 있으며, 타격 기술만 알고 그래플링을 모르면 접근전에서 불리하게 된다. 아마 비근한 예는 오늘날 종합격투기 경기에서 볼 수 있을 것이다. 타격계 기술과 그래플링 기술을 모두 구사할 수 있는 선수가 어느 한쪽만 잘하는 선수보다 경기 운영에서 유리한 위치를 점하기 마련이다.

척계광이 다양한 문파의 기술을 군사 무예를 익히기 위한 기초로 활용하면 좋겠다는 생각을 했지만 특정 문파의 권법을 그대로 도입하는 데 주저할 수밖에 없었던 것은 바로 이러한 이유 때문이었다. 한 문파의 기술만으로는 전방위적인 군사 양성에 한계가 있을 수밖에 없었다.

여러 문파의 기법을 함께 익힘: 겸이습지(兼而習之)

척계광의 고민은 어떻게 다양한 문파의 장점을 흡수하고 단점은 최소화하는가에 있었다. 당시 민간 무예가 발흥을 하고 있는 상황에서 다양한 문파의 전문화된 기법을 함께 익혀 서로의 단점을 보완하고 장점을 극대화할 수 있게 된다면 기술적 완성도가 높아지리라고 생각하게 된 것은 어쩌면 당연했다. 그에게 겸이습지(兼而習之)는 당연한 귀결이었다.

그런데 엄밀히 말하면 '겸이습지'는 척계광의 독창적인 아이디어는 아니었다. 16세기 당시 이미 광범위하게 퍼져 있던 생각이었다. 각 무술 문파들이 보이는 지엽적인 전문화의 한계를 직시하고 있던 무예 전문가나 군사 전략가들은 겸이습지를 하나의 대안으로 보고 있었다.

척계광과 동시대에 활약했던 무장인 당순지(唐順之, 1507～1560)[35] 역시 겸이습지에 대해서 언급하고 있다. 그는 다음과 같이 말한다.

> 권법가는 권(圈)의 안이나 밖에 얽매이지 말고 장타(長打)와 단타(短打)의 이론을 완벽하게 갖추고 철저히 이해해야만 고수[作手]가 될 수 있다.[36]

여기서 '권(圈)'은 원래 창법에서 사용하는 용어로 공격과 방어의 권역(圈域), 범위, 공간을 나타낸다. 중사평세로 창을 잡고 서서 창끝을 기준으로 상하의 가상선을 그었을 때 나의 가슴 쪽의 공간이 권안[圈里], 반대로 등쪽의 공간이 권밖[圈外]이 된다. 공격과 방어는 이 권의 안과 밖에서 이루어지므로 이 공간을 어떻게 활용할 것인가 하는 문제는 나의 움직임이나 기법의 선택, 전술의 응용과 밀접한 관련을 가지게 마련이다. 이 권역의 개념은 창술뿐 아니라 일반 권법에도 적용된다.[37]

---

35) 자는 응덕(應德)이며 형천선생(荊川先生)이라고 불렸다. 명대 항왜 명장으로 지앙쑤(江蘇) 우진(武進) 사람이다. 무예와 병법에 정통했으며 문장에도 뛰어났다. 가정 8년(1529) 기축과(己丑科) 회시 장원을 했다. ≪무편(武編)≫과 ≪형천선생문집(荊川先生文集)≫ 등의 저서를 남겼다. 척계광에게 권창(圈槍), 관창(串槍)에 대해서 가르침을 주었는데, 그 자리에 함께 했던 사람들이 모두 그 정밀함에 탄복했다는 일화가 전한다. 曹文明·呂穎慧 校釋, ≪紀效新書≫(18卷本)(北京: 中華書局, 2001), 165-167쪽.

36) "拳家不可執泥裡外圈, 長短打之說, 要須完備透曉, 乃爲作手." 唐順之, ≪武編≫, 中國兵書集成 第13冊(北京: 解放軍出版社, 1989 영인), 783쪽.

37) 권법에서는 공격이 미치는 범위, 즉 손발을 사용해 공격이 미치는 범위 안이 권안이 되고 미치지 못하는 바깥이 권밖이 된다. ≪中國武術大辭典≫ 編纂委員會, ≪中國武術大辭典≫(北京: 人民出版社, 1990), 327-328쪽.

여기서 당순지는 당시 권법가들이 주로 권안과 권밖 어느 하나에 집착해서 기술을 구사하는 태도를 비판하고 있다. 근거리에서 상대와 서로는 대면 편안해하다 보면 단타에 얽매이게 되고 상대적으로 장타는 소홀해질 수밖에 없다. 그 반대도 마찬가지이다. 장타나 단타에 구애되지 말고 양자 모두 사용할 줄 알아야 한다는 건 제한된 조건에 안주하지 말고 전방위적인 능력을 갖춰야 한다는 의미이다.

표현만 다를 뿐 당순지나 척계광이 추구하는 건 겸이습지의 사상이었다. 그런데 일련의 무예 이론가들이 겸이습지를 강조하는 데는 역으로 보면 당시 무예가 지나치게 분화되고 세분화되어 한계에 봉착했다는 의미다. 면장의 단타, 이반천의 퇴법, 응조왕의 나법, 천질장의 질법, 장백경의 타법에서 보이듯 특정 기술 체계가 트레이드마크가 될 정도로 이름을 날리는 문파들이 있었지만 이들이 하나만 알고 둘을 모르는 폐단으로 흘러갔다면 얘기가 달라진다. 장타만 알고 단타를 모르면 장단타에 모두 능한 사람보다 불리하며, 마찬가지로 타법만 알고 퇴법을 모른다거나 나법만 알고 퇴법이나 질법을 모른다면 공격하는 데 상대보다 선택지가 적어질 수밖에 없다. 겸이습지는 당시 현실에 대한 반성, 그리고 문제점을 타개하려는 노력의 일환이었다.

척계광은 겸이습지를 구체화하기 위해 먼저 민간에 유행하던 다양한 권법들을 검토하기 시작했다. <권경첩요편>에 열거되어 있는 여러 문파들은 그가 관심 있게 본 권법들이었다.

권법의 기술은 크게 네 가지의 범주로 나눌 수 있다. 상대를 가격하는 타법, 상대를 잡아 던지거나 쓰러뜨리는 질법, 상대의 관절이나 급소 등을 잡아채거나 움켜쥐는 나법, 그리고 발차기 기법인 퇴법이 바로 그것이다. 다양한 권법들로부터 뛰어난 기술들을 선별하고 이를 하나로 모은 결과물이 바로 <권경첩요편>에 정리되어 있는 32세였다. 그러나 척계광의 작업을 단순히 개별 기술들을 하나로 끌어 모아놓은 것으로만 봐서는 안 된다. 왜냐하면 척계광은 권법에 대한 확고한 이론적 토대 위에서 이러한 작업을 수행하고 있기 때문이다.

원래 새로운 문파의 등장은 카리스마 넘치는 인물과 관련이 깊다. 왜냐하면 문파는 인적 공동체를 전제로 해야만 성립할 수 있는 개념이기 때문이다.[38] 이 개인의 성취, 즉 기존의 기술과는 다른 혁신적인 기술의 발현이 어떤 지속적인 흐름을 가지게 될 때 비로소 하나의 문파로 공인받게 된다. 이때 개창자의 기술은 분명 당대에는 그를 따르는 많은 사람에게 매력을 느끼게 하는 혁신적인 그 무엇이었을 것이다. 탁월한 기술을 지닌 개인의 존재가 중요한 전환의 계기가 된다고 할 수 있을 것이다. 하지만 역사적으로 무예에 뛰어난 개인이 있었다고 해도 그의 성취가 후대로 전해지지 못한다면, 혹은 전해지더라도 그 존재가 미미하다면 문파가 형성되기 어렵다.

그런데 문제는 혁신이 늘 계속되는 건 아니라는 데 있다. 게다가 무예 공동체 역시 하나의 조직이기 때문에 필연적으로 사회적인 장 안에서 다른 문파와 경쟁을 하게 마련이며, 대비되는 관계망 속에 공동체의 속성을 유지하게 된다. 긴장 관계는 기술의 발전을 추동하는 원동력이 된다. 반면, 시간이 지남에 따라 공동체 자체의 유지에 매몰되어 양식화되며 퇴보하기도 한다. 개창 당시의 개방성이나 역동성이 사라짐으로써 정체에 빠지고 마는 역설적인 상황에 처하는

38) 유파(流派) 혹은 문파(門派)는 이 점을 잘 드러낸다. 류(流)는 흐름이며, 문(門)은 문중이라는 의미이다. 목적, 이념, 기법, 지역을 공유하는 인적 공동체가 유파[문파]의 근간이 된다. 어느 경우든 필연적으로 인적자원이 결부될 수밖에 없다.

것이다.

겸이습지의 사고가 기술 발전을 위한 합리적인 과정임에도 불구하고 쉽지 않은 이유는 바로 이러한 폐쇄성에서 기인한다. 사실 오늘날에도 각 무술의 정체성의 근간을 흔들 수 있다는 이유로 각 무술들은 경계를 넘나드는 걸 꺼리는 경향이 있다.[39] 각 문파는 파편화된 기술을 극단으로 밀고 나가 나름 성과를 보이기도 했지만 전방위적인 기술 체계를 구축하지는 못하는 한계에 봉착하곤 했다.

당시의 다양한 문파의 권법을 검토한 척계광의 결론은 개별 무예만 가지고는 부족하다는 것이었다. 비록 각 문파가 장점이 있기는 하지만 여전히 그가 생각하는 수준에는 못 미치는 불완전한 것이었다. 그의 표현을 빌리면 "위가 있으면 아래가 없고, 아래가 있으면 위가 없다"는 것이다. 그는 겸이습지한 권법은 상산사진법처럼 완벽하게 될 것이라고 보았다. 여기서 상산사진법(常山蛇陣法)은 상산에 있는 뱀의 진법이라는 말이다. 이 뱀은 솔연(率然)이라고 불리는데, ≪신이경(神異經)≫<서황경(西荒經)>에는 "서쪽 지방에 사는 뱀으로 머리와 꼬리가 대단히 크고 몸뚱이는 오색으로 다채로운 빛깔을 띤다. 사람이나 다른 물체가 머리를 건드리면 꼬리가 달려들고, 꼬리를 치면 머리가 달려들며, 허리를 치면 머리와 꼬리가 함께 달려든다"[40]고 하였다. ≪손자≫<구지편(九地篇)>에도 용병을 잘하는 사람

39) 오늘날 유행하는 종합격투기(MMA)나 K-1과 같은 이종 간에 이루어지는 격투기도 이러한 관점에서 바라볼 필요가 있다. 종합격투기의 탄생에는 상업적 마케팅이 한몫을 했겠지만 타격계 혹은 유술계를 기반으로 양식화된 다양한 격투기들이 한자리에 모이면 어떻게 되겠는가라는 기본적인 호기심, 그리고 이면에 자리하고 있는 기존 무술이 가지는 폐쇄성과 그 한계에 대한 의구심 역시 무시할 수 없을 것이다.

40) "西方山中有蛇, 頭尾差大, 有色五彩. 人物觸之者, 中頭則尾至, 中尾則頭至, 中腰則頭尾竝至, 名曰率然." 송정화 · 김지선 역주, ≪목천자전(穆天子傳) · 신이경(神異經)≫(서울: 살림출판사, 1997), 296쪽. 김지선의 번역은 잘못되어 있어서 바로잡았다.

을 솔연(率然)에 비유하고 있다. 솔연처럼 수미(首尾)가 상응하는 진법을 상산사진법이라고 부르게 되었다.

척계광의 공헌은 단순히 당시에 세태를 지적하는 데서 머물지 않는다는 데 있다. 그는 문파의 폐쇄주의를 확연히 인식하고 있었다. 아울러 단순히 폐단을 지적하는 수준에 머물지 않고 이를 이론적인 차원으로 승화시켰다. 권법 32세는 무예계의 문파 중심주의를 타파하고, 전방위적인 무예를 구축하기 위한 방법론이었다. 권법 32세는 16세기 후반 당대 명나라의 권법 기술의 한계에 직면해서 발생했지만 역으로 그 한계를 뛰어넘는 독장적인 면모를 보이고 있다.

03

표준화

도(圖)와 가결(歌訣), 그리고 비교

두 종류의 ≪기효신서≫

앞 장에서 우리는 ≪기효신서≫를 둘러싼 당시의 시대적인 배경에 대해서 살펴보았다. 자, 여기서 독자들에게 이런 질문을 던져보자. <권경첩요편>은 ≪기효신서≫에 실려 있는가? 아니 "여태까지 ≪기효신서≫에 실린 고대 권법에 대한 얘기를 해왔으면서 난데없이 얼토당토않은 질문을 던지는가?"라고 어리둥절해할 독자들의 모습이 상상된다. 하지만 결론부터 얘기하면 모든 ≪기효신서≫에 <권경첩요편>이 실려 있는 건 아니다.

이 부분을 이해하기 위해서는 먼저 고서(古書)가 어떻게 편찬되고 전해졌는지에 대해서 이해할 필요가 있다. 고서는 문자 그대로 오래된 책[書]을 말하지만 종이가 발명되기 이전 나무나 대나무 혹은 비단 등에 글자를 기록한 것도 크게는 고서의 범주에 포함될 수 있다. 물론 종이가 본격적으로 사용되고 출판 기술이 발달하면서 필사본

뿐 아니라 목판, 금속활자 등을 사용한 다양한 서물(書物)이 등장함으로써 고서는 양적으로 급격하게 증가하게 된다. 그런데 기록하는 재료나 방식 등이 변화하면서 여러 차례 편찬되거나 아니면 같은 목판본이라도 시대와 장소에 따라 판각이 달리 이루어진 경우 등 여러 가지 요인으로 인해 같은 책이라고 해도 다양한 판본이 존재하게 된다. 또한 여러 사람의 손을 거치면서 필사되거나 간편하게 사용하기 위해 요약본으로 만들어지기도 하는 과정에서 내용에 출입이 생기거나 오류가 발생하는 것이 일반적이었다. 의도치 않은 실수는 물론이거니와 의도적으로 내용을 바꾸는 경우도 흔하게 발생했다. 따라서 고서는 현존하는 다양한 판본을 비교하고 대조해 바로잡는 교감 작업을 거쳐야만 비로소 학술적으로 이용할 수 있다. 보통 이런 과정을 거쳐 만들어진 표준이 되는 판본을 정본(定本)이라고 하는데, 교감 작업을 거친 정본을 확보하지 못한 상태에서 후대에 만들어지거나 날조된 혹은 내용상 불완전한 판본으로 연구를 진행하게 되면 의도치 않은 결과를 야기하게 된다.

≪기효신서≫ 역시 예외가 아니다. 현존하는 다양한 판본의 ≪기효신서≫에는 오자나 탈자, 전체 혹은 부분의 누락, 증입 등의 문제가 있어 번역에 앞서 어떤 판본을 저본으로 삼을 것인지, 그리고 해당 판본이 가지는 문제점은 없는지, 어떤 식으로 보완할 것인지, 어떠한 대조본과 참조본을 통해 저본의 한계를 보완할 것인지를 고려해야만 한다. 부정확한 판본 혹은 오염된 자료를 바탕으로 분석을 할 경우 사상누각이 되고 만다.[41]

---

41) 현대적으로 조판한 ≪기효신서≫로는 척계광연구총서[중화서국 간]로 간행된 18권 본과 14권 ≪기효신서≫를 참조하기 바란다. 현대적인 구두점과 주석이 달려 있어서 보기 편

<권경첩요편>에 대한 번역에 앞서 ≪기효신서≫의 서지학적인 검토를 하는 이유도 바로 여기에 있다.

≪기효신서≫는 언제 처음 편찬되었는가

현존하는 ≪기효신서≫는 완질본이든 축약본이든 아니면 필사본이든 어떤 경우를 막론하고 내용상으로는 18권 본과 14권 본의 두 가지 가운데 하나로 귀결된다. 뒤에서 다시 설명하겠지만 척계광이 제일 처음 편찬한 ≪기효신서≫는 18권 본이었다. 그는 말년에 공직에서 물러 나온 후 18권 본 ≪기효신서≫와 그의 또 다른 저서인 ≪연병실기(練兵實紀)≫의 내용을 추가해 14권 본 ≪기효신서≫를 간행하였다.

그런데 18권 본 ≪기효신서≫가 언제 최초로 편찬되었는지에 대해서는 이설이 있다. 차오원밍(曹文明)・뤼잉후에이(呂穎慧)는 1560년 14권으로 구성된 초간본이 편찬되며 여기에 권15부터 권18까지의 4권이 추가되어 1561년과 1562년 사이에 18권으로 증보된 ≪기효신서≫가 편찬되었다고 주장한다.[42] 레이 황은 굿리치(Goodrich, Luther Carrington)와 황츠아오잉(Fang, Chao-ying)이 편찬한 ≪명대명인록(Dictionary of Ming Biography, 1368~1644)≫을 근거로 18권 본 ≪기효신서≫가 1562년 처음 편찬된 것으로 보고 있다.[43]

하다. 각 책의 앞부분에 실려 있는 판본에 대한 설명은 ≪기효신서≫가 유전되는 과정을 이해하는 데 좋은 참고가 된다.

42) 曹文明・呂穎慧 校釋, ≪紀效新書≫(18卷本)(北京: 中華書局, 2001), 3-4쪽; 范中義, ≪戚繼光評傳≫(南京: 南京大學出版社, 2004), 331-333쪽.

환종이(范中義)는 1560년 제일 처음 책이 쓰여진 14권으로 구성된 ≪기효신서≫가 이후 수정 보완되어 현존하는 18권이 되었고, 그 편찬 시기는 1566년 이전이라고 주장한다.[44] 반면, 츠엉사오캉[鄭少康]은 1561년 여름과 가을 사이 18권 본 ≪기효신서≫가 처음 편찬되었다고 주장한다.[45]

먼저 1560년 편찬설부터 살펴보기로 하자. ≪기효신서≫가 1560년 최초로 간행되었다고 보는 근거는 ≪척소보연보기편(戚少保年報者編)≫의 기록이다. ≪척소보연보기편(戚少保年報者編)≫은 척계광 사후 그의 아들 척조국(戚祚國)[46]이 아버지를 기리기 위해 편찬한 일종의 연보로 척계광의 일생을 연대순으로 일목요연하게 보여준다. 이 연보 가정 39년(1560)의 기사는 춘정월에 척계광이 원앙진을 창안하고 ≪기효신서≫를 저술했다고 말한다.

> … 이에 훈련의 조목들을 모아서 선오(選伍)부터 호령, 전법, 행영, 무예, 수초(守哨), 수전(水戰)에 이르기까지 모두 실용적이며 효과적인 것들을 선택해 선후를 구별하고 순서를 정해 각각을 일 권으로 만들어 삼군(三軍)으로 하여금 매일 익히고 달마다 연습하도록

43) 레이 황 저, 박상이 역, ≪1587 아무 일도 없었던 해≫(서울: 도서출판 가지 않은 길, 1997), 238쪽.

44) 范中義, ≪戚繼光評傳≫(南京: 南京大學出版社, 2004), 333쪽.

45) 鄭少康, ≪紀效新書拳經考≫(上海體育學院博士學位論文, 2007), 25-30쪽.

46) 척조국이 척계광의 장자로 알려져 있지만 원래 척계광은 척인(戚印)이라는 장자가 있었다고 한다. ≪선유현지(仙游縣志)≫는 군사 작전 중 짙은 안개로 인해 척인이 회군을 하자 척계광은 명을 어겼다 하여 그의 아들을 죽였다고 한다. 레이 황은 둘째 아들을 죽인 것으로 보고 있는데, 이 사례는 엄정한 군기를 세워 강한 군대를 만들기 위한 그의 집념이 얼마나 강렬했는가를 상징적으로 보여준다. 레이황 저, 박상이 역, ≪1587 아무 일도 없었던 해≫(서울: 도서출판 가지 않은 길, 1997), 250쪽.

하였으니 이름하여 ≪기효신서≫로 모두 **‘14권’**이니라.[47]

위의 인용문에서 주목해야 할 부분은 마지막에 나오는 “14권”이라는 단어이다. 이는 1560년 척계광이 편찬한 ≪기효신서≫가 14권이라는 것을 의미한다. 차오원밍(曹文明)・뤼잉후에이(呂穎慧)와 환종이(范中義)는 여기서 말하는 14권이 척계광이 말년에 편찬한 14권 본과는 다른 책이며 제일 처음 편찬되었다고 해서 이를 초간본이라고 부른다. 초간본은 이후 18권 본의 모태가 되었다고 보는데 이 초간본의 뒷부분에 4권이 추가되어 오늘날 널리 유포된 18권 본이 되었다는 것이다. 현존하는 18권 본 ≪기효신서≫를 자세히 살펴보면 이렇게 나중에 추가된 4권은 앞부분과 달라 이질적인 면이 보이기 때문에 구별할 수가 있다고 한다.[48]

구체적으로는 다음과 같은 점들을 초간본 14권의 뒷부분에 4권이 추가된 근거로 들고 있다.

먼저, 18권 본의 권14 <권경첩요편>의 제해(題解)에 “<권경첩요편>을 여러 편[諸篇]의 마지막인 제14로 삼는다”는 구절이 있는데, 이 구절이 바로 초간본이 권14 <권경첩요편>을 마지막 편으로 하여 14권으로 만들어졌다는 증거라는 것이다.[49]

둘째, 권18 <치수병편(治水兵篇)>에는 수병(水兵)을 육지에서 조

47) 李克・郝教蘇點校, ≪戚少保年譜耆編≫(北京: 中華書局, 2003), 34쪽.

48) 曹文明・呂穎慧 校釋, ≪紀效新書≫(18卷本)(北京: 中華書局, 2001), 3-4쪽; 范中義, ≪戚繼光評傳≫(南京: 南京大學出版社, 2004), 331-333쪽.

49) 인용구의 원문은 “以此爲諸篇之末第十四”이다. 보다 상세한 해석은 본서의 역주 부분을 참조하기 바란다.

련시킬 때는 육병(陸兵) ≪기효신서≫내의 규정에 따라 실시한다고 언급되어 있다.[50] 육병 ≪기효신서≫가 바로 초간본이며, 여기에 수병(水兵)에 대한 내용이 추가되어 18권 본이 되었다고 본다.

셋째, 권17 <수초편(守哨篇)>의 '제해'에 "이 세 가지(권15, 16, 17을 말함)는 모두 위소(衛所)의 공문서에 포함되어야 할 내용들로 병사들의 기예를 훈련시키는 것은 아니기 때문에 본 편에 포함시킬 수 없었다. 그러므로 별권으로 덧붙인다"는 언급이 보이는데, 이 구절은 권15, 16, 17이 초간본과 같은 시기에 편찬되었으나 이질적인 내용으로 인해 별도로 분권되었다는 사실을 나타낸다는 것이다. 실제 권15, 16, 17은 성에 배치하는 여러 기물에 대한 도설(권15), 깃발과 징, 북에 대한 도설(권16), 보초와 파수에 대한 규정(권17)으로 전체적으로 병사들의 훈련에 관련된 내용이 아니라 군대의 규범 및 규정을 표준화하기 위한 매뉴얼의 성격을 띠고 있기도 하다.

이상의 근거들을 바탕으로 18권 본 ≪기효신서≫의 권1부터 권14까지가 바로 초간본 14권에 해당한다고 보는 것이다.[51]

그런데 문제는 이와 같은 근거들이 대부분 쉽게 부정될 수 있다는 점이다.

먼저, 1560년 초간본 설을 뒷받침하는 근거 가운데 하나인 권14 <권경첩요편> 제해의 "이 편을 제편(諸篇)의 마지막인 14편으로 삼는다"는 언급을 초간본이 바로 권14권 <권경첩요편>을 마지막으로

50) 曹文明・呂穎慧 校釋, ≪紀效新書≫(18卷本)(北京: 中華書局, 2001), 339쪽.

51) 曹文明・呂穎慧 校釋, ≪紀效新書≫(18卷本)(北京: 中華書局, 2001), 1-6쪽. 이 점은 조선에 도입된 ≪기효신서≫의 판본을 이해하는 데 중요한 단서가 된다. 이 문제는 ≪무예도보통지≫의 권법을 다루는 별도의 저작을 통해 밝히도록 하겠다.

총 14권으로 구성되었다는 근거로 보지만 이 구절에서 '제편(諸篇)'은 전체 권수가 아니라 '여러 무예 편'을 나타내는 것으로도 해석이 가능하다. 실제로 ≪기효신서≫ 권10부터 권14까지는 모두 장창, 등패, 낭선, 곤봉, 활쏘기, 권법과 같은 무예에 관한 내용이 실려 있다. 이 경우 "제편의 마지막"은 단순히 여러 무예 편들의 마지막이라는 의미가 된다. 척계광이 여러 무예 편의 마지막에 권법을 배치한 이유를 권법이 실전에 사용되는 기술이 아니라 다른 무예를 익히기 위한 기초로 상대적으로 중요성이 떨어졌기 때문이라고 부연하고 있다는 점에 주목한다면 이 구절을 근거로 ≪기효신서≫가 14권으로 구성되어 있다고 보기는 힘들다.[52]

앞의 두 번째와 세 번째의 근거는 그 내용이 이질적이라는 부분에 초점이 맞춰져 있다. 육병 ≪기효신서≫에 수군에 필요한 내용이 첨가되었다는 주장인데, 이 주장은 1560년 초간본 설이 근거로 삼고 있는 ≪척소보연보기편≫의 기록 그 자체가 모순된다는 점을 간과하고 있다.

먼저 앞에서 인용한 ≪척소보연보기편≫의 기록을 다시 한번 살펴보자. 척계광이 "훈련의 조목들을 모아서 선오(選伍)부터 호령, 전법, 행영, 무예, 수초(守哨), 수전(水戰)"의 내용을 모아서 14권의 ≪기효신서≫를 편찬하였다고 한다.[53] 이들 명칭은 실제로 ≪기효신서≫의 각 편명과도 일치한다. 그런데 마지막에 보이는 '수초'와 '수전'은 18권 본 ≪기효신서≫의 권17과 권18에 해당하는 내용이다. 이들은 1560년 초간본 설에 따르면 초간본 14권 본에는 포함이 안 되었어

52) 曹文明・呂穎慧 校釋, ≪紀效新書≫(18卷本)(北京: 中華書局, 2001), 227쪽.
53) 李克・郝敎蘇 點校, ≪戚少保年譜耆編≫(北京: 中華書局, 2003), 34쪽.

야만 하는 내용들이다. 따라서 이 구절은 전체 14권인 초간본 ≪기효신서≫가 편찬되었다고 하면서 나중에 18권 본에 추가된 내용을 열거하고 있기 때문에 한 문단 안에서 모순된 주장을 하고 있는 셈이다.

이상의 논의는 ≪기효신서≫가 언제 몇 권으로 처음 편찬되었는지를 확정하기가 쉽지 않다는 점을 보여준다. 이하 ≪기효신서≫ 내의 기록과 편찬 당시 다른 기록들을 대조하는 작업을 통해 이를 살펴보도록 한다.[54]

척계광이 ≪기효신서≫를 구상하거나 그 내용을 실질적으로 응용하려고 마음먹었던 것은 이미 오래전이었던 것으로 보인다. 그가 조정에 보낸 공문서에는 자신의 군사 훈련에 대한 구상이 일찍부터 제시되고 있기 때문이다. 가정 35년(1556) 7월 저지앙(浙江), 닝뽀(寧波), 사오싱(紹興), 타이저우(台州) 등지에서 참장, 서도지휘검사직을 맡아 육병(陸兵)들을 훈련시킬 것을 건의하였으며, 이후 가정39년(1560)에는 해안 방위를 진작시킬 것을 건의하고 있다.[55] 이 과정에서 ≪기효신서≫에 대한 전반적인 구상과 실천이 뒤따랐을 것이다. 해안 방위에 대한 것은 18권 본 ≪기효신서≫의 <수초편>과 <치수병편>에 실려 있는 내용들로 당시 ≪기효신서≫의 내용이 이미 마련되어 있었던 것으로 보인다.

54) 이하의 논의는 츠엉사오캉의 견해를 따랐다. 보다 자세한 내용은 다음을 참조하기 바란다. 鄭少康, ≪紀效新書拳經考≫(上海體育學院博士學位論文, 2007), 25-30쪽.

55) 曹文明·呂穎慧 校釋, ≪紀效新書≫(18卷本)(北京: 中華書局, 2001), 1-12쪽, <총서(總敍)>, <임임관청창립병영공이(任臨觀請創立兵營公移)>, <신임태금엄청임사공이(新任台金嚴請任事公移)> 참조.

그런데 그가 조정에 건의한 바로 다음 해인 가정 40년(1561) 신유년(辛酉年) 봄 대규모의 왜구가 타이저우(台州)를 침범한다. 이때 척계광은 왜구 1,900여 인을 섬멸하는 대첩을 거두게 되는데, 이를 타이저우대첩이라고 한다. 이 타이저우대첩은 최초의 ≪기효신서≫가 언제 편찬되었는지를 알려주는 결정적인 단서가 된다. 타이저우대첩에 대한 언급은 18권 본 ≪기효신서≫의 <총서(總敍)>와 권8 <조련영진기고편> 두 군데 등장한다. 이는 18권 본 ≪기효신서≫가 이 타이저우대첩 이후에 편찬되었다는 것을 말해준다. 그렇다면 1560년 초간본 설은 이 사실 하나만으로도 부정되고 만다. 왜냐하면 1560년 초간본 설에서는 18권 본 가운데 앞부분 권1부터 권14가 1560년에 편찬되었다고 보는데, 1561년도, 즉 미래에 일어날 상황을 언급하는 기사가 들어 있을 수는 없기 때문이다. 따라서 타이저우대첩에 대한 기사가 언급되고 있다는 것은 ≪기효신서≫가 그 이후에 편찬되었다는 말이다.

척계광과 동시대에 활약했던 정약증의 저서에서도 ≪기효신서≫에 대한 내용을 볼 수 있다. 해양방어를 본격적으로 다루고 있는 정약증의 ≪주해도편(籌海圖編)≫의 인용도서 목록에는 ≪기효신서≫가 들어가 있다. 아울러 본문 가운데 실제로 그 내용이 다수 인용되고 있다. 예를 들면 ≪주해도편≫<경략병기편(經略兵器篇)>에는 척계광의 화전(火箭)에 대한 언급을 하면서 ≪기효신서≫ 권15에 실린 그림을 그대로 옮겨 싣고 있다. 아울러 같은 편 안에 노전(弩箭)과 표창(標槍)에 대한 부분에서도 ≪기효신서≫ 권18의 <치수병편>이 인용되고 있다.[56] ≪주해도편≫이 가정 40년(1561) 겨울에 저술이 완료되고 이듬해인 가정 41년(1562) 호종헌에 의해 항저우(杭州)에서 판각되었다는 사실[57]을 고려하면 1561년 겨울 이전에 이미 18권 본 ≪기효신서≫가 존재하고 있었다는 말이 된다.

앞에서 지적한 ≪척소보연보기편≫에서도 가정 39(1560)년 기록 외에도 가정 40년(1561)과 41년(1562) 8월 10일의 기록에도 ≪기효신서≫가 언급되고 있는데,[58] 이는 이미 ≪기효신서≫가 군중에 전해져 읽혀지고 있었다는 사실을 보여준다.

이를 종합하면 ≪척소보연보기편≫ 가정 39년(1560)의 기록은 착오일 가능성이 높다. 척계광 사후 이미 50여 년이 지난 시점에 희미해진 기억과 척계광 말년에 편찬된 14권 본이 중첩되며 혼동 했을 가능성이 높다.[59] 육병(陸兵) ≪기효신서≫가 별도로 존재했다든가, 15권부터 18권까지가 내용이나 형식이 이질적이어서 뒤에 덧붙여져 18권이 되었다는 주장도 어떤 면에서 보면 ≪척소보연보기편≫에서 언급된 '14권'이라는 단어를 너무 의식하다 보니 생긴 오해일 수 있다.

따라서 이러한 근거들을 종합해보면 1560년 설에서 말하는 14권 초간본 설은 착오이며 최초의 ≪기효신서≫는 18권 본으로 1561년 봄에 있었던 타이저우(台州)대첩 이후 정약증의 ≪주해도편≫이 간행되기 이전, 즉 1561년 여름과 가을 사이에 간행되었다고 보는 것이 옳을 것이다.[60]

---

56) 鄭少康, ≪紀效新書拳經考≫(上海體育學院博士學位論文, 2007), 16쪽.

57) 鄭若曾, ≪籌海圖編≫, 中國兵書集成 第15冊(北京: 解放軍出版社, 1989 영인), 1쪽.

58) 李克・郝教蘇 點校, ≪戚少保年譜耆編≫(北京: 中華書局, 2003), 73쪽, 86쪽.

59) 鄭少康, ≪紀效新書拳經考≫(上海體育學院博士學位論文, 2007), 18-20쪽.

60) 鄭少康, ≪紀效新書拳經考≫(上海體育學院博士學位論文, 2007), 18쪽.

현존하는 최고(最古)의 ≪기효신서≫

≪기효신서≫는 1561년 편찬된 이후 척계광 당대는 물론이고 그의 사후에도 꾸준히 편찬되었으며 현재까지도 다양한 판본이 상당수 남아 있다. 명대에 판각된 판본으로는 융경(隆慶)각본, 만력(萬曆)23년(1595) 서몽린각본(徐夢麟刻本), 영남서림 강전경각본(江殿卿刻本, 1595), 명각본(明刻本) 등 6, 7종에 이른다. 청대 각본으로는 건륭(乾隆, 1735~1795), 가경(嘉慶, 1795~1820), 도광(道光, 1820~1850), 함풍(咸豊, 1850~1861), 광서(光緒, 1875~1908) 연간에 판각된 여러 종류의 판본과 초본(抄本)이 남아 있다. 민국(民國, 1912~현재) 연간에는 1929년, 1933년, 1934년, 1935년, 1938년 등 6, 7종의 간본이 있다. 보다 최근에는 인민체육출판사(1988), 중화서국(1995. 2001)에서 출판된 점교본이 있다. 특히 중화서국(2001)본은 가장 오래된 판본인 융경본을 바탕으로 교감을 한 것이다.[61]

18권 본은 가정(嘉靖, 1521~1566) 연간에 여러 차례 편찬되었지만 이때 편찬된 18권 본은 현재 남아 있지 않다. 가정 이후 편찬된 명・청대의 선본은 상하이시립도서관, 후아똥(華東)사대, 후우딴(復旦)대학, 닝뽀(寧波)시립도서관, 산똥성(山東省)도서관, 산똥(山東)대학, 산똥(山東)사범대학, 쉬저우(徐州)사범대학, 뻬이징국립도서관 티엔진시립도서관, 타이완중앙도서관, 타이완대학, 타이완중앙연구원 문사철관 등에 남아 있다.[62]

현존하는 가장 오래된 18권 본은 가정 바로 뒤인 융경(隆慶, 1567~

61) 范中義, ≪戚繼光評傳≫(南京: 南京大學出版社, 2004), 331쪽.

62) 鄭少康, ≪紀效新書拳經考≫(上海體育學院博士學位論文, 2007), 4쪽.

1572) 연간에 편찬된 것이다. 융경본 ≪기효신서≫는 현재 타이완중앙도서관, 상하이도서관, 미국의회도서관에 소장되어 있다.

타이완중앙도서관 소장본은 서지사항에 "가정간(1522~1566)정원동모척씨가간본(嘉靖間定遠東牟戚氏家刊本)"으로 기록되어 있다. '가정간정원동모척씨가간본'은 이 책의 자서에 '정원동모척계광찬(定遠東牟戚繼光撰)'이라는 문구가 있기 때문에 학술계에서 붙인 명칭이다. 학계에서는 보통 이를 줄여 '가정본'이라고 부른다. 하지만 실제로는 가정간에 판각된 것은 아니며 바로 뒤의 융경 연간에 편찬된 판본이다. 이 책을 가정본이 아니라 융경본이라고 보는 이유는, 이 판본의 권1과 권18에 실려 있는 요패도(腰牌圖)에 '융경(隆慶)'이라는 연호가 보이기 때문이다. 요패도는 해당 병사의 신상 정보를 기록하고 있는 증표로 오늘날로 치면 인식표(군번줄)에 해당한다. 요패도에 "융경(隆慶)연(年)월(月)"이라고 판각되어 소지자의 생년월을 기입하게 되어 있다. 따라서 이 판본은 가정 연간에 편찬된 것이 아니라는 사실을 알 수 있다. 왜냐하면 가정간에 판각되었다면 다음에 올 황제의 연호인 융경을 알 수 없기 때문이다.[63)]

미국의회도서관에 소장되어 있는 융경본은 서지사항에 따르면 '명융경간각본(明隆慶間刻本)'으로 전체 4권, 9행19자로 판각되어 있으며, 이방진(李邦珍), 왕세정(王世貞, 1526~1590), 최동(崔棟)의 서문이 실려 있다. 이 판본은 "중국 희귀 도서 콜렉션(Chinese Rare Book Collection)에 포함되어 있다."[64)]

---

63) 曹文明・呂穎慧 校釋, ≪紀效新書≫(18卷本)(北京: 中華書局, 2001), 6-7쪽.

64) 미국의회도서관 웹사이트(www.loc.gov)의 도서 검색에서 상세 서지사항(서지번호:

중국에서 가장 오래된 판본은 상하이시립도서관 소장본이다. 그간 중국 대륙에는 융경본이 남아 있지 않은 것으로 알려져 왔다. 츠엉사오캉(鄭少康)에 의해 2008년 학계에 보고됨으로써 비로소 최고본(最古本)의 존재가 알려지게 되었다. 이 판본은 서제가 ≪기효신서(紀效新書)≫가 아니라 ≪기효신서(紀効新書)≫로 '효(效)'자가 이체자인 '효(効)'로 표기되어 있다. 서지사항에는 '만력(萬曆, 1572~1620)간본'으로 되어 있다. 하지만 그 편찬 체제와 내용은 융경본을 그대로 따르고 있다.

이 외에도 중국국가도서관에 소장되어 있는 '서체본(西諦本)'이 있다. '서체'는 현대 중국의 유명 장서가인 정전떠우(鄭振鐸, 1898~1958)의 호로, 사후 그가 소장하고 있던 7,740종의 고적은 유족의 뜻에 따라 뻬이징도서관(현 중국국가도서관)에 기증되어 그의 호를 딴 '서체서목'으로 별도로 정리되어 있다. 서체본 ≪기효신서≫는 이 콜렉션에 포함된 판본으로 만력(萬曆) 연간에 편찬된 것으로 여겨진다.[65]

뻬이징고궁박물관에 소장되어 있는 만력 23년(1595)에 간행된 서몽린각본(徐夢麟刻本) 역시 고본이다. 서몽린각본은 주세선(周世選)의 서문이 있기 때문에 주세선본이라고도 불린다. 강전경각본(江殿卿刻本, 1595), 장해붕조광각본(張海鵬照曠閣本, 1804)과 장붕분내록당각본(張鵬翂來鹿堂刻本, 1830)이 서몽린각본을 토대로 판각된 것이다. 명청 시기 편찬된 대부분의 ≪기효신서≫는 이 판본을 바탕으

LCCN 2012402354)을 확인할 수 있다. 하지만 2018년 8월 현재 일반에 공개되지 않기 때문에 실제 내용은 확인할 수 없다.

65) 鄭少康, ≪紀效新書拳經考≫(上海體育學院博士學位論文, 2007), 88쪽.

로 재판한 것으로 시중에서 흔히 볼 수 있는 대부분의 18권 본 ≪기효신서≫ 역시 바로 이 주세선본에 기초하고 있다.[66]

14권 본 ≪기효신서≫는 척계광이 말년에 공직에서 물러 나와 저술한 것으로 기존 18권 본을 대폭적으로 수정보완한 것이다. 최초의 14권 본 ≪기효신서≫는 1584년에 간행되었다. 이후 60여 년간 6차례 간행된 것으로 알려져 있다. 만력 16년(1588)년 이승훈본, 만력 20년 장씨중각본(莊氏重刻本), 만력 21년 복건포정사간본(福建布政司刊本), 만력 32년 간본, 숭정(崇禎) 17년(1644) 간본과 수초본(手抄本) 등이 남아 있다. 현존하는 가장 오래된 14권 본은 1588년 간행된 이승훈 본이다.[67]

14권 본 ≪기효신서≫는 18권 본보다 4권이 줄어 전체 권수는 더 적다. 하지만 내용 면에서는 오히려 증보되었다. 18권 본의 내용 대부분을 포함하고 있으며 동시에 그의 또 다른 저서인 ≪연병실기≫에서도 많은 내용을 인용하고 있다. 18권 본과 14권 본을 대조해보면 전체적으로 편찬 체제에 상당한 차이가 있다는 것을 알 수 있다. <표 5>에서 보이듯 <속오>, <비교>, <행영>, <수초>, <수병>(14권 본에서는 <주사>)의 다섯 편만 편명이 같거나 유사하고 나머지는 모두 차이가 있다.

66) 鄭少康, ≪紀效新書拳經考≫(上海體育學院博士學位論文, 2007), 237쪽.

67) 范中義 校釋, ≪紀效新書≫(14卷本)(北京: 中華書局, 2001), 14쪽.

<표 5> 18권 본과 14 권 본 ≪기효신서≫ 비교표

	권1	권2	권3	권4	권5	권6	권7	권8	권9
18권 본	속오(束伍)	조령(操令)	진령(陣令)	유병(論兵)	법금(法禁)	비교(比較)	행영(行營)	조련(操練)	출정(出征)
14권 본	속오	이목(耳目)	수족(手足)	수족	수족	비교	영진(營陣)	행영(行營)	야영(野營)
	권10	권11	권12	권13	권14	권15	권16	권17	권18
18권 본	장병(長兵)	패선(牌筅)	단병(短兵)	사법(射法)	권경(拳經)	제기(諸器)	정기(旌旗)	수초(守哨)	수병(水兵)
14권 본	실전(實戰)	담기(膽氣)	주사(舟師)	수초(守哨)	연장(練將)				

하지만 실제로는 편명은 다르지만 내용이 같은 경우도 있으며, 편명이 같아도 다른 내용이 들어 있는 경우가 있기 때문에 주의할 필요가 있다. 예를 들면, 18권 본과 14권 본에 동일하게 보이는 <수초편>을 비교해보면, 18권 본에 들어 있는 봉후(烽堠), 복로(伏路), 수성(守城)의 세 가지가 14권 본에서는 보다 상세하게 서술되어 있다. 아울러 성벽을 보완하는 각종 방법이 추가로 수록되어 있으며, 성벽에 사격을 위한 구멍을 설비하거나 누대를 설치하는 방법, 그리고 상대의 화기 공격에 대응하기 위해 옹벽을 설치하는 방법 등이 추가되어 있다.

≪연병실기≫에 실린 <연오법(練伍法)>, <연담기(練膽氣)>, <연이목(練耳目)>, <연수족(練手足)>, <연영진(練營陣)>, <연장(練將)> 등의 편명이 14권 본 ≪기효신서≫에 그대로 인용되고 있다. 14권 본이 ≪연병실기≫의 영향을 받고 있다는 사실을 보여준다. 하지만 편명이 같다고 해도 내용에 차이가 있기 때문에 주의할 필요가 있다. 일례로 14권 본의 <담기>편은 ≪연병실기≫의 <담기>편과 동일한 편명이지만 내용 면에서는 14권 본이 ≪연병실기≫보다 훨씬 더 풍부해졌다.

또 14권 본의 <담기해(膽氣解)>와 <원감소(原感召)>와 같은 항목은 ≪연병실기≫에는 없는 것으로 여기에는 마음, 기, 용기의 관계와 담기를 단련하는 방법이 설명되어 있다. 아울러 편찬 체제 역시 일관성이 있게 정리가 되었다는 점에서 이전 18권 본과 차별화된다.[68]

18권 본과 14권 본 ≪기효신서≫에 수록된 무예는 차이가 있다

18권 본과 14권 본 ≪기효신서≫에서 우리가 주목해야 할 점은 단순히 편찬 체제에 차이가 있다는 점만은 아니다. 두 ≪기효신서≫에서 다루고 있는 무예 역시 차이가 있다. 18권 본 ≪기효신서≫에는 권10부터 권14에, 그리고 14권 본 ≪기효신서≫에는 권3에서 권5에 실려 있는 무예들은 다음과 같다(<표 6> 참조).

<표 6> 18권 본과 14권 본 ≪기효신서≫의 무예 비교

18권 본	등패	낭선	장창	×	곤봉	×	사법(射法)	권법
14권 본	등패	낭선	장창	당파	곤봉	장도(長刀)	사법	×

표에서 볼 수 있듯이 18권 본에는 등패, 낭선, 장창, 곤봉, 활쏘기[사법], 권법의 6가지 무예가, 그리고 14권 본에는 등패, 낭선, 장창, 당파, 곤봉, 장도, 사법의 7가지 무예가 실려 있다. 18권 본에는 당파와 장도가 빠져 있고 14권 본에는 권법이 빠져 있다. 이렇게 누락되어 있는 무예들은 역으로 해당 판본의 특징이기도 한데, 18권 본

68) 范中義 校釋, ≪紀效新書≫(14卷本)(北京: 中華書局, 2001), 1-15쪽. <전언(前言)>.

에만 실려 있는 권법, 그리고 14권 본에만 수록되어 있는 당파와 장도는 이들 두 ≪기효신서≫를 구별해내는 중요한 기준이 된다.[69]

앞에서 14권 본이 18권 본보다 전체적으로 체제가 잘 정리되어 있고 내용도 풍부하다고 했지만 18권 본도 나름의 장점이 있다. 권법을 수록하고 있다는 점과 전반적으로 무예 교련 방법이 14권 본보다 상세하게 갖춰져 있다는 점을 들 수 있다. 18권 본이 14권 본보다 더 많이 간행되고 대중들에게 광범위하게 인기를 누렸던 이유도 바로 여기에 있었다. 청대 ≪사고전서≫나 일본 관정연간간본(寬政年間刊本)에 18권 본이 실린 것도 이 때문이다.[70]

권법의 딜레마

그렇다면 왜 14권 본 ≪기효신서≫에는 권법이 빠졌을까? 다시 말하면 왜 척계광은 14권 본 ≪기효신서≫를 편찬하면서 권법을 뺄 수밖에 없었던 것일까? 척계광 본인은 여기에 대해서 어떤 구체적인 언급을 하고 있지 않기 때문에 이 부분을 이해하기 위해서는 ≪기효신서≫ 편찬의 배경이 되었던 당시의 상황을 살펴볼 필요가 있다.

18권 본 ≪기효신서≫(1561)와 14권 본 ≪기효신서≫(1584)의 편

---

69) 하지만 예외적인 경우도 있다. 조선 현종대 간행된 조선본 ≪기효신서≫는 전체 18권으로 구성되어 있지만 기존 18권 본 ≪기효신서≫와는 전혀 다르다. 조선본은 14권 본 ≪기효신서≫에 18권 본 ≪기효신서≫에만 실린 <권경첩요편>과 척계광의 또 다른 저서인 ≪연병실기≫의 <진도편(陣圖篇)>, <거영편(車營篇)>, <기영편(騎營篇)>, <등단구수(登壇口授)> 4권을 추가해 총 18권으로 편집한 것이다. 曹文明・呂穎慧는 조선본 ≪기효신서≫를 18권 본 ≪기효신서≫라고 보는데, 이는 내용을 확인해보지 않은 데서 생긴 오류이다(曹文明・呂穎慧 校釋, ≪紀效新書≫(18卷本)(北京: 中華書局, 2001), 12쪽.

70) 曹文明・呂穎慧 校釋, ≪紀效新書≫(18卷本)(北京: 中華書局, 2001), 6쪽.

찬 사이에는 대략 25년의 시간 차가 있다. 앞에서 이미 언급했듯이 18권 본은 그가 저지앙(浙江), 후우지엔(福建), 꾸앙똥(廣東) 등의 남방 지역을 방위하던 기간 중 편찬한 것이며, 14권 본은 이후 뻬이징에 인접한 지(薊)지방의 방어임무를 수행하고 은퇴한 후 편찬한 것이다. 당시 남방 지역의 주된 위협은 왜구였으며, 북방은 몽고족이었다. 전자는 보병 전술, 그리고 후자는 기병 전술에 주안점을 두었다. 당연히 그의 관심은 보병에서 기병으로 옮아갈 수밖에 없었다. 무예에 대한 관점 역시 이러한 상황 인식과 더불어 변화하게 되었을 것이다.

18권 본과 14권 본을 대조해보면 장병(長兵)과 단병(短兵)에 대한 척계광의 관점이 변화하고 있다는 사실을 확인할 수 있다. 장병과 단병을 분류하는 데는 필연적으로 길고 짧음을 정하는 기준이 필요하며, 이 기준의 설정에는 관점, 궁극적으로는 세계관이 반영될 수밖에 없다.[71]

18권 본에서 척계광은 무예를 크게 병장기의 공격이 미치는 거리를 기준으로 장병과 단병으로 구분하고 있다. 이 구분에는 장병은 멀리 있는 적을 제어할 수 있으며 반면, 단병은 가까이 있는 적을 상대하기 유리하다는 점이 암묵적으로 전제되어 있다. 그런데 우리는 여기서 장병과 단병에서 의미하는 길고 짧음이 어디까지나 상대적인 개념이라는 점을 유념할 필요가 있다. 예를 들면, 곤봉은 도검과 대비해서는 장병에 해당하지만 장창에 비하면 상대적으로 짧기 때문에 단병이 된다. 마찬가지로 장창 역시 곤봉에 비하면 장병이지만 활에 비하면 단병에 해당한다. 이렇게 장병과 단병의 개념은 상대적

71) 무예 분류에 대한 내용은 다음을 참조했다. 최복규, < ≪무예도보통지≫ 무예 분류의 특징과 그 의미> ≪한국체육학회지≫ 44(4) (한국체육학회, 2005).

으로 정의되며, 그마저도 새로운 병장기나 전술이 등장함에 따라 달리 받아들여지곤 했다. 따라서 척계광이 장병과 단병을 어떻게 바라보고 있는가 하는 문제는 기본적으로 그의 인식에 관한 문제이지만 동시에 당시의 시대 상황을 반영하고 있는 문제라고 할 수 있다. 따라서 18권 본에서 보여주는 장단병에 대한 그의 인식이 14권 본에서 달라졌다면, 우리는 달라질 수밖에 없는 내·외적인 요인에도 함께 주목을 할 필요가 있을 것이다.

18권 본 권10 <장병단용설(長兵短用說)>, 즉 긴 병장기를 짧게 사용할 수 있어야 한다는 <장병단용설>의 이론적인 기준은 장창이었다. 반면, 권12 <단병장용설(單兵長用說)>에서 말하는 단병의 이론적 기준은 곤봉이었다. 즉, 장창과 곤봉은 척계광에게 장병과 단병을 대표하는 병장기였던 것이다. 물론 18권 본에는 장창이나 곤봉 외에도 등패, 낭선, 활, 쇠뇌와 화포도 함께 다루어지고 있으며, 장병단용의 이론이 이들 병장기에도 확장된다는 점에서 장병과 단병이 단순히 장창과 곤봉으로 제한되지는 않는다는 점을 유념할 필요가 있다. 그럼에도 불구하고 이들 무예는 <장병단용설편>이나 <단병장용설편>에 포함되지 않고 별도로 분리되어 다루어지고 있다는 점은 척계광의 의식 구조 속에서 일목요연하게 정리되고 있지 못하다는 인상을 준다.[72]

이 부분은 14권 본과 대조해보면 보다 명확히 드러난다. 14권 본의 권3, 권4, 권5는 <수족편>이라는 이름으로 18권 본에는 분산되어

72) 18권 본 ≪기효신서≫에 <사법편(射法篇)>은 권13에 조총, 쇠뇌, 화전은 권15 <포성제기도설편>에 포함되어 있다.

실려 있던 무예들을 하나로 모아놓았다. 권3에 "장병기를 짧게 운용하는 이론[長器短用解]"과 권4에 "단병기를 길게 운용하는 이론[短器長用解]", 그리고 권5에 곤봉에 대한 이론을 별도로 다루고 있다. 그런데 권3과 권5의 이론 부분은 사실 18권 본의 <장병단용설>과 <단병장용설>을 그대로 옮겨온 것이다. 곤봉 역시 18권 본에서 옮겨온 것이다. 하지만 18권 본과는 달리 권3 <장기단용해(長器短用解)>에는 조총, 호준포[73] 등의 화기와 사법(射法), 쇠뇌[弩] 같은 원거리 무예가 포함되어 있다.

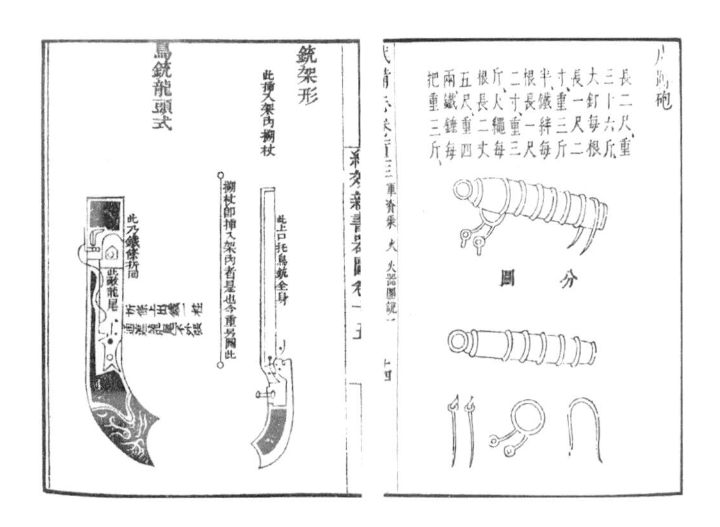

<그림 10> 조총과 호준포

73) 호랑이가 앉아 있는 모습을 하고 있다고 해서 호준포(虎蹲炮)라고 불린다. 경량의 전장식 화포로 척계광이 개발했다고 알려져 있다. 경량 화포는 발포 시 발생하는 반동으로 인해 오히려 아군이 부상을 당할 수 있는 단점이 있는데, 포신을 받치는 다리를 못으로 고정해서 이 문제를 해결했다. 척계광은 "호준포명(虎蹲炮銘)"에서 다음과 같이 노래했다. "그 모습은 호랑이가 앉아 있는 것 같고 그 위엄은 장군을 본떴구나(勢如蹲虎, 威擬將軍)", "호령에 따라 발포하니 개똥벌레처럼 흩어지며 날아가는구나(所號而發, 紛如流螢)." ≪中國軍事百科全書≫ 編審委員會, ≪中國軍事百科全書≫(北京: 軍事科學出版社, 1997), 5권, 416쪽.

흥미롭게도 장창은 등패, 낭선, 당파, 장도(長刀)와 함께 권4의 <단기장용해(單器長用解)>로 옮겨져 있다. 눈썰미 있는 독자들은 벌써 눈치를 챘을 것이다. 18권 본에서 장병으로 다루어졌던 장창이 14권 본에서는 단병으로 분류되고 있다는 사실을. 14권 본에 와서 장창은 더 이상 장병이 아니었던 것이다.

18권 본에서 보였던 다소 모호한 분류가 14권 본에 와서 명확하게 정리된다. 이제 장병은 활이나 쇠뇌, 조총, 화포와 같은 원사(遠射) 무기를, 그리고 단병은 길이에 상관 없이 손에 들고 직접적으로 상대를 공격하는 병기들, 예컨대 장창, 등패, 낭선, 도검 등의 제반 병기를 가리키는 개념으로 정착하게 된다. 하지만 14권 본도 아직 완벽하게 정리가 되지 못한 면모를 보이고 있다. 왜냐하면 장병으로 조총, 쇠뇌, 화전과 같은 원사(遠射)무기의 운용을 강조하면서 그 이론에 해당하는 '장기단용해'는 18권 본 '장병단용설'에서 다루고 있는 장창을 짧게 운용하는 법을 원용하고 있기 때문이다.

그렇다면 척계광은 왜 장병과 단병에 대한 기준을 바꾸게 되었을까? 나는 그 원인을 당시 전장에서 일어난 변화에서 찾는다. 당시 조총으로 대변되는 개인 화기의 급속한 발전은 무기 체계와 전법에 변화를 가져왔으며, 이 과정에서 기존의 장단병에 대한 개념 역시 변화하게 된 것으로 본다. 대체로 화약은 9세기경에 그리고 화기는 11세기에 이미 등장한 것으로 알려져 있다. 오늘날까지 남아 있는 가장 오래된 화기는 14세기 중엽 중국에서 만들어진 것이다.[74] 그런데

74) 시노다 고이치 저, 신동기 역, ≪무기와 방어구(중국편)≫(서울: 도서출판 들녘, 2009), 248-324쪽, 제6장 화기 참조.

이런 화기는 대다수 중량의 화포로 화기가 개인 화기로 본격적으로 운용된 것은 훨씬 후대의 일이다. 척계광이 활약하던 16세기 중반에는 경량 전장식 화포인 호준포나 휴대용 개인 화기인 조총과 같은 무기로 한층 진화하여 나타났다. 특히 조총은 기존의 활을 능가하는 화력을 지녔으면서 동시에 상대적으로 익히기 쉬웠기 때문에 급속도로 확산된다. 비록 전통적인 병장 무예가 화기로 완전히 대체되기까지는 더 많은 시간이 필요했지만 개인 화기의 등장으로 인해 기존의 냉병 무예가 전술적으로 화약무기와 보조를 맞춰 운용되어야만 했다. 조총은 끊임없이 성능이 개선되면서 개인 휴대 무기로서의 비중을 높여가고 있었다. 화기가 차지하는 비중이 급증하면서 기존의 무기 체계에 대한 인식 역시 변화할 수밖에 없었다.

척계광이 개발한 전법의 핵심은 화기와 전통적인 냉병기의 조화로운 운영에 있었다. 즉, 원거리에서 화기를 사용하고 근접해서는 등패, 낭선, 장창, 당파를 조합해 운용하는 전법이었다. 따라서 이러한 구도 속에서는 새로운 신식 무기인 화기에 대비해 전통적으로 장병의 대명사로 여겨지던 장창은 단병기로 명확하게 그 성격이 규정된다. 14권 본의 장병과 단병의 구도는 이런 상황이 반영되어 나타난 것이다.

그런데 여기서 척계광의 권법에 대한 딜레마가 시작된다. 이러한 새로운 장병[화기] 대 단병[냉병기]의 구도 속에서 권법은 어디에 위치시켜야 할 것인가? 사실 18권 본 ≪기효신서≫ 편찬 때부터 이미 고민을 하였던 것으로 보인다. 당시 그는 권법이 두 가지 상반된 속성, 즉 현실적으로 전투 기술로 직접적으로 필요하지 않다는 점과 그럼에도 불구하고 권법이 모든 무예의 기초가 된다는, 사실은 양립하기 어려운 속성을 가지고 있다는 점을 잘 알고 있었다. 이상적으로는 먼저 권법을 익히고 난 후 다른 무예를 배우는 것이 맞지만 실제로는 그렇게 할 수가 없었다. 한정된 시간과 자원을 가지고 최선의 효과를 내야 한다는 점에서 원칙론을 고수하기보다는 현실적인 선택을 할 수밖에 없었을 것이다. 권법의 훈련에 시간을 쓰기보다 곧바로 병장 무예를 익혀 전투에 바로 투입하는 것이 여러모로 유리한 선택이었다.

이 부분을 이해하기 위해서는 군대 조직 내에서의 역할에 따라 장령과 병졸 간에 습득해야 할 지식과 그에 따른 교습 내용이 차이가 있었다는 점을 주지할 필요가 있다. 당시엔 군사들을 훈련시킬 때 각 무예에 해당하는 내용을 별도의 책자로 만들어 부대 내 글을 읽을 줄 아는 사람을 지정해 읽게 하고 나머지 병사들은 이를 따라 암송하도록 함으로써 내용을 숙지하도록 했다. 장교와 병사는 익혀야 하는 내용이 다르기 때문에 이를 구분하여 책자를 지급하였다. 물론 깃발과 북을 사용한 신호 훈련인 연이목(練耳目)처럼 장령과 병사들 모두에게 지급되는 경우도 있었다. 권법은 일반 병사들이 아닌 대소장령들에게 지급되었다. 비록 권법이 시급히 익혀야 할 기술은 아니지만 장령과 군사 리더들은 여력이 있으면 알아두어야 할 기술이었다고 본 것이다.[75]

어떠한 무예든 군사 무예의 하나로 편입된 이상 척계광은 군사 기

---

75) 뒤에서 다루겠지만 <권경첩요편>의 "여력이 있으면 권법을 익히라"는 말은 바로 대소장령들에게 해당하는 말이었다. "이 기예[=권법]는 전쟁과는 크게 관련이 없으나 여력(餘力)이 있다면 무문(武門)에서 마땅히 익혀야만 한다. 하지만 병사들에게 강제로 시킬 수는 없으며 군진의 형편에 따라야 한다. 그러므로 이 장을 여러 무예편의 마지막인 제14로 실었다." 본서 제5장 <권경첩요편> 번역 참조.

예라는 관점에서 융합시키려고 했을 것이다. 권법 역시 이런 관점에서 접근했다. 하지만 군사 기예로서 현실적으로 요구되는 '실용'과 무예 교육 과정의 '원칙' 사이에 흐르는 긴장을 해소해야만 했다. 18권 본에서 권법은 군사 리더들은 알아야만 한다는 점에서 여러 무예의 마지막 편으로 편입시키는 노력을 하기도 했지만 결국 이 마저도 14권 본 ≪기효신서≫에서는 제외되고 만다. 원칙을 고수하기보다 자신이 처한 현실 속에서 최선의 타협점을 찾은 결과였을 것이다.

그림과 가결로 표현된 최초의 권법 기록

편찬 체재상 <권경첩요편>은 크게 이론과 실기로 구성되어 있다. 권법이 무예에서 차지하는 위상, 권법의 특징, 각종 권법 유파에 대한 개괄, 권법 수련과 대련, 대련에서 중요시해야 할 점 등 권법의 이론적인 면을 다루고 있는 전반부, 바로 뒤에 총 서른두 가지의 서로 다른 기법들을 그림과 가결로 설명하고 있는 실기를 다룬 후반부가 이어진다.

서른두 가지의 기법은 한 면에 둘씩 배치되어 있다. 상단에는 각 기법을 설명하는 가결(歌訣)이, 바로 아래에는 해당 기법에 해당하는 그림이 있다. 가결은 각 세의 동작이나 기술적인 특징, 응용법 등을 기억하기 쉽게 운율이 있는 노래이며, 그림은 해당 세를 시각화하고 있다. 그림은 추상적인 기술을 구체화한다는 데 그 강점이 있다. 가결과 그림을 대조해서 보면 각 기법에 대한 구체적인 이미지가 떠오르도록 한 것이다. 백 마디 말보다 사진 한 장, 그림 하나가 더 강렬하게 의미를 전달한다는 점에서 이들 그림이 가지는 표상 매개로서의 상징성은 과소평가될 수 없다.

몸의 길은 3차원이다. 이 길을 지면으로 옮기기 위해서는 3차원을 2차원의 평면으로 변환시키는 작업을 해야 한다. 비디오나 DVD와 같은 광학매체나 가상현실(virtual reality)이 보편화된 오늘날 상상하기 힘들겠지만 당시 인간의 움직임을 지면으로 옮기겠다는 발상은 기존의 상식을 뛰어넘는 혁신적인 그 무엇이었을 것이다. ≪기효신서≫는 그림과 가결이라는 독특한 구조를 채택함으로써 기존의 한계를 극복하고자 했다. 이는 무예사에서 획기적인 전환점이 된 사건이었다. 그림과 가결은 단순하지만 함축적이며 인간의 몸의 길을 중층적으로 보여줄 수 있는 가능성을 내포하고 있다.

그림과 가결을 통해 무형의 기법이 문서화됨으로써 무예 지식은 시공을 뛰어넘어 전파되고 공유될 수 있게 되었다. <권경첩요편> 이전의 맨손 격투는 단순히 구전으로만 전수될 수 있었다. 교사와 학생의 관계 아니면 적어도 직접적으로 배울 수 있는 인연이 닿지 않으면 도무지 후대로 전수될 수 있는 방법이 없었던 것이다. 무예를 습득한 인간 유기체의 죽음이 곧 그가 평생을 쌓아 올린 무예 지식의 소멸을 의미한다는 사실은 무예의 학적 연구라는 측면에서 보면 비극일 수밖에 없다. 축적되지 않는 지식은 시행착오만을 반복할 뿐 도약을 기대할 수 없기 때문이다.

물론 문서화된 기록이 실제 무예를 얼마나 정합성이 있게 전달하느냐에 대한 논란이 있을 수 있다. 몸의 길은 여전히 시공간이라는 3차원에서 이루어지며 2차원인 지면에 한정되지 않기 때문이다. 게다가 글이 되었든 그림이 되었든 공방이 이루어지는 실제의 찰나를 옮기는 것이 가능한가라는 의문도 던져질 수 있다. 일면 도를 도라고 하면 참된 도가 아니며 길을 길이라고 하면 참된 길이 아니라고 설파한 노자 ≪도덕경(道德經)≫의 구절을 떠올리게 한다. 하지만 아이러니하게도 언어의 한계를 부정한 노자마저도 자신의 주장을 펼치기 위해서는 말과 글에 의존하지 않을 수 없었던 것처럼 무예 역시 문서화되면서 학의 세계로 편입될 수 있었다. 무예가 지면으로 옮겨지는 순간, 무예는 단순히 감각의 차원에 머무는 것이 아니라 이성의 차원으로 전환된다. 무예 지식이 축적되고 전수되며 논리적인 포폄의 대상으로 객관화될 수 있게 된 것은 바로 그림과 가결을 통한 무예 기록이 등장했기 때문이다.[76)]

≪기효신서≫는 무예의 전통을 구전에서 문서로 옮겼다. ≪기효신서≫에 채택된 그림과 가결은 단순하다. 하지만 인간의 몸의 길을 중층적으로 보여줄 수 있는 가능성을 머금고 있다는 점에서 함축적이다. 그림과 가결의 조합이라는 독특한 구조가 동아시아 무예사의 한 전형으로 자리 잡게 된 시발점이 바로 ≪기효신서≫였다. 그런 점에서 ≪기효신서≫의 등장은 무예사에서 이는 획기적인 전환점이 되는 사건이었다고 할 수 있다.

---

76) 20세기 서구 사회에 동양 무술이 미친 영향이 너무나 강렬해 서구의 무술 전통을 폄하하는 경향이 있지만 근대 이전의 무예 전통으로 말한다면 서구 사회도 동아시아 못지않았다. 서양 무술의 가장 오래된 매뉴얼이 이미 1200년대에 만들어지고 있다는 사실도 눈여겨볼 필요가 있다. 독일, 영국, 이탈리아, 스페인을 중심으로 여러 문파는 독자적인 흐름을 가지고 있으면서 동시에 서로 영향을 주고받았다. 이들 문파는 무예 매뉴얼을 남기고 있는데, 오늘날 서양의 고전 무술 부흥 운동의 토대가 되는 원동력은 바로 무예 매뉴얼에서 나온 것이다.

권법은 모든 무예의 기초

척계광은 "권법이 초학자가 무예에 들어가는 문이 된다"[77]고 말한다. 무예의 기초로 권법을 먼저 익히고 도·검·창·봉과 같은 무예로 나아가라는 말이다. 흔히 무예계에서는 권법을 익힌 사람은 손에 검을 쥐면 검법이 되고 창을 쥐면 창법이 된다고 말하기도 한다. 논리적으로 이 말은 역도 성립한다. 무예계에는 창법에 능한 고수가 권법에도 능했다든가 혹은 창법에서 착안해 권법을 발전시켰다는 일화가 널리 회자되기도 한다.

그런데 실제로는 이렇게 단순하지 않다. 왜냐하면 권법을 잘한다고 해서 곧바로 그 권법 기술이 병장 무예로 전이되는 건 아니기 때문이다. 태권도 선수에게 죽도를 쥐어준다고 해서 곧바로 검도 선수가 될 수 없는 것과 같다. 그렇다면 도대체 권법이 모든 무예의 기초며, 무예에 입문하기 위해서는 권법에서부터 시작해야 한다라는 말은 어떻게 이해해야 할까?

먼저 병장 무예 중심의 고대 무예 체계에서 병장기를 다루기 전에 준비운동 정도로 권법을 볼 수도 있을 것이다. 본 운동을 하기 전에 워밍업을 하듯 권법도 본격적으로 병장기를 다루기 전에 워밍업 차원으로 한다는 말이다. 하지만 몸을 푸는 일종의 워밍업 정도를 가지고 '입예지문(入藝之門)'이 된다고 하지는 않았을 것이다. 실제로 <권경첩요편> 저변에 흐르는 생각은 권법이 무예라는 거시적인 시스템을 구성하는 하나의 중요한 요소, 그러면서 다음 단계로 나아가

77) 戚繼光, ≪紀效新書≫, 18卷本, 書號: T01525-30 (上海市立圖書館 소장), <권경첩요편>. 이 구절의 보다 자세한 해석은 본서의 제2부 역주편을 참조하기 바란다.

기 위한 과정이라는 데 있었다. 척계광뿐 아니라 하량신이나 유대유 같은 동시대의 무장들도 모두 무예 교육은 권법에서부터 시작되어야 한다는 관점을 견지했다는 점에서 볼 때도 맨손체조나 워밍업 정도 수준으로 권법을 이해했던 것 같지는 않다.

권법은 오히려 고전무예라는 시스템 속에서 바라볼 때 그 특성이 제대로 드러난다. 고전무예는 군사 훈련의 한 축을 담당하고 있었으며, 군사 훈련의 핵심은 한정된 인적자원을, 제한된 시간 안에, 정예화하여 전장에서 역할을 할 수 있도록 하는 데 있었다. 따라서 병사들에게 무엇을, 어떻게, 어떤 순서로 가르치는가 하는 문제는 훈련 과정을 수립하는 중요한 관건이 되었다. 마치 미적분을 가르치려면 먼저 대수학의 기초를 알아야 하며, 말 타는 법을 가르치려면 먼저 안장에 앉는 법부터 가르쳐야 하듯이 무예에도 순서와 단계가 있다는 생각을 하는 건 어쩌면 당연했다.

권법은 기본적으로 맨몸의 운용법이다. 권법 수련은 기본적으로 통해 어떻게 서고, 앉으며, 걷는가와 같은 기본적인 동작에서 시작해 주먹을 지르고, 방어하고, 발로 차며, 잡아채고, 걸어 넘기는가와 같은 다양한 응용 기법들을 익히게 된다. 아울러 권법 이론에서는 이러한 움직임을 관통하는 원리, 즉 수법, 신법, 보법, 진퇴, 퇴법이 있다고 보았다. 그리고 이러한 몸의 원리는 권법에만 국한되는 것이 아니라 다른 병장 무예로도 확장된다고 보았다. 결국 권법을 먼저 익혀야 한다는 말은 이러한 맨몸의 기본적인 운용법을 통해 몸의 원리를 먼저 터득하라는 말과 같다. 권법을 통해 몸의 움직임의 원리를 익히고, 아울러 그러한 원리를 여타 다른 무예로 확장하여 적용할 수 있다면 더 쉽게 무예를 익힐 수 있을 것이다. 무예 교육 과정에 대한 이러한 논리는 당시의 여러 기록에서 공통적으로 발견되는 일종의 상식이었다.

아울러 담력 훈련을 위해서도 권법은 효과적이었다. 왜냐하면 맨손 상태에서 적을 상대할 수 있다는 자신감을 키울 수 있다면 병장기를 쥐게 되면 이러한 자신감은 더욱 배가될 수 있기 때문이다.

권법에 이어 곤법(棍法)을 익히게 된다. 고전무예 이론에서 볼 때 곤봉은 양손을 균형 있게 골고루 발전시키며 병장기 운용에 필요한 다양한 수법에 익숙하게 해준다는 점에서 중시되었다. 그래서 무예계에서는 곤법을 “모든 무예의 어머니”라고 표현하기도 하고, ≪사서(四書)≫에 비유하기도 한다. 유가의 공부에서 ≪사서≫를 익힌 다음 ≪육경(六經)≫으로 나아가듯 곤법을 익힌 다음 도, 검, 월도, 협도, 장창 등 여타 병장기를 익혀야 한다는 것이다.[78] “곤법을 익히는 데는 백 일, 창법을 익히는 데는 천 일, 검법을 익히는 데는 만 일이 걸린다(百日棍, 千日槍, 萬日劍)”는 격언 역시 말 그대로 곤법이 창이나 검에 비해 상대적으로 빠른 시간에 기초를 다질 수 있다는 점을 나타낸다.

권법에서 곤봉, 그다음 기타 병장기로 이어지는 일련의 교육 과정이 하나의 시스템으로 자리 잡기 위해서는 단계별 평가와 적절한 피드백이 이루어져야만 한다. 일반적으로 교육학적인 관점에서 보면 교육 과정은 수행에 대한 양적, 질적 변화를 측정하며 이에 대한 가치 평가를 통해 미래 방향을 설정해주는 과정 전반을 가리킨다. 평가를 통해 목표달성도를 확인할 수 있으며, 교육과 관련된 의사결정

---

78) 兪大猷, <劍經> ≪續武經總要≫, 中國兵書集成 第17冊(北京: 解放軍出版社・遼沈書社, 1994), 730쪽.

을 내리는 데 필요한 정보 획득하고, 교육 대상의 장점이나 가치를 판단할 수 있게 된다.[79]

무예의 평가에서도 객관적인 기준과 훈련을 진작시키기 위한 상벌 제도, 곧 피드백 시스템이 확립되어야 했다. 무예 평가는 크게 '무(舞)'와 '대(對)'의 두 분야로 나뉘었다. 무는 개인 연무로 오늘날로 치면 투로[품새]의 수련을 말하며, 대는 두 사람이 서로 겨루어 승부를 내는 방식으로 겨루기에 해당한다. 전자가 개인 기술의 습득 정도를 테스트하는 방식이라면 후자는 이의 실제적인 응용의 수준을 평가하는 것이었다. 양자를 종합하여 기량을 평가하는데, 총 9단계의 기준이 있었다. 각 수준에 따라 크게 상중하 3단계로 나누고 각각을 다시 상중하로 나눠 전체 9단계로 구분을 하였다. 가장 높은 수준은 9단계의 최상위인 상상(上上)을 넘어서는 것으로 '초등(超等)'이라고 하였다. 초등은 "무예가 지극히 정밀하고 지극히 숙련되어 있어 마음먹은 대로 손이 가며 스스로 무예의 기구(機彀)[80]를 잘 알고 있어 남을 가르칠 수 있는 수준"을 가리킨다. 반면, '하하(下下)'는 투로와 대련 어느 쪽도 전혀 이해를 못하고 있는 상태를 말한다(<표 7> 참조).

<표 7> 평가 기준표[81]

상등			중등			하등			응시자
상상(上上)	상중(上中)	상하(上下)	중상(中上)	중중(中中)	중하(中下)	하상(下上)	하중(下中)	하하(下下)	

79) 국립특수교육원, ≪특수교육학 용어사전≫(서울: 하우, 2009)와 한국교육평가학회, ≪교육평가용어사전≫(서울: 학지사, 2004)의 '평가' 항목 참조.

80) '기구(機彀)'는 원래 오묘한 이치나 도리를 가리킨다. 여기서는 투로[機]와 대련[彀]을 비유적으로 나타내고 있다.

81) 范中義 校釋, ≪紀效新書≫(14卷本)(北京: 中華書局, 2001), 144-145쪽.

<표 8> 각 무예의 평가 항목[82]

무예	평가 항목			
장창	수법(手法)	신법(身法)	보법(步法)	진퇴(進退)
낭선	수법	신법	보법	
당파	수법	신법	족법(足法)	

<표 8>은 각 무예별로 평가의 구체적인 예들을 정리한 것이다. 장창이나 낭선, 당파처럼 서로 다른 병장기임에도 불구하고 평가 항목에는 모두 수법, 신법, 보법 [족법(足法)이라고도 함], 진퇴가 공통적으로 들어 있음을 알 수 있다. 이러한 항목들은 모두 권법 수련에서 강조하는 내용이다.

척계광은 다음과 같이 말한다.

> 권법을 배움에 신법(身法)은 활발하면서도 편안해야 하며, 수법(手法)은 빠르며 날카로워야 하고, 각법(脚法)은 가벼우면서 안정되어야 하며, 진퇴는 타이밍을 잘 맞춰야 하고, 발차기[腿法]는 날아오르듯 뛰어올라야 한다(밑줄은 필자 강조).[83]

물론 엄밀히 말하면 권법의 움직임에서 요구하는 신법, 수법, 각법, 진퇴가 병장 무예의 움직임과 꼭 일치하지는 않았을 것이다. 병장기를 들게 되면 아무래도 움직임이 병장기의 특성을 타게 마련이다. 하지만 거시적인 관점에서 보면 모두 무예라는 공통점을 지니고 있다. 따라서 움직임의 이론을 공유할 뿐 아니라 권법의 동작이 병

82) 曹文明·呂穎慧 校釋, ≪紀效新書≫(18卷本)(北京: 中華書局, 2001), 91-99쪽.

83) 戚繼光撰, ≪紀效新書≫ 18卷本(上海市立圖書館 소장), 書號: T01525-30.

장 무예로 전이될 가능성도 높다.

권법 수련을 통해 익힌 각종 기법들을 체화(體化)시켜 부지불식간에 우러나올 수 있도록 해야 하며, 이들 기법은 다시 병장기를 운용하는 기법으로 확장되어야만 한다. 전통적으로 병장기를 팔의 연장(extension)이라는 관점에서 파악했다는 점을 고려하면 이러한 맨몸 운용법의 병장 무예로의 전이는 당연한 귀결이라고 할 수 있다.

권법, 왜 상반신을 벗고 행하는가

武藝圖譜通志 卷之四 拳法譜 十一

甲作懸脚虛餌勢左踢右踢驅逐前進乙作丘劉勢左右手遮退作雁翅側身勢跨虎勢相廻立乙卽作懸脚虛餌勢進甲又作丘劉勢退兩人卽作雁翅側身勢跨虎勢相廻立

<그림 11> ≪무예도보통지≫ 권법수

≪기효신서≫의 다른 무예들과 달리 유독 권법만 예외적으로 상반신을 벗은 모습으로 묘사되어 있다. 그렇다면 왜 권법수는 웃통을 벗고 있을까? 이 질문은 사실 ≪무예도보통지≫의 권법과도 관련이 있다. 기창(騎槍)이나 마상쌍검, 마상월도처럼 마상에서 행하는 무예의 경우 갑옷을 입기도 하고, 격구와 마상재처럼 홍철릭이나 전립, 호의 등을 착용하는 경우가 있지만 대체로 보예(步藝)의 경우는 전건(戰巾)과 감투[甗頭]를 쓰고, 망수의를 상의로 입고 바지[袴]와 신발을 신는 형태가 일반적이었다. 그런데 권법만은 상의를 벗은 모습으로 행하고 있다. 이렇게 ≪기효신서≫와 ≪무

예도보통지≫ 모두 권법만은 달리 표현하고 있다면 거기엔 어떤 특별한 이유가 있을 것이다.

제일 먼저 생각해볼 수 있는 가능성은 권법이 거리를 두고 싸우는 타격계 기술뿐 아니라 서로 붙어서 싸우는 유술계 기술들도 포함되기 때문에 맨몸으로 그려져 있을 가능성이다. ≪무예도보통지≫<권법>은 두 사람이 동시에 시작해 후반부에 두 사람이 서로 겨루기로 변화하여 엉겨 붙어 상박(相撲)의 기술로 전환된다. 씨름이나 스모처럼 서로 붙어서 겨뤄야 하는 기술적인 특성상 윗도리를 벗고 행하는 것이 편리할 수 있다는 것이다.

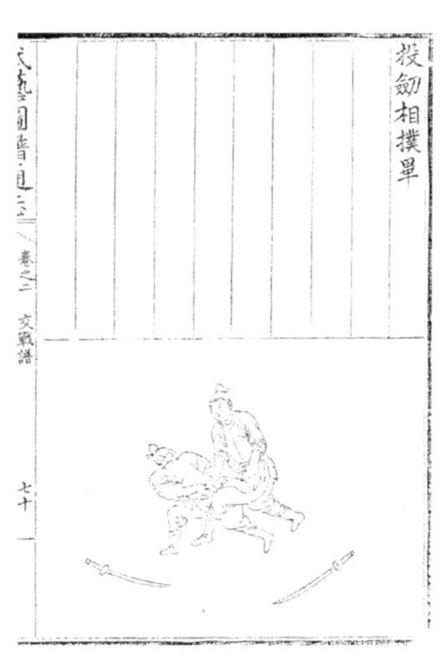

<그림 12> ≪무예도보통지≫ 왜검교전 상박 장면

하지만 이런 가정은 ≪무예도보통지≫ 권3의 <교전>을 보면 성립하지 않는다. <교전>에서는 검교전을 하다가 마지막에 가서 칼을 버리고 서로 엉겨 붙어 마찬가지로 상박으로 마무리하고 있는데, 이 경우 유술계 기법을 사용하고 있지만 그대로 옷을 입고 행한다. 만일 엉겨 붙어 싸워야 하는 기술에서 맨몸이 편리하다는 측면만 생각한다면 <왜검교전>에서도 역시 맨몸으로 상박이 이루어져야 할 것이다. 따라서 유술계 기술이 포함되었다고 해서 굳이 옷을 벗고 행한다고 보기는 힘들다.

흥미롭게도 이미 400여 년 전에 우리와 똑같은 의문을 가진 사람이 있었다.

무예를 사용할 때는 단단하고 무거운 갑옷을 입어 날카로운 칼끝을 피하는데, 지금 그림에는 상체는 모두 다 벗은 채로 바지 하나만 입은 모습으로 그려져 있으니 도대체 무슨 이유 때문입니까?

<그림 13> ≪소림곤법천종≫의 한 페이지

정종유[84]의 ≪소림곤법천종≫에는 모두 상반신을 벗은 몸으로 그려져 있기 때문에 누군가가 정종유에게 질문을 한 것이다. 참고로 정종유의 다른 저서들, 예컨대 ≪단도법선≫이나 ≪장창법선≫, ≪궐장심법≫에는 모두 옷을 갖춰 입은 무인의 모습으로 그려져 있으며, 오직 ≪소림곤법천종≫만 상반신이 벗은 모습으로 그려져 있다. 정종유의 대답을 한번 들어보도록 하자.

도(圖)에 벗은 몸으로 그려져 있는 것은 손목, 팔꿈치, 양 주먹의 음양과 가슴과 등의 정면과 측면, 두 발의 순보(順步)와 요보(拗步), 허와 실, 얼굴과 눈이 정면 혹은 측면을 향하는지, 혹 위아래를 향하는지를 분명히 해 사람들이 그림을 보고 익힐 때 발은 뒤꿈치가

84) 정종유(츠엉쫑여우, 程宗猷, 1561~?)는 명대 군사가이자 무술가, 저술가였다. 호는 충두(沖斗)이며, 안후에이성(安徽省) 시우닝(休寧) 출신이다. 그는 소림사에서 10여 년을 기거하며 소림승인 홍전(洪轉), 종상(宗相), 종대(宗岱), 광안(廣安)에게서 곤법을 전수받았다. 왜도법은 유운봉(劉雲峰), 창법은 이극복(李克復)에게서 배웠다. 고대의 쇠뇌를 연구하여 새로운 노법(弩法)을 창안하기도 했다. 1616년 3권으로 이루어진 ≪소림곤법천종≫을 저술하였으며, 1621년 ≪단도법선(單刀法選)≫, ≪장창법선(長槍法選)≫, 그리고 쇠뇌를 다룬 ≪궐장심법(蹶張心法)≫을 저술하고 앞의 ≪소림곤법천종≫과 함께 묶어 ≪경여잉기(耕餘剩技)≫라는 제명으로 출간하였다. 정종유의 저작은 ≪기효신서≫ 이후 이루어진 최초의 전문 무예서들로 당시 무예의 실상을 구체적으로 보여준다.

정확하며, 가슴은 향하는 방향이 정확하며, 손안의 무기는 정확히 위치하도록 해서 몸의 전환과 자세의 변화를 쉽게 알아보도록 하기 위한 것이다. 어찌 갑옷 입은 모습으로만 그릴 필요가 있겠는가?

이제 정종유의 대답을 토대로 권법 그림이 왜 상반신을 벗은 모습으로 그려져 있는지 그 이유를 되새겨보자. 맨몸으로 그려놓으면 옷에 의해 가리워지는 부분 없이 신체의 각 부위를 정확하게 볼 수 있게 된다. 손목이나 팔꿈치, 어깨의 위치, 권심(拳心)이 아래를 향하는지 아니면 위를 향하는지, 두 발이 손과 같은 방향으로 서는지[순보] 아니면 엇갈려 서는지[요보], 가슴의 방향이 어디를 향하는지 등 디테일한 부분이 더 잘 드러난다.

사실 무예를 정밀하게 구사하기 위해서는 신체 각 부위의 정확한 위치와 세밀한 움직임을 모두 정확하게 인지하고 컨트롤 할 수 있어야 한다. 입신중정(立身中正, 몸이 좌우로 치우치지 않게 바로 세우고 섬), 허령정경(虛靈頂勁, 목을 바로 세우고 부드럽고 영활하게 움직임), 함흉발배(가슴을 편안하게 모으고 등을 폄) 등 각종 신법이 요구하는 정확한 원칙들은 맨몸이 드러날 때 더욱 정확하게 교정할 수 있게 된다. ≪기효신서≫ 안에 실린 여타 무예들과 달리 유독 권법만 상반신을 드러내놓고 그려진 이유도 바로 여기에서 찾아야 한다.[85] 바로 앞에서 우리는 권법이 무예의 기초라는 점에 대해서 살펴보았다. 웃통을 벗고 행하는 이유 역시 기초를 다지기 위한 방법

85) 중국의 남권(南拳)과 카라테의 일부 유파 등에서 웃옷을 벗은 상태로 산친(三戰, sanchin) 자세를 취하게 하고 어깨, 목, 활배근, 대퇴부 등을 손으로 가격하여 자연스러우면서도 적절한 근육의 긴장을 유지하고 있는지를 체크하는 방법을 사용하는데, 모두 같은 맥락에서 이해될 수 있다.

론의 하나였던 것이다.

≪기효신서≫와 기타 문헌의 권법 32세

여태까지 우리는 <권경첩요편>의 권법을 32세라고 암묵적으로 동의하고 사용해왔다. <권경첩요편>에서 척계광은 각 문파의 권법들 가운데 뛰어난 기법들을 모아 32세로 정리했다고 말하고 있다. 따라서 <권경첩요편>의 권법이 서른두 자세로 이루어져 있다는 건 너무나 당연하게 여겨져 췌언을 요하지 않는다.

그런데 문제는 현존하는 ≪기효신서≫ 가운데 32세를 모두 갖추고 있는 판본을 찾기가 쉽지 않다는 데 있다. 예를 들면, 시중에서 쉽게 볼 수 있는 ≪중국병서집성≫에 실린 18권 본 ≪기효신서≫인 학진탐원본도 8세가 누락되어 있다. 심지어 당대 가장 정확한 판본들을 수집, 교감해 수록하고 있다고 알려진 ≪사고전서(四庫全書)≫에 실린 ≪기효신서≫조차도 8세가 누락되어 있다. 1664년 조선에서 편찬된 ≪기효신서≫ 역시 10세가 누락되어 있다. 현대적으로 조판되어 새롭게 간행된 ≪기효신서≫의 경우 편법으로 다른 자료를 참조해 <권경첩요편>만 보충한 경우가 있기는 하지만 오늘날 유전하는 대부분의 ≪기효신서≫<권경첩요편>은 8세 혹은 10세가 누락되어 있었다.

이런 상황은 그간 ≪기효신서≫ 고본의 존재가 잘 알려져 있지 않았기 때문이었다. 타이완국립도서관에 소장된 가정본(실제는 융경본임)의 존재가 알려져 있기는 했지만 2001년 이 판본을 바탕으로 현대적으로 조판된 점교본이 출간되기 전까지 32세를 모두 갖춘 ≪기효신서≫ 고본을 직접 접하기가 쉽지 않은 상황이었다. 중화서국에서 간행된 '척계광연구총서'를 통해 이 분야에 서광이 비추기 시작했다.[86]

≪기효신서≫<권경첩요편>은 가정(嘉靖: 1522~1566) 연간인 1561년 최초로 편찬된 이후 광범위하게 퍼져나가는 과정에서 다른 서적에도 그 내용이 인용되곤 했다. 대표적으로 ≪삼재도회(三才圖會)≫와 ≪무비지(武備志)≫를 들 수 있다. ≪삼재도회≫는 왕기(王圻, 1529~1612), 왕사의(王思義, 생몰 미상) 부자가 1607년 편찬한 일종의 백과전서로 <권경첩요편>의 32세를 그대로 옮겨 싣고 있다. 왕기 부자는 척계광과 거의 동시대를 살았던 인물이다. 하지만 ≪삼재도회≫에서는 <권경첩요편>을 전재하고 있으면서 척계광에 대한 언급을 전혀 하지 않고 있다는 점도 알아둘 필요가 있다. 아울러 ≪삼재도회≫에 실린 <권경첩요편>은 원래의 모습과 상당히 다르게 편집되어 있다. 32세의 배치가 기존 ≪기효신서≫와 전혀 다르게 되어 있으며, 맨 앞에 위치하고 있던 권법 이론에 해당하는 부분도 맨 뒤로 옮겨져 있다.

≪무비지≫는 명나라 장수 모원의가 역대 군사 관련 서적 2,000여 종을 취합해 편집한 군사 종합 백과로 1621년 편찬되었다. 총 240권으로 <병결평> 18권, <전략고> 31권, <진련제> 41권, <군자승> 55권, <점도재> 96권으로 이루어져 있다. 무예에 관한 내용은 <진련제

---

86) 척계광연구총서에는 ≪기효신서≫(18권 본), ≪기효신서≫(14권 본), ≪연병실기≫와 같은 병서와 척계광의 개인 문집인 ≪지지당집(止止堂集)≫, 그리고 척계광의 아들 척조국(戚祚國)이 척계광 사후 편찬한 연보인 ≪척소보연보기편(戚少保年譜耆編)≫이 포함되어 있다.

(陣練制)>에 실려 있는데, ≪기효신서≫의 무예와 고대의 검법인 '조선세법'과 정종유의 ≪소림곤법천종≫이 포함되어 있다. 여기 실린 <권경첩요편>은 모원의의 견해가 들어간 부분이 있고 일부는 삭제가 되어 있어 융경본과는 다소 차이가 있다. 아울러 정란세, 귀축세, 지당세, 수두세의 4세가 금나세와 중사평세 사이로 옮겨져 있어 융경본과 세의 배치 순서가 다르다(<표 9> 참조). 권세도(拳勢圖) 역시 융경본보다 후대 판본인 서체본을 옮겨 싣고 있다. 이는 모원의가 ≪무비지≫를 편찬할 당시 이미 융경본 ≪기효신서≫가 구하기 힘든 판본이었다는 것을 방증한다.[87]

흥미롭게도 현존하는 ≪기효신서≫ 혹은 이를 인용하여 편찬된 문헌들에 실린 <권경첩요편>을 대조해보면 우리는 중요한 정보를 얻을 수 있다. 융경본 ≪기효신서≫를 기준으로 해서 다른 판본의 ≪기효신서≫ 혹은 <권경첩요편>을 시대별로 배치해서 대조표를 만들었다(<표 9>). 각 세는 실려 있는 순서대로 배치한 것이며 번호는 편의를 위해서 달았다. 번호가 고정된 순서를 의미하는 것은 아니다. 표 안의 'X'는 융경본과 대비해 해당 판본에 그 세가 빠져 있다는 것을 나타낸다는 점을 염두에 두고 표를 살펴보자.

먼저 융경본 ≪기효신서≫와 ≪삼재도회≫를 대조해보면 양자 모두 32세를 수록하고 있다. 하지만 언뜻 봐서는 어떤 일관성을 찾기가 힘들 정도로 순서가 뒤섞여 있다. 그런데 자세히 보면 ≪삼재도회≫는 ≪기효신서≫의 권법을 순서를 거꾸로 해서 배치하고 있다는 것을 알 수 있다. 예를 들면, ≪기효신서≫의 31-32번 세가 ≪삼

87) 鄭少康, ≪紀效新書拳經考≫(上海體育學院博士學位論文, 2007), 104쪽.

재도회≫에서는 1-2번으로 옮겨져 있으며, 마찬가지로 28-29번은 3-4번으로 배치되어 있다. ≪삼재도회≫ 권법 전체가 이렇게 두 세를 하나의 단위로 해서 ≪기효신서≫와 정반대의 순서로 배치되어 있다는 것을 알 수 있다.

융경본 ≪기효신서≫와 ≪무비지≫는 거의 유사한 순서를 보인다. 다만 ≪무비지≫에서는 융경본의 19번에서 22번까지의 네 세(정란세, 귀축세, 지당세, 수두세)가 통째로 14번 금나세 뒤로 옮겨져 배치되어 있다. 이 때문에 원래 융경본에서 15번에 해당했던 중사평세가 뒤로 밀려 19번이 되었고, 16번 복호세, 17번 고사평세, 18번 도삽세도 마찬가지로 모두 뒤로 밀려나게 되었다. 4개의 세만 바뀌었을 뿐 23번 수두세 이후는 융경본 ≪기효신서≫와 ≪무비지≫ 모두 같은 순서로 배치하고 있다.

조선본 ≪기효신서≫와 ≪사고전서≫본 ≪기효신서≫는 모두 융경본과 동일한 순서에 따라 편집되어 있다. 다만 조선본에서는 1번과 2번, 뒤이어 19번에서 26번까지 전체 10세가 빠져 있고, ≪사고전서≫본에는 17번부터 24번까지 8세가 빠져 있다.

<표 9> ≪기효신서≫ 및 기타 문헌의 권법 32세 비교

	≪기효신서≫ (융경본)	≪삼재도회≫ (1607)	≪무비지≫ (1621)	≪기효신서≫[88] (1664)	≪기효신서≫[89] (학진탐원본)
1	나찰의세	순란주세	나찰의세	X	나찰의세
2	금계독립세	기고세	금계독립세	X	금계독립세
3	탐마세	요란주세	탐마세	탐마세	탐마세
4	요단편세	당두포세	요단편세	요단편세	요단편세
5	칠성권세	안시세	칠성권세	칠성권세	칠성권세
6	도기룡세	과호세	도기룡세	도기룡세	도기룡세

7	현각허이세	작지룡세	현각허이세	현각허이세	현각허이세
8	구류세	조양수세	구류세	구류세	구류세
9	하삽세	신권세	하삽세	하삽세	하삽세
10	매복세	일조편세	매복세	매복세	매복세
11	포가자세	지당세	포가자세	포가자세	포가자세
12	점주세	수두세	점주세	점주세	점주세
13	일삽보세	정란세	일삽보세	일삽보세	일삽보세
14	금나세	귀축각세	금나세	금나세	금나세
15	중사평세	고사평세	정란세	중사평세	중사평세
16	복호세	도삽세	귀축각세	복호세	복호세
17	고사평세	중사평세	지당세	고사평세	X
18	도삽세	복호세	수두세	도삽세	X
19	정란세	일삽보세	중사평세	X	X
20	귀축각세	금나세	복호세	X	X
21	지당세	포가자세	고사평세	X	X
22	수두세	점주세	도삽세	X	X
23	신권세	하삽세	신권세	X	X
24	일조편세	매복세	일조편세	X	X
25	작지룡세	현각허이세	작지룡세	X	작지룡세
26	조양수세	구류세	조양수세	X	조양수세
27	안시측신세	칠성권세	안시측신세	안시측신세	안시측신세
28	과호세	도기룡세	과호세	과호세	과호세
29	요란주세	탐마세	요란주세	요란주세	요란주세
30	당두포세	요단편세	당두포세	당두포세	당두포세
31	순란주세	나찰의세	순란주세	순란주세	순란주세
32	기고세	금계독립세	기고세	기고세	기고세

88) 1664년 편찬된 ≪기효신서≫는 조선 현종대 편찬된 것으로 척계광의 14권 본 ≪기효신서≫를 바탕으로 대 기병 전술에 관한 내용을 추가한 것이다. 조선에서 편집해 발간했기 때문에 조선 증간본 ≪기효신서≫, 혹은 약칭해 조선본 ≪기효신서≫라고 한다(노영구, <조선 증간본 ≪기효신서≫의 체제와 내용 - 현종 5년 재간행 ≪기효신서≫의 병학사적 의미를 중심으로> ≪군사≫(서울: 국방부 군사편찬연구소, 1998)).

89) 청대 가경(嘉慶) 연간(1796~1820)에 장해붕이 집간한 판본으로 ≪중국병서집성≫ 제18권에 수록되어 있다.

그런데 흥미로운 점은 순서의 뒤섞임이나 자세의 빠짐이 모두 무작위로 이루어진 것이 아니라는 점이다. 앞의 표에서 보이듯 어느 경우라도 모두 한 면[페이지] 단위로 세가 누락되어 있다. 예를 들면, 조선본의 경우 제1세(나찰의)와 제2세(금계독립)는 한 면에 실려 있는 자세들이다. 그 외의 누락된 자세들도 모두 한 면에 실려 있는, 다시 말해 짝수 단위로 세의 누락이 생기고 있다. 심지어 ≪삼재도회≫처럼 세 전체의 배열이 뒤엉킨 경우라도 모두 한 면을 단위로 해서 변동이 있다.

따라서 ≪기효신서≫<권경첩요편>의 세의 누락은 세의 순서나 내용 전개의 필요에 의해서 의도적으로 이루어졌다기보다 편집상의 착오나 실수로 보인다. 만약 의도적으로 세를 빼고 편집한 것이라면 한 면 단위로만 결락이 생기지는 않았을 것이다. 한 면에 그려진 두 세 가운데 하나가 빠지는 경우도 있어야 하는데, 현재 남아 있는 ≪기효신서≫ 가운데 그런 경우는 발견되지 않는다.

16세기 후반에 이미 융경본 혹은 이전의 가정 연간에 편찬된 판본은 구하기 힘들게 되어버렸다. 이런 상황에서 10세 혹은 8세가 누락된 판본이 다량으로 유통되면서 이런 현상은 더욱 심화되었던 것으로 보인다.

다소 복잡해 보이지만 정리해보면 이렇다. 현존하는 가장 오래된 판본인 융경본 ≪기효신서≫의 <권경첩요편>은 그 이전 가정 연간에 편찬된 판본의 특성을 온전히 계승하고 있으며, 원래 척계광이 의도한 바를 잘 반영하고 있는 것으로 여겨진다. 그런데 융경본은 언제부터인가 구하기 힘든 판본이 되었다. 이후 편찬된 대부분의 판본은 10세 혹은 8세가 누락되어 있다. 이러한 판본들이 널리 유행하게 되면서 권법 32세를 모두 수록하고 있는 판본을 찾아보기 어렵게 되었다. 비록 ≪삼재도회≫나 ≪무비지≫에 32세가 모두 실려 있기는 하지만 방대한 분량으로 인해 이들은 ≪기효신서≫만큼 널리 유통되지는 못했다. 아울러 용경본의 편찬 체제와도 차이가 있다. 조선본이나 ≪사고전서≫본 역시 32세를 모두 갖춘 판본을 구하지 못해 세가 누락된 판본으로 판각되었던 것이다. 이런 현상은 근대에 들어서도 나아지지 않았다. 중국에서도 32세를 모두 수록한 판본이 널리 퍼지게 된 것은 1980년대 후반에 들어서의 일이다.

권법 32세는 하나의 투로가 아니다

앞에서 우리는 ≪기효신서≫에 수록되어 있는 권법의 세에 대해서 살펴보았다. 고본의 대부분이 10세 혹은 8세가 빠진 결락본이어서 혼란스럽기는 하지만 ≪기효신서≫의 권법은 원래 32세로 구성되어 있었다는 사실을 확인했다. 그렇다면 여기서 질문 하나를 해보자. 32세는 하나의 투로(套路)일까?[90]

먼저 독자들의 이해를 돕기 위해서 투로란 말을 먼저 짚고 넘어갈 필요가 있다. 투로는 태권도의 품새, 카라테의 카타[型]에 해당한다. 역사적으로 투로는 무(舞), 로(路), 투자(套子) 등으로 불렸다. 무(舞)는 무용처럼 동작[기법]을 연결해서 시연을 한다는 의미이며, 로(路)는 기법을 연결하여 움직일 때 따르게 되는 일정한 노선을 가리킨

90) 권법을 예로 들었지만 ≪기효신서≫의 다른 무예들, 예컨대 장창, 낭선, 등패, 곤봉 등에도 동일하게 적용될 수 있는 질문이다. 실제로 많은 사람들이 혼동을 하는 부분이기도 하다.

다. 투자(套子)는 묶음, 세트를 말하는데, 기법이 연결되어 기승전결을 갖춘 하나의 세트라는 말이다. 모두 공격과 방어의 기법을 가상의 시나리오에 따라 순서를 배열하여 일정한 노선을 따라 익힐 수 있도록 한 수련법이라는 의미를 가지고 있다.

투로가 현대 중국 무술 용어로 정착된 용어이기는 하지만 역사적인 맥락에서 품새보다 그 원의를 충실히 반영하고 있기 때문에 본서에서는 투로를 사용하였다. 하지만 개별 기술을 연결하여 시작과 끝이 있는 하나의 완결된 구조를 가진 수련 체계라는 점에서 투로는 태권도의 품새나 카라테의 카타와 동일한 개념이라는 점을 다시 한 번 강조한다.

투로 형태의 수련법은 이미 중국 송나라 시기에 등장한 것으로 보인다. 하지만 당시의 투로가 어떻게 이루어져 있는지를 정확히 알 수 있는 기록은 남아 있지 않다.[91] 역사적인 투로를 구체적으로 보여주는 기록은 명나라 시기의 것들이 남아 있다. 명대에는 다양한 무예 매뉴얼이 편찬되는데 투로 역시 이러한 매뉴얼 속에 문서화되어 전해지게 되었다.

그런데 무예의 발전 과정에서 투로가 곧바로 등장한 것은 아니었다. 투로 이전에 세(勢), 초식(招式) 등의 형태로 무예 기법이 전해지고 있었다. 세는 특정 상황에 적용되는 단순한 낱 기술을 가리키는 것으로 하나의 세는 상대의 공격이나 움직임에 대해 내가 어떻게 대응하고 변화하는가를 구조적으로 체계화한 것이다. 따라서 단세는

91) 오늘날 남아 있는 고전 무예의 투로를 온전히 보여주는 가장 오래된 매뉴얼은 조선에서 편찬된 ≪무예제보≫(1598)이다. 고전 무예의 기록과 재현이라는 측면에서 ≪무예제보≫의 가치를 재평가하는 작업이 필요하다.

하나의 독립된 기술 단위라고 할 수 있다.

<권경첩요편>의 32세가 바로 무예 기법의 최소 단위인 '세'에 해당한다. 그런데 이 세는 오늘날 흔히 '자세'로 번역되기 때문에 정지된 혹은 정형화된 형태로 오해되기 쉽다. 영어의 경우도 '세(勢)'의 번역어로 '자세(posture)'나 '서기(stance)'가 사용되곤 하는데 모두 고정된 형태나 정적인 이미지를 연상시킨다는 점에서 유사한 문제가 있다. '패턴(pattern)'으로 번역되기도 하는데, 마찬가지로 어떤 유형화되고 고정된 형태를 상징하는 듯한 뉘앙스가 강하다.

세는 원래 기세나 위세, 역량과 같은 내적인 힘이 외적으로 드러나는 것을 상징했다. 내적인 힘이 기법을 통해 외부로 발현된 것이 바로 세라고 할 수 있을 것이다. 하나의 세는 어떤 유형화된 기법을 상징하고 있기는 하지만 정형화되고 박제된 형태가 아닌 동적인 변화라는 흐름 속에서 구현된다는 특징을 가지고 있다. 이 흐름은 하나의 세가 놓이게 되는 맥락 속에서 끊임없이 재정의되고 재해석될 수밖에 없다. 바로 이 지점에서 세는 정지된 혹은 유형화된 기법을 벗어나 변주되고 확장된다. 따라서 세에 담겨 있는 동적인 변화라는 측면을 고려하면 오히려 세의 번역어로는 '다이내믹스(dynamics)'가 더 적절할 것이다. 뒤의 32세 해석을 보면 알 수 있겠지만 이들 그림은 하나의 정지된 자세가 아니다. 그림은 가결의 구조 안에서 세가 나타내고자 하는 기술이 표상하는 세계를 상징적으로 나타낸다. 그림이 포착하고 있는 타이밍에 따라 시작 동작일 수도 있고, 중간 동작, 혹은 상황에 반응해 변화하는 동작일 수도 있다.

다음 초식은 단세가 두 개 이상 조합되어 운용되는 연속 기술을 가리키는 것으로 단세가 여러 개 연결되어 변화하는 상황을 가정해 구성된 기법 체계이다. 따라서 초식은 단세보다 복잡한 기술 구성을 가지며 기술의 연속성에 초점을 맞춘다.[92]

마지막으로 투로는 초식이 여러 개에서 수십 개가 연결되어 구성된다. 기술의 구성 방식으로는 가장 복잡한 단계라고 할 수 있다. 투로는 시작과 끝에 이르는 기승전결의 구조 속에 각 기법들을 배열해 유기적으로 연결한다. 여러 기법을 투로라는 하나의 구조 속에 어떻게 녹여내는가, 그리고 투로와 함께 나름의 수련법이나 단련법, 격투 이론 등이 결합해 각 문파의 독특한 풍격이 드러나게 된다. 오늘날 여러 다양한 무술들의 모습은 바로 이런 과정을 거치면서 형성된 것이라고 할 수 있다.

하지만 여기서 유념해야 할 점은 권법 32세가 ≪기효신서≫에 제시되어 있는 순서 그대로 하나의 투로가 되는 것은 아니라는 점이다. 그 이유는 다음과 같다.

첫째, 여러 판본에 보이는 32세의 배열이 동일하지 않다. 앞에서 살펴보았듯이 <권경첩요편>은 다양한 판본의 ≪기효신서≫에 그리고 ≪삼재도회≫, ≪무비지≫, ≪고금도서집성≫ 등에 수록되어 있다. 하지만 이들 기록은 상이한 순서로 32세를 기록하고 있을 뿐 아니라 8세 혹은 10세가 결락되어 있는 등 32세가 유기적으로 하나의

92) 일반적인 세와 초식의 구분이지만 예외도 있다. 츠언신(陳鑫)은 '십삼세(十三勢)'에서 '세(勢)'를 하나의 공방 동작을 나타내는 최소 단위의 세면서 동시에 여러 세가 연결된 초식도 함께 가리키는 의미로 사용하고 있다. 각 세의 분량도 차이가 있어서 십삼세의 제1세는 금강도추 한 세로 구성되어 있는 반면 제8세는 상운수, 고탐마, 좌우삽각, 중단편, 수두세 등 열세 가지의 세로 구성되어 있다. 陳鑫, ≪陳氏太極拳圖說≫(上海: 上海書店出版社, 1986).

완성된 형태의 투로라는 것을 의심케 한다. 게다가 이러한 순서의 착종에 대해서 어떤 식으로든 당대에 문제제기된 적이 없다는 점은 32세가 하나의 투로가 아니었음을 간접적으로 보여준다.

둘째, <권경첩요편> 안에 '세세상승(勢勢相承)'이라는 구절을 근거로 권경 32세가 나열되어 있는 그 순서대로 하나의 투로가 된다고 보기도 하지만 이는 오류다. 세세상승은 문자 그대로 세마다 서로 연결될 수 있다는 말이다. 즉, 서른두 가지의 개별 세가 서로 다양한 방식으로 연결되어 사용될 수 있다는 일반적인 특성을 말한 것이지 권법의 세가 그림이 나열되어 있는 순서대로 연결된다는 의미는 아니다.

셋째, 이러한 세의 특징은 권법에만 해당하는 것이 아니라 ≪기효신서≫의 모든 무예에 공통적으로 적용된다. ≪기효신서≫에 수록된 장창 24세, 등패 6세, 낭선 6세 등은 모두 개별 기법을 나타낼 뿐 나열되어 있는 순서에 어떤 의미가 있는 것은 아니다. 만약 ≪기효신서≫에 나열되어 있는 각 세들의 순서가 의미를 가지고 있었다면, 다시 말해 순서 그 자체가 하나의 독립된 투로를 가리킨다면 조선에서 ≪기효신서≫의 무예를 수용하는 데 그토록 어려움을 토로하지 않았을 것이다. 왜냐하면 ≪기효신서≫에 있는 그대로 병사들을 훈련시키면 되기 때문이다. 그런데 실제로는 각각의 세들을 각 무예에 요구되는 원리에 맞게 연결해서 수련할 수 있도록 하는 작업은 간단하지 않았다.

조선에서 편찬된 ≪무예제보번역속집≫이나 ≪무예도보통지≫의 권법 투로는 <권경첩요편>의 세들이 단순히 원래 순서대로 나열되어 이루어진 것이 아니라는 사실을 보여준다. 각 세는 필요에 따라

중복되기도 하고 전후가 바뀌어 다양한 순서로 연결되기도 한다. 심지어 ≪무예도보통지≫에 이르러서는 단독 수련의 형태뿐 아니라 두 사람이 함께 대련을 하는 법이 투로에 추가되기도 하는 등 변화가 이루어졌다.

따라서 <권경첩요편>의 32세를 하나의 투로로 바라보는 관점은 수정될 필요가 있다. <권경첩요편>은 독립적인 세들을 모아놓은 권법 기법의 콜렉션이라고 할 수 있다. 음악으로 치면 일종의 코드북인 셈이다. 그것 자체로는 어떤 음악이 되는 건 아니다. 하지만 각종 기타 코드를 알고 있으면 이를 서로 다른 방식으로 연결하고 각종 주법과 변주를 허용함으로써 자신만의 새로운 곡조를 만들어낼 수 있는 것처럼 <권경첩요편>에 담긴 32세는 다양한 해석과 변주를 통해 새로운 곡을 만들어낼 가능성을 내포하고 있다. 오늘날의 특정 무예의 프레임으로는 그 전모가 쉽게 포착되지 않는 이유도 바로 여기에 있다.

그렇다면 왜 척계광은 실제 군진에서 활용되었던 투로가 아니라 단세의 형태로 권법을 기록하고 있을까? 사실 이 문제는 권법만이 아니라 ≪기효신서≫의 다른 무예들, 예컨대 낭선, 등패, 장창, 당파 등에도 동일하게 해당된다. 척계광은 이에 대해 명시적으로 언급하고 있지 않다. 다만 우리는 척계광이 군진 무예에 대해서 어떠한 태도를 가지고 있었는지를 통해서 간접적으로 추론할 수 있을 뿐이다. 그에게 무예는 생명을 담보로 한 실전 기예였다. 실전 경험을 통해 무예를 할 줄 알면 자신의 생명을 지킬 수 있고 그렇지 않으면 목숨을 적에게 거저 주는 것과 다를 바 없다고 믿었던 그에게 무예는 지극히 현실적이며 실용적인 그 무엇이었다. 무예에 대한 그의 메시지는 단순히 무예를 익혀라에 머무는 건 아니었다. 한 걸음 더 나아가 제대로 된 무예를 익히라는 강조하고 있다. 이를 위해 모든 기술의 최소 단위인 '세(勢)'를 명확히 정의할 필요가 있었던 것은 아닐까? 부실한 벽돌로 쌓은 탑은 언제 쓰러질지 모른다. 벽돌 하나하나가 튼실하게 만들어져 있다면 이들을 쌓아 올린 탑 또한 견고할 것이다. 세를 명료하게 정의함으로써 각 무예의 기본기를 다지려는 데 그 목적이 있었다고 하면 지나친 비약일까?

정법(正法)과 화법(花法)

이러한 그의 무예관은 간단히 정법(正法)으로 요약된다. 정법은 한마디로 바른 기법을 가리킨다. 모든 무예는 몸으로 이루어진다. 신체 각 부위와 조화된 움직임, 예컨대 수법, 보법, 신법, 진퇴가 정확한 원리에 따라 구현되는 것이 정법이라고 할 수 있다. 정법의 반대는 화법(花法)이다. 화법은 실전에 사용되지 못하면서 외적으로만 화려한 동작들을 가리킨다. 척계광은 군진 무예는 생명을 담보로 하는 심각한 예술이라고 인식하고 있었다. 실전에서는 승리만이 최상의 가치였다. 승리하지 못하면 죽음이 기다리고 있었다. 외적인 화려함이 생명을 보전하는 데 도움이 되지 못하며 오히려 방해가 된다는 생각은 정법에 대한 그의 믿음을 더욱 공고히 하였을 것이다.

척계광이 민간 무예를 흡수하려는 노력을 하면서도 여전히 우려를 했던 점은 바로 민간 무예에 깊이 뿌리내리고 있는 폐단, 즉 화법(花法) 때문이었다. 민간 무예는 비록 기술적으로 다양하게 발전해

나가고 있었음에도 불구하고 병장기를 크게 휘두른다거나 도약하고 지면을 구르거나 하는 등 보는 이의 시선을 끌기 위한 동작들을 상당수 포함하고 있었다. 모두 군진 무예에서는 금기시하는 것들이다.

앞서 척계광이 개별 세를 강조한 이유도 바로 정법을 고양시키기 위해서였다. 하지만 현실적으로 대규모의 병사들을 훈련시키기 위해서는 여러 세를 연결해서 하나의 정형화된 투로를 만드는 것이 여러모로 유리했다. 왜냐하면 표준화된 투로를 통해 무예의 교습과 훈련, 평가에서 통일성과 일관성을 유지할 수 있기 때문이다.

그런데 투로 수련의 폐단은 투로에 담긴 기법의 의미를 살리지 못하고 타성에 젖어 단순히 외적인 형태의 반복에만 머무른다는 데 있다. 투로가 중요한 훈련 방법이기는 하지만 단순히 같은 동작의 반복에 머물기만 한다면 투로의 본래 목적, 즉 실전에서의 응용에는 이르지 못하고 만다. 오늘날에도 많은 무술들이 투로를 수련의 중요한 부분으로 채택하고 있지만 투로에 포함된 개별 기법들에 대해서 정확하게 이해하지 못하고 외적인 형식만 반복하는 경우를 발견하는 건 어렵지 않다. 투로를 구성하고 있는 개별 기법들의 의미가 살지 못하면 투로는 그저 여러 동작들을 연결해서 보여주는 일종의 무용에 지나지 않게 된다. 바로 이 지점에서 대련(對鍊)이 필요하게 된다. 대련은 문자 그대로 상대[對]와 함께 하는 단련[鍊]을 말한다.

당시 병사들의 무예 기량을 테스트하는 데는 '무(舞)'와 '대(對)'의 두 가지 카테고리가 있었다. 여기서 '무(舞)'는 기법의 정확성과 숙련도를 시험하는 것으로 오늘날 태권도의 품새 시험에 해당한다. 반면, '대(對)'는 기법을 실제로 응용할 수 있는가를 시험하는 것으로 태권도의 대련, 즉 겨루기라고 할 수 있다.

척계광은 무와 대는 수레의 양 바퀴처럼 어느 한쪽에만 치우쳐서는 안 되며 모두 능숙하게 구사할 수 있어야 한다고 믿었다.

<표 10> 정법과 화법의 비교

구분	정법	화법
소비 공간	군진	민간
수련 목적	실전	공연
기술 형태	단순	복잡
외적 형태	소박	화려

정법과 화법이 갈리게 된 이유는 아마도 군진 무예와 민간 무예가 놓여 있는 환경의 차이 때문일 것이다. 무엇보다 군진 무예는 개인보다는 집단을 우선시하였다. 뛰어난 개인기보다는 대형 안에서 동료들과 얼마나 잘 협조해서 움직일 수 있는가에 초점이 맞춰져 있었다. 반면, 민간 무예는 직접적인 살상보다는 호신의 성격이 강하였으며, 개인기를 중시하였다. 사람들에게 보여주는 것을 목적으로 한 경우도 많았기 때문에 도약이나 회전, 구르기 등과 같은 큰 동작으로 이루어진 화려한 기법을 선호하는 것도 역시 개인기라는 특징에서 발생한 것이다. 화법 무예들은 보기가 좋기 때문에 민간에서 많은 인기를 얻으며 널리 확산되었다. 심지어 군진 속으로 스며들기도 했다. 당시 무장들이 화법의 폐해에 대해서 지적을 하고 병사들이 화법에 경도되는 현상을 막기 위해 부단히 애를 써야만 했던 이유도 그만큼 군진 안에서도 화법이 만연하고 있었기 때문이었다. 목숨을 걸고 싸워야 하는 군진의 특성상 실전에 소용이 없는 화법을 배격하는 건 당연하다. 하지만 현실적으로 화법을 완전히 배격하기는 쉽지 않았다(<표10> 참조).

04

번역에 대하여

옮김의 미학

기존 《기효신서》〈권경첩요편〉의 번역

≪기효신서≫는 처음 발간된 이후 중국 내에서뿐 아니라 한국과 일본에도 영향을 미쳤다. 같은 한자문화권이기는 하지만 ≪기효신서≫는 여전히 번역을 거쳐야만 이해될 수 있었다. 아울러 근대 중국에서도 ≪기효신서≫를 이해하기 위해서는 현대 백화로 옮겨져야 한다. 16세기 후반부터 본격화된 ≪기효신서≫의 번역은 오늘날까지도 계속되고 있다. 본 장에서는 그간 한국, 중국, 일본에서 이루어진 대표적인 성과들을 짚어보고자 한다.

1) ≪무예제보번역속집≫(1610)의 권법 언해

≪기효신서≫의 직접적인 번역은 아니다. 하지만 번역을 일대일의 축자 번역이 아닌 한 문화권에서 다른 문화권으로의 전이라는 광의의 개념에서 본다면 ≪속집≫은 분명 ≪기효신서≫<권경첩요편>

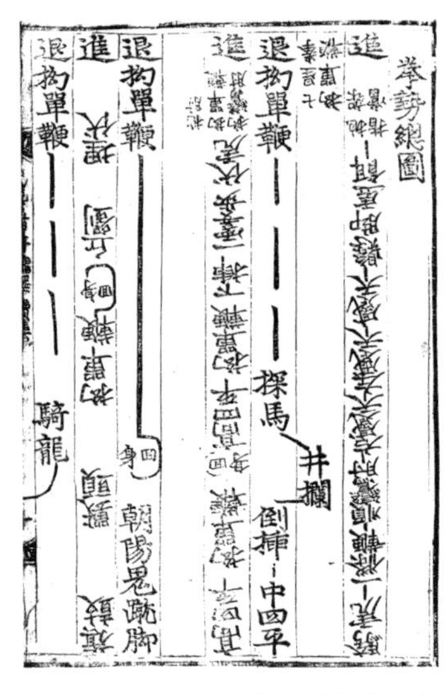

<그림 14> ≪무예제보번역속집≫의 <권보>

의 번역으로 볼 수 있다. 왜냐하면 ≪속집≫의 권법은 32세가 어떻게 연결되어 하나의 투로가 되는가를 보여주며 동시에 조선의 32세 해석 방식을 알려주기 때문이다.93)

이 권법은 32세를 연결하여 하나의 투로로 만든 것으로 군진에서 병사들이 통일된 형태로 수련하고 시험할 수 있도록 고안된 것이었다. 각 세의 전체적인 흐름을 보여주는 총도가 실려 있으며, 권법에 대한 언해를 함께 포함해 당시 일반 병사들이 이해할 수 있도록 배려하고 있다. ≪속집≫에 담겨 있는 권법 투로는 32세를 바탕으로 이루어진 현존하는 가장 오래된 권법 투로이다.94)

2) ≪무예도보통지≫(1790)의 권법 언해

≪무예도보통지≫의 권법은 앞의 ≪속집≫과 마찬가지로 <권경첩

93) ≪무예제보번역속집≫ 편찬 이전에 이미 각각의 무예들에 대해 개별적으로 매뉴얼이 편찬되었던 것으로 보인다. 권법의 전신은 1604년 편찬된 ≪권보(拳譜)≫였다. ≪무예제보번역속집≫은 이들 개별 보들을 종합한 것이다.

94) ≪무예제보번역속집≫의 현대어 번역은 두 가지가 있다. 국립민속박물관에서 주관 무예총서시리즈의 하나로 간행된 ≪무예문헌자료집성≫(국립민속박물관, 2004)의 번역과 ≪조선중기무예서 연구≫(서울대학교출판부, 2006)의 번역이다. 특히 후자의 번역은 체육학자, 군사학자, 국어학자, 무예학자의 공동 연구로 이루어진 것으로 학제 간 연구가 가지는 장점을 잘 보여주고 있다. 함께 대조하며 읽어보길 권한다.

요편>을 조선화한 것으로 역시 투로화된 형태를 띠고 있다. 권법 32세의 개별 기법이 어떻게 연결되는지를 볼 수 있다. 아울러 총보와 총도를 실어서 전체 연결을 일목요연하게 볼 수 있도록 하고 있다. 마찬가지로 언해가 포함되어 있다.

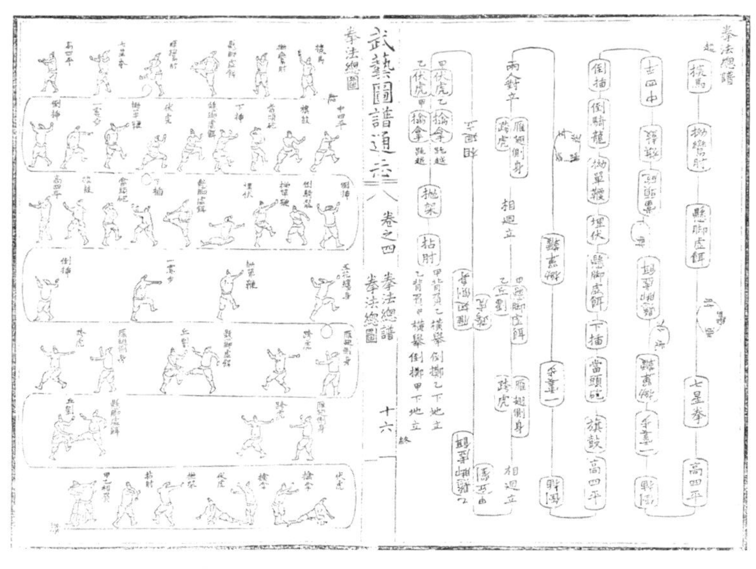

권법 총도　　　　권법 총보

<그림 15> ≪무예도보통지≫ 권법 총도와 총보

그런데 흥미롭게도 ≪속집≫의 권법과 ≪무예도보통지≫의 <권법>은 모두 ≪기효신서≫<권경첩요편>을 바탕으로 하고 있기는 하지만 서로 다른 모습을 띤다. ≪속집≫의 권법이 처음부터 끝까지 단독으로 연무하는 형태로 되어 있는 반면 ≪무예도보통지≫의 권법은 두 사람이 한 조가 되어 나란히 서서 같은 동작을 동시에 연무

하다가 갈라서서 대련으로 전환한 다음 씨름[상박]으로 마무리하게 되어 있다. 조선의 군진 내에서는 ≪무예도보통지≫의 권법이 좀 더 광범위하게 영향을 미쳤다. 오늘날 널리 알려져 있는 권법 역시 ≪무예도보통지≫의 권법이다.

3) 국립민속박물관 조선본 ≪기효신서≫

≪기효신서≫의 근대적인 번역은 2000년대 들어서 비로소 이루어지기 시작했다. 국립민속박물관이 한국무예자료총서의 하나로 발간한 ≪무예문헌자료집성≫(2004)에 포함된 조선본 ≪기효신서≫ 번역은 부분 번역이기는 하지만 우리나라에서 이루어진 최초의 현대어 번역이다. 첫 번역임에도 불구하고 무술적인 의미를 살리고자 애를 쓴 노력이 엿보인다. 다만 무술 가결에 보이는 각 세명을 관례라는 이유로 번역이 되지 않아도 된다는 주장[95]에는 동의하기 어렵다. 무술계에서 통용되는 은어와 숙어라고 하더라도 의미의 전달이라는 언어 본연의 기능을 생각한다면 세명 역시 오늘의 언어로 번역되고 해석될 필요가 있다.

4) 국방부군사편찬연구소 조선본 ≪기효신서≫ 번역[96]

앞의 국립민속박물관 번역이 ≪기효신서≫의 무예 관련 부분만을 옮긴 부분 번역인 반면 국방부군사편찬연구소의 번역은 우리나라에서 최초로 이루어진 ≪기효신서≫의 전체 번역이다. 조선본 ≪기효

95) 국립민속박물관, ≪무예문헌자료집성≫(서울: 국립민속박물관, 2004), 167쪽.

96) 유재성 역주, ≪기효신서≫ 상권(서울: 국방부군사편찬연구소, 2011).

신서≫의 전모를 볼 수 있게 되었다는 점에서 의미가 크다. 저본은 같은 국방부군사편찬위원회에서 영인한 현종 5년(1664) 간행된 중간본 ≪기효신서≫이다. 한학자인 유재성 씨가 번역을 하였는데, ≪기효신서≫의 번역이 쉽지 않다는 점을 감안할 때 그의 노고는 치하되어야만 한다. 다만 무예술어의 번역은 오류가 많다는 점을 지적한다. 예를 들면, 현각허이세, 하삽세, 매복세, 도삽세 등에 나오는 '퇴(腿)'를 모두 넓적다리로 번역하고 있는데, 일반적인 한자의 의미로는 맞지만 무술 용어로는 적절하지 않은 경우가 많다. 무술에서 퇴는 퇴법[발차기]이나 보법이라는 의미로 더 많이 쓰인다. 또 고사평세 가결의 '고사평신법(高四平身法)'을 하나의 구로 보고 있는데, '고사평'은 '중사평', '저사평'과 함께 통용되는 세명으로 사평세를 기준으로 고중저의 높낮이의 구별이 있는 세를 가리킨다. 따라서 '고사평'에서 끊고 '신법'은 바로 뒤의 구로 연결시켜야 한다. 요란주(拗鸞肘)와 순란주(順鸞肘)에서 '요(拗)'와 '순(順)'은 무술 용어로 손과 발의 상대적인 위치를 가리키는 개념이므로 그 부분 역시 살려서 해석해야 한다. 고전무예에 대한 전문적인 이해가 수반되지 않아서 생긴 문제점이다. 향후 보완을 통해 더 나은 번역이 이루어지길 바란다.

5) 진이밍의 ≪삼십이세장권(三十二勢長拳)≫[97]

한편 중국의 경우 ≪기효신서≫<권경첩요편>을 현대적으로 풀어내기 위한 시도는 1920년대부터 있어 왔다. 최초의 작업은 근대 유명한 무술가이자 저술가인 진이밍(金一明, ?~1966)에 의해서 이루

97) 金一明, ≪三十二勢長拳≫(上海: 中華書局, 中華民國18年(1929)).

어졌다. 진이밍은 지앙쑤(江蘇) 이앙저우(揚州)인으로 어려서부터 소림, 태극, 형의, 팔괘 등의 무술을 익혔다. 난징중앙국술관 편집심의처의 부처장을 지냈으며 무술 기본공에서 소림칠십이예 등에 이르는 다양한 무예서를 집필했다. ≪삼십이세장권(三十二勢長拳)≫, ≪무당권술(武當拳術)≫, ≪육파총나(六把總拿)≫, ≪금나천석(擒拿淺釋)≫ 등이 그의 대표작이다.[98)]

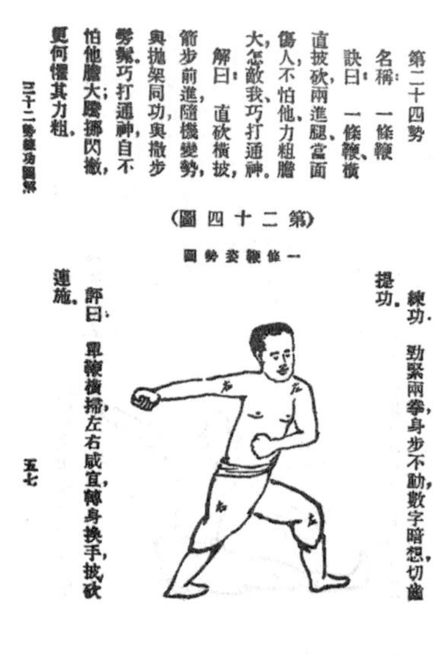

第二十四勢
名稱: 一條鞭
訣曰: 一條鞭、橫直披砍, 兩進腿、當面傷人, 不怕他、力粗膽大, 怎敵我、巧打通神。
解曰: 直砍橫披, 箭步前進, 隨機變勢, 與抛架同功, 與撤步勞繁。巧打通神, 自不怕他膽大; 騰挪閃撤, 更何懼其力粗。

(第二十四圖)
一條鞭姿勢圖

練功. 勁緊兩拳, 身步不動, 數字暗想, 切齒提功。
評曰: 單鞭橫掃, 左右咸宜, 轉身換手, 披砍連施。

三十二勢練功圖解　五七

<그림 16> ≪삼십이세장권≫의 한 페이지

진이밍은 지앙쑤(江蘇)성 제8중학에 다닐 때 같은 학교 체육교사였던 린시아오포(林小圃)에게서 삼십이세장권을 배웠으며, 그때의 경험을 바탕으로 이 책을 저술하였다고 한다. ≪삼십이세장권(三十二勢長拳)≫(1929)은 크게 두 부분으로 구성되어 있다. 앞부분은 <권경첩요편>의 각 세의 가결을 풀이하고 이들을 서로 연결하고 각 기법의 움직임을 동선으로 표시하고 있다. 이를 상로(上路)라고 하였다. 상로는 ≪기효신서≫의 32세를 원래 배열되어 있는 순서대로 연결한 것이다. 하지만 각 세를 어떤 기준이 없이 ≪기효신서≫에 배치된 순서 그대로 연결하고 있다는 점에서 작위적이라는 인상을 준다. 게

98) ≪中國武術人名辭典≫ 編輯委員會, ≪中國武術人名辭典≫(北京: 人民體育出版社, 1994), 120쪽.

다가 가결을 또 다른 형태의 가결로 풀고 있어 완전히 현대어로 번역한 것은 아니다.

반면, 뒤에 이어지는 후반부의 투로는 하로(下路)라고 하여 32세를 자유롭게 뒤섞어 투로에서 좀 더 유연한 접근을 보여주고 있다. 진이밍의 작업은 <권경첩요편>의 기법을 현대적으로 풀어내기 위한 최초의 시도,[99] 아울러 근대 중국인들이 권법 32세를 어떻게 이해하고 있는지를 엿볼 수 있다는 점에서 그 의의를 찾을 수 있다. 하지만 이 권법은 현재 수련하는 사람이 없어 실전된 것으로 보인다.[100]

6) 탕하오의 ≪척계광권경(戚繼光拳經)≫[101]

무술사학자인 탕하오(唐豪, 1896~1959)는 지앙쑤(江蘇) 우시엔(吳縣) 출신으로 자(字)는 범생(范生)이다. 어려서부터 공부와 무술을 모두 좋아했다. 집안이 가난해 상하이로 가서 생계를 도모했다. 공산당과 연루되어 정치적인 박해를 받기도 했으나 무술계 지인들의 도움으로 이를 극복하였다. 리우전난(류진남, 劉震南)에게서 육합권을 배웠으며, 후에 리춘이(이존의, 李存義), 츠언화커(진발과, 陳發科)로부터 형의권, 태극권 등을 배웠다. 1927년 일본으로 유학을 가 정치와 법학을 전공하며, 유도와 검도를 익혔다. 전 생애에 걸쳐 교육 사업에 종사했으며 무술을 학교 교육에 활용하는 데도 적극적이었다. 상하이상공소학교 교장, 중앙국술관편심처장, 상하이시 체육

99) 江百龍・林鑫海, ≪明淸武術古籍拳學論析≫(北京: 人民體育出版社, 2008), 89쪽.

100) 教育部體育大辭典編訂委員會 主編, ≪體育大辭典≫(臺北: 臺灣商務印書館, 1984), 500쪽.

101) 唐豪 編著, ≪戚繼光拳經≫, 中國武術學會, ≪王宗岳太極拳經・王宗岳陰符槍譜・戚繼光拳經≫合本, 刊影印(太原: 山西科學技術出版社, 民國24年(1936), 2008).

위원을 역임했다. 1955년 국가체육위원회의 고문을 맡으며 중국무술사와 체육사를 전문적으로 연구하였다. 총 8권으로 구성된 ≪중국체육사참고자료≫는 중국무술사학과 체육사학을 개척한 기념비적인 저작이다. ≪소림무당고(少林武當考)≫, ≪태극권과 내가권(太極拳與內家拳)≫, ≪내가권(內家拳)≫, ≪왕종악음부창보(王宗岳陰符槍譜)≫, ≪청대사예총서(淸代射藝叢書)≫, ≪중국고일검법(中國古佚劍法)≫, ≪척계광권경(戚繼光拳經)≫, ≪중국민족체육도적고(中國民族體育圖籍考)≫, ≪소림권술비결고증(少林拳術秘訣考證)≫, ≪행건재수필(行健齋隨筆)≫ 등을 저술하였다.[102] 소림권, 태극권, 무당권 등 각종 무술의 신화적인 기원설의 오류를 지적함으로써 중국 무술계에 충격을 안겨주었다. 그는 철저한 사료 고증과 객관적인 분석을 토대로 근대적인 의미의 무예학을 개창한 인물로 평가된다. 근대적인 의미에서 무술이 학적 연구 대상으로 승격될 수 있었던 것은 그의 공로라고 해도 과언이 아니다.

그는 ≪척계광권경≫(1936)에서 다음과 같이 말한다. "장권(長拳), 십삼세(十三勢), 포추(炮捶)의 여러 권보(拳譜)를 구해서 깊이 새기며 연구하고, 또 츠언츠앙싱(陳長興)의 현손(玄孫) 츠언자오쉬(陳照旭)가 대대로 이어져 내려오는 노가(老家) 태극십삼세를 연무하는 것을 보고 태극권이 부분적으로 척계광의 권보에서 세들을 취했다는 사실을 발견했다."[103]

그는 당시 진씨 일족이 사는 마을인 츠언지아꺼우(陳家溝)에 전해

---

102) ≪中國武術人名辭典≫ 編輯委員會, ≪中國武術人名辭典≫(北京: 人民體育出版社, 1994), 266쪽.

103) 唐豪, ≪王宗岳太極拳經・王宗岳陰符槍譜・戚繼光拳經≫(太原: 山西科學技術出版社, 2008), 10쪽.

지고 있는 십삼세 두투(頭套)와 포추(炮捶) 각 세와 <권경첩요편>의 세를 비교하는 작업을 했다. 이 과정에서 세명이나 실제 기법 등이 유사하다는 사실을 발견한다. 특히 장권 가결 가운데는 척계광의 권경 가운데서 어구를 차용한 것들이 보이는데, 예를 들면, 칠성권수족상고, 과호세나이발각, 조양수편신방퇴, 구류세좌반우장, 나응착토경개궁 등과 같은 것들이다.[104] 모두 태극권, 포추가 만들어질 때 실제로 <권경첩요편>으로부터 상당한 영향을 받았다는 것을 증명한다.[105]

탕하오는 앞의 저서 말미에 ≪기효신서≫의 영인본을 부록으로 싣고 있는데, 이는 청대 도광(道光) 23년(1843) 허내쇠(許乃釗)가 중각한 "경도유리창문귀당장판(京都琉璃廠文貴堂藏板)"이다.[106] 이 판본은 총 24세로 8세가 빠져 있다.[107] 당시 탕하오는 권법 32세를 모두 갖추고 있는 온전한 ≪기효신서≫의 판본을 직접 보지 못한 것으로 보인다.

탕하오와 동시대에 활동했던 무술가이자 저술가였던 꾸리우신(顧留馨, 1908~1990) 역시 이 문제를 인지하고 있었다. 꾸리우신은 중국 상하이 출신으로 태극권, 형의권, 팔괘장 등에 조예가 깊으며 또

---

104) 각 구절의 번역과 구체적인 의미에 대해서는 본서 제2부 역주편의 칠성권세, 과호세, 조양수세, 구류세 항목을 참조하기 바란다.

105) 唐豪, ≪王宗岳太極拳經・王宗岳陰符槍譜・戚繼光拳經≫(太原: 山西科學技術出版社, 2008), 15쪽.

106) 鄭少康, ≪紀效新書拳經考≫(上海體育學院博士學位論文, 2007), 9쪽.

107) 허내쇠의 중각본은 조광각본(照曠閣本), 내녹당본(來鹿堂本)을 바탕으로 교정을 해서 펴낸 것이었다. 탕하오[唐豪]는 허내쇠의 판본을 저본으로 삼아 ≪사고전서≫에 실린 ≪기효신서≫와 비교해서 차이점을 지적하고 있다. 하지만 이들 판본은 모두 결락본으로 권법 32세 가운데 8세가 누락되어 있다. 판본의 비교에 대한 보다 자세한 내용은 다음을 참조하기 바란다. 唐豪 編著, ≪戚繼光拳經≫, 中國武術學會, ≪王宗岳太極拳經・王宗岳陰符槍譜・戚繼光拳經≫合本, 民國24年(1936) 刊影印(太原: 山西科學技術出版社, 2008), 47쪽.

한 이론에도 밝았다. 상하이체육과학연구소 부소장, 상하이시 무술협회 주석, 중국무술협회위원 등을 역임했다. 탕하오와 친분이 두터웠으며, ≪태극권연구(太極拳硏究)≫를 공저했다. 이 외에도 ≪진식태극권≫, ≪태극권술≫, ≪포추≫ 등의 (공)저서가 있다. 꾸리우신은 탕하오의 ≪척계광권경≫에 인용된 <권경첩요편>에 8세가 누락되어 있다는 사실을 발견하고 32세가 모두 갖춰진 문헌을 찾기 위해 노력하는데, 1956년에 이르러 비로소 ≪무비지≫에 실린 권법 32세를 발견하게 된다. 뒤이어 ≪삼재도회≫에도 권법 32세가 실려 있다는 것을 확인하게 된다.[108)]

사실 꾸리우신의 언급은 앞서 진이밍이 1920년대 이미 32세를 연결지어 하나의 투로로 선보이고 있다는 점에서 볼 때 분명 착오가 있다. 탕하오나 꾸리우신 이전에도 32세가 모두 알려져 있었다. 다만 탕하오와 꾸리우신의 사례는 근대 중국에서 ≪기효신서≫의 권법 32세 전체가 대중적으로 널리 알려져 있지 않았으며, 판본 간의 차이에 대해서도 정확하게 인지되지 못하고 있었다는 사실을 보여준다.

7) 장웨이종의 <권경> 삼십이세 해석

타이완의 장웨이종(張唯中)은 <국술 무예를 다시 진작시켜 중화문화를 발양함(重振國術武藝, 發揚中華文化)>이라는 글에서 <권경첩요편> 32세에 대한 해석을 시도하고 있다.[109)] 중국 권술 개론과 송태

---

108) 顧留馨, ≪太極拳術≫(香港: 中國圖書刊行社, 1985), 432-433쪽.

109) 장웨이종의 글은 1972년 3월부터 1974년 6월에 걸쳐 ≪무단(武壇)≫이라는 잡지에 게재되었다. 보다 자세한 내용은 다음을 참조하기 바란다. 張唯中, <重振國術武藝, 發揚中華文化> ≪武壇≫, 1(10)(臺北: 武壇雜誌社, 1972); 張唯中, <重振國術武藝, 發揚中華文化> ≪武壇≫, 2(19)(臺北: 武壇雜誌社, 1973).

조장권, 진가구장권, <권경첩요편> 32세를 다루고 있는데, 그는 기본적으로 태극권의 시각에서 32세를 바라보고 있다. 아울러 척계광의 32세는 송태조장권의 영향을 강하게 받고 있으며, 32세가 퇴법에 집중되고 있다는 주장을 한다. 하지만 가결에 나타난 퇴(腿), 각(脚), 소(掃)자 등을 기준으로 판단한 것일 뿐 가결 전반에 대한 정치한 분석을 바탕으로 이루어진 결론은 아니다.[110)]

8) 선소우의 <명대 척계광 ≪권경·첩요편≫ 번역과 해석>[111)]

선소우(沈壽)는 저명한 태극권가로 오랜 수련 경험을 바탕으로 고전무예 이론에 대해서 천착해왔다. 그는 ≪태극권법연구≫(1984)에 실린 <명대 척계광 ≪권경·첩요편≫ 번역과 해석>에서 <권경첩요편>의 전반부에 대한 역주와 해석을 시도하고 있다. 아쉽게도 삼십이세 가결에 대한 역주와 해석은 빠져 있다.

그는 ≪권경·첩요편≫으로 '권경'과 '첩요' 사이에 중간점을 넣어서 표기하고 있는데, 이렇게 할 경우 ≪권경≫의 <첩요편>으로 오해될 소지가 있다. 하나의 편명이기 때문에 '권경'과 '첩요' 사이에 중간점을 넣어서는 안 된다.[112)] 아울러 온가(溫家)를 온주파(溫州派)라고 하는 등 자의적인 해석이 많다. 문헌 연구에서 요구되는 객관성과 엄밀성을 보여주지는 못하고 있다.

---

110) 鄭少康, ≪紀效新書拳經考≫(上海體育學院博士學位論文, 2007), 9-10쪽.

111) 沈壽, <明代戚繼光 ≪拳經·捷要篇≫ 今譯與解析> ≪太極拳法研究≫(福州: 福建人民出版社, 1984).

112) 탕하오 역시 권경을 메인으로 그 하위에 '첩요편(捷要篇)'과 '도세(圖勢)'로 구분을 하고 있다. 그런데 ≪기효신서≫ 전체로 보면 이 <권경첩요편> 전체가 하나의 편명이기 때문에 <권경>과 <첩요편>으로 나누어 중간에 방점을 찍는 것은 적절하지 않다.

9) 마밍다의 <척계광 ≪권경≫ 탐론>[113)]

마밍다(馬明達)는 통비권을 익힌 무예인이며 동시에 사학을 전공한 역사학자이기도 하다. 그는 <척계광 ≪권경≫ 탐론>에서 앞에서 언급한 선소우의 견해에 비판을 가하고 있다. 한문은 구두, 즉 어떻게 끊어 읽느냐에 따라 그 의미가 달라진다. 마밍다는 선소우의 방식과는 다르게, 그리고 오늘날 널리 통용되는 방식과도 다르게 끊어 읽기를 시도하고 있다. 하지만 그가 주장하는 구두 방식 역시 비판의 여지가 있다. 무엇보다 억지로 끊어 읽는 듯하는 데서 오는 생경함을 떨쳐내기 힘들다.[114)]

10) 지앙바이롱·린신하이의 ≪명청무술고적권학논석≫[115)]

지앙바이롱(江百龍)과 린신하이(林鑫海)의 ≪명청무술고적권학논석≫은 전통적인 권법 이론에 대한 종합적인 분석을 시도하고 있다. 전래되는 고문헌을 무예 매뉴얼이라는 관점에서 접근하고 있다. ≪기효신서≫뿐 아니라 ≪무편≫과 ≪권경권법비요≫, ≪장씨무기서≫의 권법 이론들을 함께 다루고 있다. 현대 중국의 관점을 읽을 수 있다.

---

113) 馬明達, <戚繼光 ≪拳經≫探論> ≪說劍叢稿≫(北京: 中華書局, 2007).

114) 보다 자세한 내용은 본서 제2부 역주편 175-177쪽 참조.

115) 江百龍·林鑫海, ≪明清武術古籍拳學論析≫(北京: 人民體育出版社, 2008).

11) 츠엉사오캉의 ≪기효신서권경고(紀效新書拳經考)≫[116]

≪기효신서≫<권경첩요편>을 주제로 한 박사학위 논문이다. <권경첩요편>에 관한 현재까지 나온 연구 가운데 가장 광범위한 자료 수집과 정치한 분석을 보여주는 수작이다. 실제 무술인이기도 한 츠엉사오캉은 교감학, 음운학, 시학, 훈고학, 문헌학, 현지조사, 비교분석, 무술 동작 분석, 전문가 면담과 같은 다양한 연구 방법론을 동원해 논의를 전개시키고 있다.

중국 내에 현존하는 거의 모든 ≪기효신서≫의 판본을 수집해서 비교 분석을 한 그의 노력은 치하할 만하다. 아울러 중국 내 현존하는 가장 오래된 판본인 융경본 ≪기효신서≫의 발굴 역시 그의 공로로 기억되어야만 한다.[117]

12) 카사오 쿄오우지의 <권경 32세의 분석>[118]

카사오 쿄오우지의 <권경 32세의 분석 - 고류 중국 권법의 바로메타>는 <권경첩요편>에 대한 일본어권에서 이루어진 대표적인 분석 작업 가운데 하나이다. 카사오는 실제 무술인으로 32세의 무술적인 의미를 살리는 데 초점을 맞추고 있으며, 태극권과의 관련성에 주목

---

116) 鄭少康, ≪紀效新書拳經考≫(上海體育學院博士學位論文, 2007). 나는 이 논문을 이 책의 집필이 거의 마무리되는 단계에서 입수할 수 있었다. 저자인 츠엉사오캉과는 일면식도 없는 사이이다. 하지만 고군분투해서 찾아낸 상당 부분을 그 역시 다루고 있다는 사실에서 나는 학문의 끝이 서로 통할 수 있는 가능성을 보았다. 서로 다른 길을 택했지만 결국 같은 목적지에서 조우한 느낌이다. 현대 중국어와 한문을 읽을 수 있다면 그의 박사학위 논문에서 많은 계발을 얻을 수 있을 것이다. 나 역시 이 논문을 참고해서 이 책을 전반적으로 재검토할 수 있었다. 일독을 권한다.

117) 이 판본에 대해서는 본서의 제3장 표준화: 그림과 가결, 비교를 참조하기 바란다.

118) 笠尾恭二, ≪中國武術史大觀≫(東京: 福昌堂, 1994).

을 하고 있다. 번역에 애를 쓴 흔적이 엿보인다.

13) 오오츠카 타다히코의 <송태조 32세 장권(長拳) 분석>[119]

오오츠카 타다히코(大塚忠彦)는 카라테와 태극권을 수련한 무예인으로 <권경첩요편> 32세에 대한 실기 해제에 주안점을 두고 있다. 무예인으로 실천적인 노력은 돋보이지만 전반적으로 그의 작업에 동의하기는 힘들다. 특히 삼십이세의 그림을 모두 정지된 형태의 시작 자세로 보고 있는 부분은 가결의 원의에 부합하지 않는다.

14) 클리포드 가이브스의 ≪척계광 장군 <권경첩요편>의 영어 번역≫[120]

클리포드 가이브스(Clifford M. Gyves)가 제출한 애리조나대학교 동아시아학과의 석사학위 논문이다. <권경첩요편> 전체에 대한 번역에 초점을 맞추고 있다. 그의 삼십이세의 해석은 태극권의 관점이 많이 반영되어 있다. 아무래도 영어권에서 참조할 수 있는 자료가 상대적으로 태극권에 집중되어 있다 보니 어쩔 수 없는 부분이기도 하다. 번역의 수준을 논하기 이전에 번역은 늘 다시 번역되어야만 한다는 사실을 지적하고자 한다. 이전의 성과 위에서 더 나은 번역이 나올 가능성이 높다는 건 자명하다. 이제 막 고전무예에 대한 관심을 보이고 있는 한국의 무예학계의 분발을 촉구한다.

---

119) 大塚忠彦, ≪中國, 琉球武藝志≫(東京: ベースボール・マガジン社, 1998).

120) Clifford Michael Gyves, ***An English Translation of General Qi Jiguang's "Quanjing Jieyao Pian" (Chapter on the Fist Canon and the Essentials of Nimbleness) from the Jixiao Xinshu***. Master's degree thesis(Tucson: The University of Arizona, 1993).

15) 더글라스 와일의 <척계광의 권경첩요편>[121)]

더글라스 와일(Douglas Wile)은 중국 문학을 전공한 학자이며 동시에 태극권 수련자이기도 하다. 와일은 자신의 수련 경험을 공부와 연결시켰다. 그의 ≪태극권의 선조들(T'aichi Ancestors)≫은 제목에서 보이듯 현대 태극권을 염두에 두고 고전 권법에 접근하고 있다. 무술적인 관점이 배어 있다는 점에서 장점이기도 하지만 태극권에 한정된 인식을 보인다는 점에서 한계도 함께 가지고 있다. 아울러 판본에 대한 검토나 교감, 구두 등과 같은 세부적인 내용은 직접적으로 언급되고 있지 않다. 일반 독자들, 특히 서구권의 독자들을 대상으로 한 책자이기 때문에 깊이 다룰 여지가 없었을 것이다. 교감 작업을 했다면 좀 더 정치한 번역을 할 수 있었을 것이라는 점에서 아쉬움이 남는다.[122)] 그럼에도 불구하고 와일의 번역은 척계광의 <권경첩요편>을 서구권에 널리 알리는 데 크게 기여를 했다. 하지만 그의 공로와는 별개로 번역에 동의하지 않는 부분이 있다. 특히, 네 개의 구로 이루어진 가결에서 두 번째 구를 대체로 상대의 공격으로 해석을 하고 있는데 실제로는 이런 구조가 늘 성립하는 건 아니다.

현재까지 이루어진 이러한 번역이나 주석 작업은 늘 그렇듯이 공

121) Douglas Wile. ***T'ai Chi's Ancestors***(New City: Sweet Ch'i Press, 1999) 제2장 Ch'i Chi-kuang's ≪Essentials of the Classic of Pugilism≫. 참고로 여기서 "Ch'i Chi-kuang"은 척계광의 웨이드-자일표기법이다. 한어 병음 방안으로는 "Qi Ji-guang"으로 표기된다. 서구의 동양학 관련 자료를 읽기 위해서는 이렇게 서로 다른 표기법에 익숙해질 필요가 있다.

122) 더글라스 와일의 또 다른 저서로 ≪만청시기의 잃어버린 태극권경들(Lost T'ai-Ch'I Classics from the Late Ch'ing Dynasty)≫이 있다. 정치한 분석과 해석이 돋보이는 수작이다. 관심 있는 독자들의 일독을 권한다. Douglas Wile, ***Lost T'ai Ch'i Classics from the Late Ch'ing Dynast***(Albany: State University of New York Press(SUNY), 1996).

과를 함께 가지고 있다. 번역자의 관점에 따라 달리 해석될 여지가 있다는 점을 감안하더라도 받아들이기 힘들 정도의 오류나 오역도 상당수 발견된다. 16세기 중반의 언어 습관을 반영하는 한문(Classical Chinese)에다 전통적인 무예 이론이 어우러져 있는 텍스트가 가지는 난해함으로 인해 생길 수밖에 없는 문제라고 할 수 있다.

그렇지만 권법 32세의 해석에서 맞닥뜨리는 가장 큰 어려움은 무엇보다 이들이 실제 기법에 대한 설명이라는 데 있다. 따라서 한문 해석이 구체적인 기술이나 몸의 움직임에 직접적으로 연결되지 못한다면 공허해질 수밖에 없다. 권법 32세를 현대의 태극권과 비교해 이해하고자 하는 방법론 역시 이러한 한계를 극복하기 위한 시도라고 할 수 있을 것이다. 특히 양자 사이에 공통된 세명이 존재한다는 것은 어떤 식으로든 기술적인 연관성이 있을 가능성도 배제할 수 없게 한다. 하지만 태극권을 문서화하는 작업은 상당히 후대에 와서 이루어지기 시작했기 때문에 단선적으로 연결 짓기에는 무리가 있다. 설사 세명이 같은 세들이 존재한다고 해서 그것이 곧바로 양자의 직접적인 관련성을 입증하는 건 아니다. 왜냐하면 이미 태극권의 투로 안에서 용해되어 본래의 의미가 태극권화하거나 희석되었을 가능성도 배제할 수 없기 때문이다. 따라서 <권경첩요편>의 세와 태극권을 대조하는 작업에는 세심한 주의가 필요하다.

이런 현실에서 조선의 무예서들에 주목할 필요가 있다. ≪무예제보번역속집≫(1610)과 ≪무예도보통지≫(1790)의 권법은 ≪기효신서≫의 각 세들이 실제적으로 어떻게 연결되어 구성되는지를 구체적으로 보여준다. 이들은 모두 ≪기효신서≫와 가까운 시기 군사 전통을 공유하는 문화적 풍토 안에서 편찬되었다. 태극권보다 ≪기효신서≫ 권법의 원래 모습에 가깝다고 할 수 있다. 따라서 ≪기효신서≫ 당시의 생동감을 간직하고 있다고 할 수 있다. 이들 자료를 바탕으로 역으로 ≪기효신서≫의 가결의 의미를 추적해나가는 것도 권법 32세를 이해하는 중요한 방법론이 된다.[123]

〈권경첩요편〉의 가결은 어떻게 구성되어 있나

척계광의 가결은 고체시(古體詩)에 해당한다. 고체시는 고시(古詩)라고도 하며 양한이나 위진남북조 시기에 지어진 시들을 가리킨다. 반면, 당대(唐代) 이후 발전한 시는 근체시라고 한다. 하지만 근체시의 등장 이후에도 근체시의 규격에 부합하지 않는 시들이 지어졌는데, 율격과 압운, 측성 등이 근체시에 비해 엄격하게 지켜지지 않은 시 역시 고체시로 부른다.[124]

32세의 가결은 고체시이면서, 네 구를 한 수로 삼는 절구시(絶句詩), 그리고 매 구의 글자 수가 같지 않다는 점에서 잡언고시(雜言古詩)에 해당한다. 전체적으로는 대략 26자 내외로 구성되어 있으며, 많은 경우 28자, 적은 경우 26자이다. 각 구는 대체로 7자로 구성되어 있으며, 4·3조 혹은 3·4조의 운율을 따른다. 하지만 6자로 구성된 구도 있으므로 정형화된 형식이 꼭 지켜지는 것은 아니다. 절

123) ≪무예제보번역속집≫과 ≪무예도보통지≫의 권법을 통해 <권경첩요편>의 각 세의 의미를 좀 더 명확히 알 수 있고, 역으로 <권경첩요편>을 통해 ≪무예제보번역속집≫과 ≪무예도보통지≫의 권법을 깊이 있게 이해할 수 있다. 양자는 상호보완적이라고 할 수 있다.

124) 한국민족문화대백과사전편찬부, ≪한국민족문화대백과사전≫ (성남: 한국정신문화연구원, 1994)), 2권, '古詩' 항목 참조.

구시의 율격은 두 가지 중요한 특징을 가지고 있다. 하나는 압운을 사용한다는 것이고, 다른 하나는 매 구 가운데 평성자(平聲字)와 측성자(仄聲字)가 배열되어 구와 구가 일정한 규칙 속에서 배열된다는 점이다.[125]

물론 그의 시적 재능이 마음 깊은 심연의 감수성을 자연스러운 언어를 사용해 드러내거나 아니면 강한 운율의 반복에 의해 의미를 전달하는 수준에 이른 것은 아니었다. 장해붕은 일찍이 ≪기효신서≫를 평가하기를 "그 글은 편하게 구어를 사용해 병사들이 듣고 쉽게 이해할 수 있도록 하였으며 문장을 다듬는 수고를 하지 않았다"[126]고 하였다. 완곡한 표현이기는 하지만 병사들이 알아보기 쉽게 편한 구어체로 쓰여졌지만 문장이 그렇게 빼어난 것은 아니라는 말이다. 물론 우리의 관심은 척계광이 얼마나 문학성이 뛰어났는가를 밝히는 데 있지 않다. 그가 ≪기효신서≫를 통해서 추구했던 것은 실리였다. 실용서는 실용서로서의 목적을 달성하면 된다.

권법 가결은 무술적인 관점에서 보면 실용적인 그러면서 정형화된 패턴을 유지하고 있다. 대체로 첫 번째 구는 세명으로 시작해 기술적인 특징을, 두 번째 구는 각 세의 변화, 세 번째 구는 이어지는 변화와 가상으로 설정한 상대의 반격, 마지막 네 번째 구는 상대의 반격에 대한 해법과 승리하게 되는 이치를 담고 있다.[127]

다음 몇 가지의 예를 통해 권법 가결의 구조를 살펴보기로 한다.

125) 鄭少康, ≪紀效新書拳經考≫(上海體育學院博士學位論文, 2007), 82쪽.
126) 曹文明・呂穎慧 校釋, ≪紀效新書≫(18卷本)(北京: 中華書局, 2001), 363쪽.
127) 江百龍・林鑫海, ≪明淸武術古籍拳學論析≫(北京: 人民體育出版社, 2008), 76쪽.

먼저 현각세(懸脚勢)의 가결이다.[128)]

1) 현각세는 거짓 미끼로 상대가 멋모르고 들어오게 해
2) 이환퇴로 공격하니 결코 경솔함을 놓치지 않는구나.
3) 뒤쫓아 들어가 일장을 가하면 눈앞에 별이 가득하니
4) 어느 누가 감히 다시 와서 승부를 겨루고자 하겠는가?[129)]

첫 번째 구는 현각세라는 자세의 명칭과 세의 특징, 즉 거짓 미끼(여기서는 나의 허점을 일부러 보여주거나 상대를 놀라게 하는 발차기로 허초(虛招)에 해당함)로 상대가 들어오도록 유인하는 자세임을 나타내고 있다. 두 번째 구는 상대가 들어올 경우 어떻게 세가 변화되는지를 나타내고 있는데, 두 발을 연속으로 바꿔 차는 이환퇴(二換腿)로 변화된다는 것을 보여준다. 세 번째 구는 이환퇴 공격 후 상대를

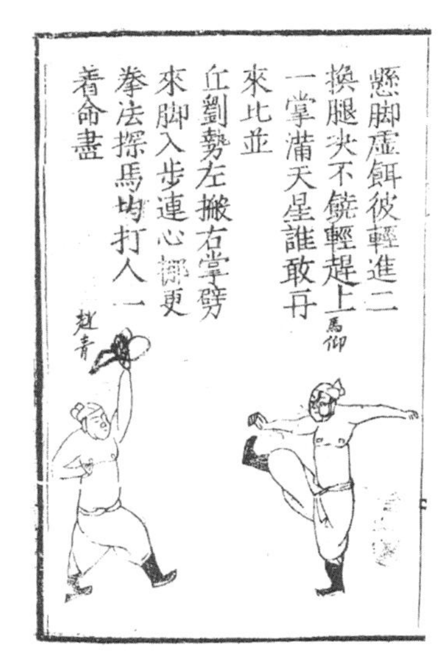

<그림 16> 현각세(오른편 자세)
(융경본 ≪기효신서≫)

뒤따라 들어가며 장(掌)으로 공격하여 마무리하는 것으로 이어지는

---

128) 원래 권법 가결에는 세명이 따로 명시되어 있지 않다. 하지만 가결 첫머리가 세명으로 시작하고 있다는 사실은 명백하기 때문에 첫 구절에서 세명을 취한다. 이 경우 매복세, 하삽세, 요단편세, 일조편세, 금계독립세, 안시측신세 등 대개 세 글자에서 다섯 글자 내외로 불린다. 전통적으로 '현각허이세'라고 불려왔지만 우리말로 옮길 때 운율을 맞추기 위해서 '현각세'로 표기하였다. 마찬가지로 '금계독립세'는 '금계세', '안시측신세'는 '안시세'로 표기했다. 보다 자세한 내용은 본서의 제2부 역주편을 참고하기 바란다.

129) 懸脚虛餌彼輕進, 二換腿決不饒輕. 趕上一掌滿天星, 誰敢再來比並.

세의 변화를 묘사하고 있다. 마지막 구는 반어법을 사용해 승리를 하게 된다는 점을 강조하고 있다.

이와 같은 구조적인 유사성은 다음의 복호세의 가결에서도 발견된다.[130]

1) 복호세는 비스듬히 향해 서서 발을 희롱하는 자세니
2) 상대가 들어오며 공격하면 나는 앞으로 막아내는구나.
3) 상대를 살펴보아 서 있는 자세가 굳건하지 못하면
4) 뒤로 쓸어 차니 상대는 틀림없이 넘어지고 마느니라.

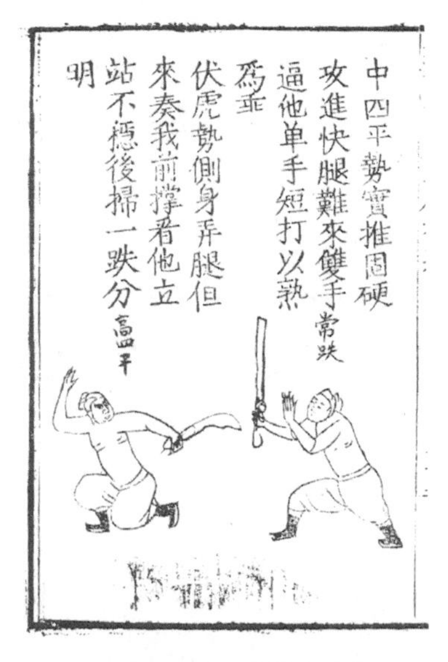

<그림 17> 복호세(왼편 자세)
(융경본 ≪기효신서≫)

첫 번째 구는 복호세가 측면으로 상대를 향해 서서 발을 놀리는 자세라는 전체적인 특징을 묘사하고 있다. 두 번째 구는 상대의 가상 공격 혹은 움직임, 그리고 세 번째 구는 상대가 들어올 경우 이에 대한 변화를 나타내고 있다. 네 번째 구는 상대를 공격해 승리를 취하는 방법을 설명하고 있다. 현각세와 복호세 두 가결만을 예로 들었지만 이러한 구

130) 伏虎勢側身弄腿, 但來奏我前撐. 看他立站不穩, 後掃一跌分明.

조는 32세 전체에 걸쳐 대체로 일관성을 띠고 있다.

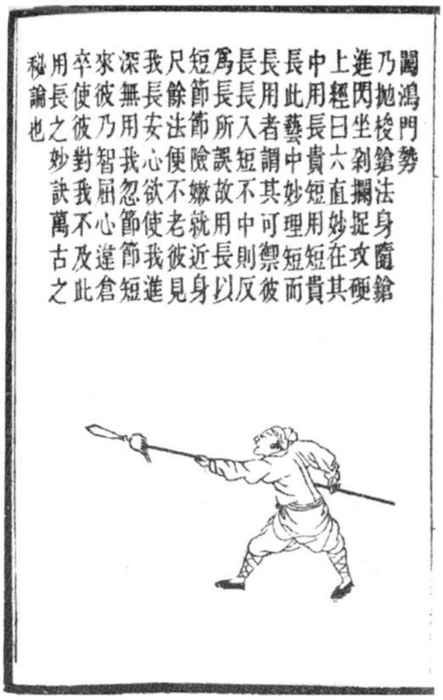

≪기효신서≫에 수록된 다른 무예들은 권법의 가결과는 차이가 있다. 예를 들면, 장창은 가결의 구조에서 어떤 정형화된 패턴을 찾기 힘들 정도로 일관성이 결여되어 있다. 가결을 구성하고 있는 글자 수에서도 기복이 심하다. 창룡파미세의 경우 22자로 이루어져 있는 반면 틈홍문세는 124자나 된다. 등패의 경우도 선인지로세는 20자이지만 매복세는 30자로 글자 수에서 출입이 큰 편이다. 가결의 내용 구성에서도 차이가 있는데, 상대의 움직임이나 공격을 전제로 해서 설명한 가결들도 있지만 단순히 각 세의 기법만을 설명하고 있는 가결도 있다. 다음은 장창의 십면매복세이다.

<그림 18> 틈홍문세
(학진탐원본 ≪기효신서≫)

1) 십면매복세는 곧 하평창법이니
2) 문호는 상평보다 훨씬 견고하게 닫혀 있구나.
3) 민첩함과 교묘함은 중평에 버금가니
4) 이 세에 정통하면 여러 세를 굴복시킬 수 있느니라.[131]

131) 十面埋伏勢乃下平槍法, 門戶緊於上平. 機巧不亞中式, 精於此者諸勢可降. 戚繼光撰, 曹文明・呂穎慧 校釋, ≪紀效新書≫(18卷本)(北京: 中華書局, 2001), 167쪽.

<그림 19> 십면매복세 (학진탐원본 ≪기효신서≫)

첫 번째 구에서 십면매복세가 하평창법(下平槍法)이라는 것, 그리고 두 번째 구와 세 번째 구에서는 십면매복세를 상평창이나 중평창에 비교해 설명하고 있으며, 네 번째 구에서 십면매복세가 매우 중요한 자세라는 것을 강조하고 있다. 상평창과 중평창을 알고 있다면 거기에 준해서 하평창법인 십면매복세를 이해할 수는 있을 것이다. 하지만 이 가결만으로는 십면매복세가 상대의 가상 공격에 대해서 어떻게 실제로 적용될 것인지를 직접적으로 알아내기는 힘들다.

다음은 등패의 곤패세 가결이다.

1) 곤패세는 상대의 세에 따라 내달아 들어가니
2) 상대의 오른편을 급습하여 들어가느니라.
3) 먼저 칼이 나아가고 뒤에 패가 따라가니
4) 바람처럼 빠르게 움직이는 게 비결이니라.[132]

첫 번째 구는 곤패세의 전체적인 특징을 언급하고 있다. 상대의

132) 此勢隨滾進, 以襲人之右. 先進刀後進牌, 疾速如風爲妙. 戚繼光撰, 曹文明・呂穎慧 校釋, ≪紀效新書≫(18卷本)(北京: 中華書局, 2001), 176쪽.

움직임에 따라 들어가며 공격하는 자세라는 것을 묘사하고 있다. 두 번째 구에서 상대의 오른편을 급습한다는 설명, 그리고 세 번째 구에서 칼을 앞세우고 패를 뒤로 돌려 나아간다는 기술적인 적용법, 마지막 네 번째 구에서 빠른 속도로 움직이며 기술을 구사해야 한다는 점을 강조하고 있다. 여기에서도 곤패세 그 자체의 기술적인 특징이나 적용에만 초점을 두고 있을 뿐 상대의 가상 공격에 대한 언급은 빠져 있다.

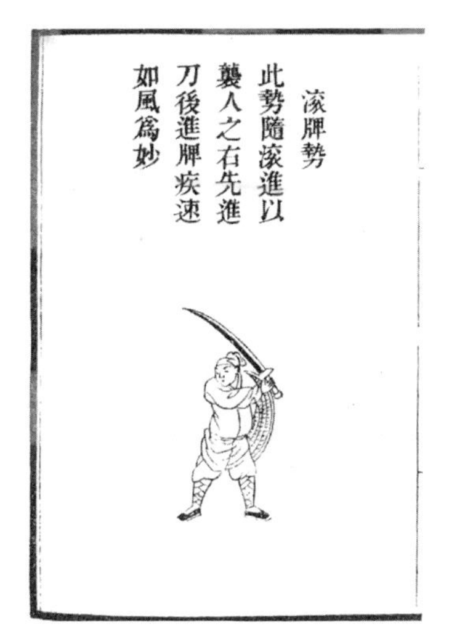

<그림 20> 곤패세 (학진탐원본 ≪기효신서≫)

이러한 예들을 통해 권법의 가결이 ≪기효신서≫에 있는 다른 무예들의 가결보다 그 구조나 내용 면에서 일관된 체계를 가지고 있음을 알 수 있다. 아울러 상대의 가상 공격을 설정해 구체적으로 어떻게 응용되는가를 묘사하고 있다는 점에서 권법 가결의 실용적인 면모도 읽을 수 있다.

완전번역을 향하여

완전번역은 번역의 종착지라고 할 수 있다. 원전의 언어를 시간과 공간을 넘어 오늘날 통용되고 있는, 누구에게나 의미 전달이 가능한 일상언어, 즉 보편적 언어로의 전환이 완전번역이다. 16세기 중반 중국을 배경으로 이루어진 글을 21세기의 오늘을 사는 한국인이면 누구나 이해할 수 있는 일상언어, 보편적 언어로 전환하는 것이 본서의 목표다.

영구번역은 바로 완전번역에 이르기 위한 방법론에 해당한다. 영구번역은 계속 새롭게 번역되고, 끊임 없이 번역되는 걸 말한다. 번역이 이루어지는 시간과 공간에 속한 독자는 바뀌게 마련이다. 그 만큼 그에 상응해 새로운 번역이 이루어져야만 한다. 50년 전 번역이 당대의 독자들에게는 쉽게 읽혔을지 몰라도 오늘의 독자에게는 그 만큼 수월하게 읽히지 않을 공산이 크다. 따라서 오늘의 독자의 수준에 상응하게 다시 번역되어야 한다.[133)]

그러므로 엄밀한 의미에서 완전번역은 존재하지 않는다. 의미의 옮김이 다다라야 할 이상적인 상태일 뿐 거기에 도달하고자 하는 치열한 과정, 즉 번역함만이 있을 뿐이다. 나의 번역 역시 그러한 과정의 하나이다. 기존 번역과 해석이 나의 작업을 좀 더 정치하게 하는 데 도움이 되었듯이 나의 작업 역시 후발 주자에게 그렇게 받아들여질 수 있기를 바란다.

기존 번역의 오류는 최대한 바로 잡았으며, 원의를 우리말로 옮기기 위해 노력했다. 이 과정에서 기존에 전혀 알려지지 않았던 내용들을 발굴하기도 했다. 글을 쓰면서 보람을 느꼈던 부분이면서 동시에 아직 밝히지 못한 부분이나 미진한 내용들은 수정 보완해야 한다는 부담을 가지게 되었다. 현재 이해하고 있는 수준을 최대한 객관

---

133) 김용옥, ≪동양학 어떻게 할 것인가≫(서울: 통나무, 1988(1986)), 130-134쪽.

적으로 드러냄으로써 나의 번역의 공과, 허실, 정오를 분명하게 확인할 수 있도록 했다.

아울러 권법 각 세가 가지는 기술적 함의와 응용에 대해서는 본격적으로 다루지 않았다는 점을 밝힌다. 무예서의 번역과 해제에 실기에 대한 구체적인 설명이 빠진다면 그 내용이 공허해질 수밖에 없을 것이다. 다만 본서는 역주와 해제라는 문헌적인 이해에 초점을 맞추고 있기 때문에 어느 정도 이론적인 접근으로 범위를 제한했다. 실기에 대한 직접적인 해제는 별도의 저서를 통해서 다룰 계획이다.

자, 그럼, 본격적으로 <권경첩요편>의 역주편으로 들어가보자.

Part 2

〈권경첩요편〉 역주

현재를 읽는 능동적 과거 해석

〈권경첩요편〉은 크게 전반부와 후반부로 나뉜다. 전반부는 권법의 교육적 가치, 권법의 이론적 특징, 척계광 이전과 척계광 당대의 권법 유파에 대한 기록, 겸이습지의 이론, 실전과 담력의 중요성 등 권법 이론을, 후반부는 권법의 실기를 32가지로 정리해 그림과 가결을 사용하여 설명하고 있다.

05

〈권경첩요편〉 번역

번역에 사용된 저본

번역의 저본으로는 상하이시립도서관에 소장된 명대 융경 연간(1567～1572)에 편찬된 융경본 ≪기효신서≫를 사용했다.[1] 융경본은 현재 타이완국립도서관, 상하이시립도서관, 미국의회도서관 세 군데 남아 있는 것으로 알려져 있다.[2] 타이완국립도서관 소장본은 이미 척계광 시리즈의 하나로 일반에 공개된 상태이다(<표 11> 참조).

참조본으로는 척계광연구총서의 하나로 출간된 18권 본 ≪기효신서≫(曹文明, 呂穎慧 校釋, 2001)를 사용했다.[3] 타이완국립도서관

---

1) 이 판본은 중국 내 현존하는 가장 오래된 판본이면서 세의 누락이 없이 모두 갖춰진 판본이다. 본서를 통해 국내에는 최초로 소개된다. 자료의 복사를 도와준 상하이시립도서관 고문서자료실의 관계자분들께 다시 한번 감사를 드린다. 아울러 이 판본은 오래전에 이미 군데군데 누군가 글을 써 넣거나 그림에도 가필을 한 흔적이 있다는 점도 밝혀둔다. 원본에 훼손이 있기는 하지만 그렇다고 해서 고(古) 판본이 가지는 매력이 반감되지는 않는다. 대조본이나 참고본을 통해 부족한 부분은 충분히 메워질 수 있을 것이다.

2) 미국의회도서관 소장본은 일반에 공개되지 않고 있다. 2018년 5월 현재 디지털화 작업을 진행 중이라고 하는데, 그리 멀지 않은 시기에 일반인들도 손쉽게 이용할 수 있길 바란다.

3) 참고로 이 점교본 ≪기효신서≫(曹文明, 呂穎慧 校釋, 2001)의 <권경첩요편>의 32세는

소장 융경본 ≪기효신서≫를 바탕으로 ≪문연각사고전서≫, 장해붕 각조광각본, 도광 21년 본, 만력 16년 14권 본 등을 대조해서 점교를 했기 때문에 보기 편하다. 아울러 마밍다의 점교본[4]과 성똥링의 점교본[5]도 참고했다. 국내의 판본으로는 서울대학교 규장각한국학연구원 소장 목판본 18권 7책의 조선본과 장서각 소장본을 참조했다. ≪무비지≫와 ≪삼재도회≫, ≪문연각사고전서≫, 학진탐원본(學津探原本)[6] 역시 대조본으로 사용했다(<표 11> 참조).

권법 32세 가결은 융경본 ≪기효신서≫를 기준으로 분석을 하되, ≪삼재도회≫, 조선본, 학진탐원본을 함께 배열해 판본 간의 차이를 볼 수 있도록 했다. 현대적으로 조판된 ≪기효신서≫가 보여주지 못하는 고본(古本)의 맛을 느낄 수 있을 것이다. 번역 과정에서 별도로 점교가 필요하거나 판본 간 중요한 차이를 강조해야 할 경우 등 필요하면 이를 내용에 포함시켰다.

<표 11> ≪기효신서≫ 번역에 사용된 저본

저본	대조본	참조본
≪기효신서≫ (융경본)	≪삼재도회≫ ≪기효신서≫(조선본) ≪무비지≫(중국병서집성본) ≪기효신서≫(학진탐원본) ≪문연각사고전서≫본	차오원밍(曹文明), 뤼잉후에이(呂穎慧) 교석본 마밍다(馬明達) 점교본 성똥링(盛冬鈴) 점교본 규장각 소장본 장서각 소장본

배열 순서가 상하이시립도서관 소장 융경본과는 다소 차이가 있다. 이 차이가 타이완국립도서관 소장 융경본을 따랐기 때문에 생긴 것인지 아니면 현대적인 조판 과정에서 생긴 오류인지에 대해서는 직접 확인을 못했다.

4) 馬明達 點校, ≪紀效新書≫(北京: 人民體育出版社, 1988).

5) 盛冬鈴 點校, ≪紀效新書≫(北京: 中華書局, 1996).

6) 학진탐원본은 ≪중국병서집성≫ 제18권에 포함되어 있다. 청나라 가경 연간 장해붕이 집간한 조광각본(1804)을 영인한 것이다. 조광각본은 주세선본을 바탕으로 하고 있다. 학진탐원본의 <권경첩요편>에는 8세가 누락되어 24세만 수록되어 있다.

〈권경첩요편〉 역주

먼저 원문을 제시하고 다음 번역과 주해를 했다. 원문은 표점을 달아 한문을 직접 읽고자 하는 독자들의 편의를 도모했다. 주해에는 번역과 해석에 관련해 필요한 점교, 주석 등을 포함시켰으며, 기법에 대한 설명은 원문을 이해하기 위한 범위 내로 한정했다.[7] 원문의 단락은 논의의 편의를 위해 필자가 임의로 나누었다.

원문

拳經捷要篇 第十四

此藝不甚預於兵, 能有餘力, 則亦武門所當習. 但衆之不能強者, 亦聽其所便耳. 於是以此爲諸篇之末第十四.

번역

<권경첩요편> 제14

이 기예는 전쟁과는 크게 관련이 없으나 여력(餘力)이 있다면 무문(武門)에서 마땅히 익혀야만 한다. 하지만 병사들에게 강제로 시킬 수는 없으며 군진의 형편에 따라야 한다. 그러므로 이 장을 여러 무예편의 마지막인 제14로 실었다.

주해

이 부분은 몇 줄 안 되지만 각각의 단어와 이 단어가 문맥에서 가

7) 실제 기술의 세부적인 분석이나 직접적인 응용에 대해서는 별도의 저작을 통해서 다룰 계획이다. ≪고대 권법의 실제: ≪기효신서≫<권경첩요> 실기 해제≫(가제)라는 타이틀로 출판될 예정이다.

지는 의미를 어떻게 취할 것인가에 따라 해석이 달라질 수 있다.[8] 권법이 무예에서 혹은 군중에서 차지하는 비중과 어떤 계층을 염두에 두고 있는지를 고려해야만 이 도입부의 취지가 정확하게 드러난다.

일단 '여력(餘力)'과 '무문(武門)' 두 단어를 주목할 필요가 있다. 여기서 여력은 그 용례가 ≪논어≫에까지 거슬러 올라간다. "덕행을 닦고 난 이후에 여력이 있으면 글을 배워야 한다"[9]는 표현에서 볼 수 있듯이 '여력'은 시급한 일에 먼저 힘을 쏟고 난 이후에 남는 힘이란 뉘앙스를 가지고 있다. 오늘날 한국어법에 남아 있는 것처럼 무슨 일을 하고 남는 힘이나 시간, 즉 여가에 가까운 말이다. 권법은 시급히 익혀야 할 기예가 아니라 여력, 여유가 있을 때 하는 훈련이었던 것이다.

바로 다음에 나오는 '무문'은 원래 무예를 전문으로 하는 집단을 가리키는 말이다. 여기서는 군대내의 대소장령의 리더들, 즉 사병들에 비해 무예를 보다 전문적으로 익히고 알아야 하는 전문 집단(계층)을

---

8) 다른 해석1: "이 기예는 군사 무기(military weapons)와는 전혀 관련이 없지만 뛰어난 힘(excess strength, 餘力)을 얻기 위해서 군문(軍門)에 있는 사람들 또한 익혀야만 하는 것이다. 심지어 병사들 가운데서 허약한 자들도 권법을 배우면 많은 이점을 얻을 수 있다. 그러므로 나는 이 장을 다른 장들의 결론인 권14로 삼는다." Clifford Michael Gyves, ***An English Translation of General Qi Jiguang's "Quanjing Jieyao Pian" (Chapter on the Fist Canon and the Essentials of Nimbleness) from the Jixiao Xinshu***. Master's degree thesis (Tucson: The University of Arizona, 1993), 33쪽.
다른 해석2: "이 기예는 (일반) 병사들과는 크게 관련이 없으며, 여력이 있다면 무문(즉 장령, 군사 리더들)에서는 마땅히 익혀야 하는 것이다. 하지만 강제로 익히게 할 수는 없으며 자율에 맡겨야 한다. 그러므로 이 장을 여러 편의 마지막인 제14편으로 삼는다." 鄭少康, ≪紀效新書拳經考≫(上海體育學院博士學位論文, 2007), 107쪽.
다른 해석3: "맨손 격투 기술은 대규모 전쟁을 다루는 병학과는 거의 관련이 없는 것처럼 보인다. 하지만 사지를 운동시키고, 몸을 단련한다는 관점에서 보면 이것은 최고의 입문에 해당한다. 이런 이유로 병법을 완벽하게 이해하기 위해서 권법을 이 책의 마지막에 포함시킨다. Douglas Wile, ***Lost T'ai Ch'i Classics from the Late Ch'ing Dynasty***(Albany: State University of New York Press, 1996), 18쪽.

9) 子曰: 弟子入則孝, 出則弟, 謹而信, 汎愛衆, 而親仁, 行有餘力, 則以學文. ≪논어≫<학이편(學而篇)>, 1:6. 楊伯峻 譯注, ≪論語譯注≫(北京: 中華書局, 2000(1980 2판)), 4-5쪽.

가리킨다. 따라서 권법은 일반 병사들보다(궁극적으로 그들에게도 필요했겠지만) 이들을 이끄는 리더 그룹에게 요청되는 기예였다.

원문

拳法似無預於大戰之技. 然活動手足, 慣勤肢體, 此爲初學入藝之門也. 故存於後, 以備一家. 學拳要身法活便, 手法便利, 脚法輕固, 進退得宜,腿可飛騰. 而其妙也, 顚番倒揷,而其猛也, 披劈橫拳, 而其快也, 活捉朝天, 而其柔也, 知當斜閃. 故擇其拳之善者, 三十二勢, 勢勢相承, 遇敵制勝, 變化無窮, 微妙莫測, 窈焉冥焉! 人不得而窺者謂之神. 俗云: '拳打不知'是迅雷不及掩耳. 所謂: "不招不架, 只是一下, 犯了招架, 就有十下." 博[10]記廣學, 多算而勝.

번역

권법은 흡사 큰 전쟁과는 관련이 없는 기예처럼 보인다. 하지만 손발을 활발히 움직이고, 지체를 부지런히 단련시키므로 처음 무예를 배우는 사람은 권법에서부터 시작해야 한다. 그러므로 뒤에 실어 일가(一家)로 갖춰 놓는다.

권법을 배움에 신법(身法)은 활발하면서도 편안해야 하며, 수법(手法)은 빠르며 날카로워야 하고, 각법(脚法)은 가벼우면서 안정되어야 하며, 진퇴는 적절해야 하고, 퇴법은 날아오르듯 찰 수 있어야 하느니라. 그 오묘함은 뒤집어 부딪히며 넘어뜨리는 데 있으며, 그 맹렬함은 도끼질 하듯 내리치고 휘둘러 치는 주먹에 있고, 그 빠름

10) 저본으로 사용한 융경본에는 '박(愽)'으로 되어 있다. '박(愽)'은 '박(博)'의 이체자이다.

은 상대를 움켜잡아 꼼짝 못 하게 하는 데 있으며, 그 부드러움은 언제 공격해야 할지 타이밍을 알고 사각(斜角)으로 피하는 데 있느니라. 그러므로 여러 권법 가운데 뛰어난 기법 서른두 세를 선별했으니 세와 세가 서로 연결되면 적을 만나서는 승리를 하고, 변화는 무궁해지며, 미묘함은 예측을 불허하니, 깊고도 오묘하구나! 사람들이 훔쳐보려고 해도 알 수가 없으니 이를 '신묘하다'고 하는 것이다.

세간에서 "주먹으로 치는 것을 알 수가 없다"고 하는데, 이는 천둥이 너무나 순식간에 울려 미처 귀를 막을 겨를조차 없다는 것을 말한다. 이른바 "상대에게 말려들지 않고 곧바로 되받아치면 상대의 공격은 한 번에 그치지만 상대의 허초에 말려들어 방어 동작을 취하면 연이어 열 번의 공격을 받게 된다"는 말과 같다. 널리 배우고 익혀야 여러 가능성을 예측해서 승리할 수 있게 된다.

주해

무예의 일가로 권법이 포함되어야 하는 이유는 바로 권법이 모든 무예의 기본이기 때문이었다. 권법을 익힌다는 것은 신법, 수법, 각법[보법], 진퇴, 퇴법[발차기]을 이해하고 이를 몸의 움직임 속에서 조화롭게 구현하는 것을 의미한다. 수법은 손과 팔꿈치, 어깨를 포괄하는 상지(上肢)의 운용법으로 상대를 얼마나 빠르고 정확하게 가격하느냐는 수법에 달려 있다. 각법은 발에서부터 고관절까지를 포함하는 하지(下肢)의 운용법으로 주로 몸의 이동과 전환을 통해 공간 활용과 그 범위를 확장하는 역할을 맡는다. 따라서 정체되지 않으면서 신속하게 이동할 수 있어야 하며 동시에 몸의 균형을 유지해야 하기 때문에 각법은 가벼우면서도 안정되고 빠르면서도 변화무쌍해야 한다. 특히 하반은 모든 힘의 원천이며 공격의 출발점이라는 점에서 더욱 중요하다. 무언(武諺)에 "발로는 7할을 치고, 손으로는 3할을 친다"는 말이 있는데,[11] 이는 발차기가 7할이라는 말이 아니라 상대를 가격하기 위해서는 상대에게 가까이 다가가야 하며, 동시에 다리에서부터 힘을 방출해야 한다는, 다시 말해 하반의 안정성과 움직임이 그만큼 중요하다는 걸 강조한 말이다. 신법은 몸의 중추가 되는 몸통의 운용법을 가리키는 것으로 웅크리고, 벌리고, 비틀고, 회전하는 등의 움직임을 통해 수법의 운용 폭을 확장하며 아울러 손끝의 착력점까지 힘이 원활하게 전달되도록 하는 작용을 한다. 신법이 활발하면서 편안해야 한다는 말은 바로 몸통의 움직임이 경직되지 않고 자연스러워 앞의 수법[상지]과 각법[하지]을 연결시킬 수 있어야 한다는 말이다. 진퇴가 적절해야 한다는 말은 상대와 겨룰 때 나아가고 물러남이 자기에게 유리한 방향과 거리를 확보하는 방식으로 이루어져야 한다는 것을 의미한다. 퇴법이 '비등(飛騰)'해야 한다는 말은 발을 날아오르듯이 솟구치며 가벼우면서도 탄력 있게 차야 한다는 말이다. 발차기는 손보다 강력한 타격을 가할 수 있기 때문에 격투에서 유용하기는 하지만 손보다 상대적으로 느리기 때문에 이를 상쇄하기 위해서라도 날아오르듯 가벼우면서도 정곡을 찌르듯이 사용할 필요가 있다.

그런데 이 구절은 어떻게 끊어 읽느냐에 따라 해석이 달라지기 때문에 주의할 필요가 있다. 여기서는 '학권(學拳)'에서부터 '퇴가비등

11) 손으로는 삼 푼을 치고 발로는 칠 푼을 치며, 상대를 이기려면 손발이 같이해야 한다(手打三分步打七, 勝人重在手步齊.). 김광석, ≪권법요결≫(서울: 동문선, 1992), 252쪽.

(腿可飛騰)'까지를 하나의 문장으로 보았지만, '진퇴득의(進退得宜)'에서 끊고, '퇴가비등(腿可飛騰)'은 다음 구절과 연결시켜 해석할 수도 있다. 이 경우 전체 문장은 다음과 같이 달라진다.

> "권법을 배움에 신법(身法)은 활발하면서도 편안해야 하며, 수법(手法)은 빠르며 날카로워야 하고, 각법(脚法)은 가벼우면서 안정되어야 하며, 진퇴는 적절해야 한다. 퇴법은 날아오르듯 차는 것이 그 오묘함이며, 몸을 뒤집어 부딪히며 넘어뜨리는 것이 그 맹렬함이고, 도끼질하듯 내리치고 휘둘러 치는 주먹이 그 빠름이며, 상대를 움켜잡아 꼼짝 못 하게 하며 넘어뜨리는 것이 그 부드러움이니라. 언제 공격해야 할지 타이밍을 알고 사각으로 피해야 하느니라(學拳要身法活便, 手法便利, 脚法輕固, 進退得宜. 腿可飛騰, 而其妙也, 顚番倒揷, 而其猛也, 披劈橫拳, 而其快也, 活捉朝天, 而其柔也. 知當斜閃.)."

이런 해석도 무난하기는 하지만 문장 구조상 다소 어색한 점이 있다. 특히 맨 마지막에 '지당사섬(知當斜閃)'만 따로 남아 전체적인 흐름이 끊어진다. 고대 권법에서 퇴법[발차기]이 중시되었기 때문에 '퇴가비등(腿可飛騰)'이 앞이 아니라 뒤의 '이기묘야(而其妙也)'에 연결되어야 하며, '지당사섬(知當斜閃)'의 '당'과 '사섬'에 큰 의미를 부여해 이 구절이 독립적으로 해석되어야 한다고 보기도 한다.[12] 하지만 바로 앞의 '전번도삽', '피벽횡권', '활착조천'과 '지당사섬'은 동일선상에서 논의될 수 있는 개념으로 이 구절만 따로 떼어내어 별도로 강조해야만 할 이유는 충분치 않아 보인다. 오히려 '전번도삽', '피벽

---

12) 馬明達, <戚繼光 ≪拳經≫探論> ≪說劍叢稿≫(北京: 中華書局, 2007), 280-281쪽.

횡권', '활착조천', '지당사섬'의 네 개의 구절은 모두 권법을 꼭 익혀야만 할 이유를 강조/부연하고 있다는 점에서 동일한 비중을 가지고 있는 것으로 봐야 한다.

다만 여기서 주목해야 할 점은 '퇴가비등'이 권법에만 해당하는 독특한 특징이라는 점이다. 이 말은 권법이 모든 무예의 근본이 된다는 사실과 관련지어 이해할 필요가 이다. 권법을 익혀야 하는 이유는 권법 그 자체를 위해서라기보다 다른 병장 무예를 익히기 위한 기본이기 때문이었다. 권법을 익힌다는 건 바로 신법, 수법, 각법, 진퇴, 퇴법을 익히는 것이다. 하지만 이들 요소가 병장 무예에 적용되면 퇴법은 빠질 수밖에 없다. 당시 병사들의 (병장) 무예를 얼마나 잘 하는가를 평가하기 위한 기준에 수법, 보법, 신법, 진퇴만 포함되어 있다는 점은 이를 잘 보여준다.[13)]

척계광은 권법의 특징을 크게 1) 오묘함[妙], 2) 맹렬함[猛], 3) 빠름[快], 4) 부드러움[柔]으로 설명하고 있다.[14)] 이하 각각의 구절별로 자세히 살펴보도록 한다.

---

13) 무예의 평가는 무[舞, 개인 연무]와 대[對, 대련]의 두 가지에 의해서 이루어졌다. 특히 개인 연무의 평가에서는 신법, 수법, 보법, 진퇴를 얼마나 정확하게 구사하는가가 기준이었다. 보다 자세한 내용은 본서 제3장 표준화의 "권법은 모든 무예의 기초"를 참조하기 바란다.

14) 츠엉사오캉은 <권경첩요편> 32세의 기법을 분류해 오묘함, 맹렬함, 빠름, 부드러움의 네 범주에 배속시키고 있다. 나름 의미 있는 시도이기는 하나 이런 분류가 다소 자의적인 판단에 의해 이루어진다는 비판을 받을 수 있다는 점도 지적한다. 츠엉사오캉의 견해는 다음을 참조하기 바란다. 鄭少康, ≪紀效新書拳經考≫(上海體育學院博士學位論文, 2007), 193-195쪽.

1) "이기묘야, 전번도삽(而其妙也, 顚番倒揷)"

'전번도삽(顚番倒揷)'은 조선본 ≪기효신서≫에는 '전번도삽(顚翻倒揷)'으로, 학진탐원본 ≪기효신서≫에는 '전기도삽(顚起倒揷)'으로 다르게 표기되어 있다. '번(番)'은 '번(翻)'과 통한다.[15] '전번'은 뒤집다, 뒤엎다는 말이다. '도삽(倒揷)'은 '거꾸로 찌른다' 더 나아가 상대를 바닥에 '고꾸라뜨린다'는 말이다. 기술적으로는 질법(跌法: 상대를 밀거나 당겨서 넘어뜨리는 법)이나 고법(靠法: 어깨, 팔꿈치 등 신체의 각 부위를 사용해 공격하는 기법)을 가르킨다. 이러한 기술은 그 자체로 독립적으로 사용되기보다 타격과 발차기 등 다른 기법과 어우러져 상황에 따라 변화무쌍하게 적용되기 때문에 그 오묘함이 있다고 한 것이다.

2) "이기맹야, 피벽횡권(而其猛也, 披劈橫拳)"

'피(披)'는 열어 젖힌다, 벗겨낸다는 말이다.[16] '벽(劈)'은 쪼갠다, 내려친다는 말로, 도끼로 내려 찍듯 위에서 아래로 내리치는 공격을 나타낸다. 반면, '횡권'은 좌에서 우로, 혹은 우에서 좌로 옆으로 휘둘러 치는 기법을 가리킨다. 내리치는 공격은 내기를 급격히 아래로 떨구는 침기법(沉氣法)을 사용해 이루어지며 횡권은 허리의 회전을 이용한 신법과 함께 이루어지기 때문에 그 기세가 맹렬하면서도 사납다.

---

15) ≪漢語大字典≫編輯委員會, ≪漢語大字典≫(成都: 四川辭書出版社, 1986-1990), 2543쪽.
16) ≪漢語大字典≫編輯委員會, ≪漢語大字典≫(成都: 四川辭書出版社, 1986-1990), 1861쪽.

3) "이기쾌야, 활착조천(而其快也, 活捉朝天)"

'활착(活捉)'은 손목, 팔꿈치, 어깨와 같은 상대의 관절을 움켜잡는 기법, 즉 나법(拿法)을 가리킨다. '조천(朝天)'은 원래는 위(하늘)를 향한다는 말이지만 여기서는 바닥에 넘어져 위를 보고 드러눕는다는 의미로 꼼짝할 수 없는 상황에 놓인 것을 비유하고 있다. 나법은 상대의 관절이 주된 목표다. 이를 잡아채서 상대를 제압하기 위해서는 타법과 어우러져야만 한다. 상대를 가격하듯 공격해 들어가다 상대가 방어하기 위해 나오는 손을 잡아채거나 반대로 상대를 잡아채려고 할 때 상대가 이를 벗어나기 위해 팔을 잡아 빼는 순간 역으로 상대를 치고 들어간다. 여기서 나법의 관건은 얼마나 빠른가에 달려 있다. 타법에서 나법으로의 변화가 빨라야 상대를 꼼짝 못 하게 만들 수 있다. 여기 빠름은 바로 이 점을 가리킨다.

4) "이기유야, 지당사섬(而其柔也, 知當斜閃)"

여기 '당(當)'은 '박자[拍: 타이밍]'를 말한다. 곤법의 이치를 설명하고 있는 유대유의 ≪검경(劍經)≫에서 온 것이다. 유대유의 가결은 다음과 같이 말한다.[17]

> 상대가 힘을 쓰기 전에는 강하게 공격하고, 상대가 일단 힘을 쓰면 부드럽게 흘리노라.
>
> 상대가 조급해하면 나는 고요히 기다리니, 박자를 알고 싸우는 건 그대에게 맡기노라.

---

17) "剛在他力前, 柔乘他力後. 彼忙我靜待, 知拍任君鬪." 兪大猷, <劍經> ≪續武經總要≫, 中國兵書集成 第17冊(北京: 解放軍出版社・遼沈書社, 1994 영인), 730쪽.

유대유 이론의 핵심은 상대의 힘에 맞서서는 안 되며 상대의 세를 따르고 상대의 힘을 빌리라는 데 있다. 이를 위해서는 구력(舊力)이 막 지나가고 새로운 힘이 나오기 전의 순간을 틈타고 들어가야 한다.[18] 상대를 치는 타이밍[當], 즉 바로 이 순간을 포착해 상대를 가격한다. 척계광이 이를 권법을 설명하는 데 차용한 것이었다.

'사섬(斜閃)'은 '사(斜)'는 비스듬히 사각으로 움직인다는 말이며, '섬(閃)'은 '섬보(閃步)', 즉 상대가 직선으로 공격해 들어올 때 예봉을 피해 옆으로 비켜서는 보법을 가리킨다. 앞의 유대유 가결에서 상대가 힘을 쓰면 부드럽게 흘리라는 구절은 '지당사섬'이 왜 부드러움에 해당하는지를 잘 보여준다.

32세는 이러한 권법의 수련 목적을 달성하기 위한 방법론으로 각 문파의 기법 가운데 뛰어난 것들을 모아놓은 것이다. 각각의 세들은 하나하나가 독립된 기술 단위로 개별적으로 응용이 가능하다. 하지만 하나의 세는 특정 상황에 구체화되어 있기 때문에 범용성에서 제한이 있게 마련이다. 세와 세가 연결됨으로써 보다 다양한 상황에 응용될 수 있다.

'불초불가(不招不架)'는 '초(招)'도 아니고 '가(架)'도 아니라는 말로 '불초가(不招架)'의 강조 어법이다. '초'나 '가'는 모두 무술 용어로 초는 초식, 기법 등을 가리키며 '가'는 들어 막는 방어 동작이나 정해진 규격이나 틀 등을 가리킨다. 일반적으로 공격을 할 때는 거짓 초식, 즉 허수(虛手)를 사용해 상대가 나의 공격에 말려들도록 하고 뒤이어 연속으로 공격하는 방법을 많이 취한다. 만약 이 상황에서

---

18) 최복규, ≪한국의 전통무예 십팔기≫(서울: 이화여자대학교출판부, 2008), 147-148쪽.

초가[방어 동작이나 자세]를 취하게 되면 다음 동작으로의 변화가 둔해져 상대의 연속 공격에 말려들게 된다. 따라서 전체적인 의미는 방어 동작을 취하지 않고 바로 반격을 하게 되면 상대의 공격은 한 번에 그치지만 만약 초가를 취해서 상대의 공격에 말려들게 되면 열 번의 연속 공격을 받게 된다는 것이다. 초(招)나 가(架)를 취하지 않는다는 말은 결국 상대가 공격하면 그 공격에 대한 방어를 하고 다시 맞공격을 하는 순차적인 과정이 아니라 상대의 공격은 공격대로 지나가도록 내버려두고[이를 무술 용어로 낙공(落空)시킨다고 한다] 나는 방어 동작 없이 곧바로 되받아치는 것을 의미한다. 예컨대 창법으로 비유하면, 사평으로 서 있는 상태에서 상대가 나의 다리를 찔러오면 권안과 권밖에 구애되지 말고 즉시 다리를 들었다가 내려놓으며 진보로 상대를 찌르는 것을 말한다.[19] 여기서 상대가 나의 다리를 찌르는 공격을 나의 창으로 방어하게 되면 나의 다음 공격은 그만큼 늦어지게 되며, 오히려 상대의 이차 삼차 연속 공격에 말려들 수 있다. 하지만 발을 들어 상대의 공격을 피하고 곧바로 내려 디디며 반격을 하면 빈틈을 주지 않고 되받아치는 것이므로 그만큼 효과적으로 상대를 공격할 수 있게 된다. 이처럼 방어 동작 없이 곧바로 반격하는 것을 '불초불가'라 한다.

"널리 배우고 익혀야 한다[博記廣學]"는 것은 다양한 기술들을 숙지하고 있어야 한다는 말이다. 일반적으로 무가(武家)에서는 기술을 많이 알고 있는 것보다는 하나라도 정밀하게 익힐 것을 강조한다. "천 초를 펼 수 있다고 하여 두려워하지 말고 한 초가 숙련되어 있

19) 吳殳 著, 孫國中 增訂點校, ≪增訂手臂錄 - 中國槍法眞傳≫(北京: 北京師範大學出版社, 1988), 235쪽.

음을 두려워하라"라는 무언(武諺)은 이러한 생각을 잘 드러내고 있다.[20] 하지만 양자가 비슷한 수준이라고 할 때 상대보다 정밀한 기술을 더 다양하게 구사할 수 있다면 당연히 승리할 가능성이 높다.

이러한 관점은 이미 당순지에 의해서 제기된 바 있다. 그는 기법[技]과 그 응용[用]의 관계를 다음과 같이 설명한다. 무예 기법은 정밀해야 하며 동시에 많이 알고 있어야 한다. 아무리 많은 기술을 구사할 수 있다고 해도 기술의 이해도와 해석력과 같은 질적 수준이 높지 못하다면 수적으로 많음이 실전에서 아무런 효과를 발휘하지 못할 것이다. 마찬가지로 기술적인 완성도가 뛰어나다고 해도 한두 가지에 머문다면 더 많은 기술을 높은 수준으로 구사할 줄 아는 상대를 만나게 되면 고전하게 될 것이다. 또 아울러 응용에 대해서는 숙련됨[熟], 정확함[騪],[21] 매서움[狠]의 세 가지를 들고 있는데,[22] 여기서 숙련됨이란 기술을 마음먹은 대로 구사할 수 있음을 말하며, 그리고 정확함은 상황에 맞는 적절한 기술이 응용되어야 하며, 끝으로 매서움이란 공격할 때 인정사정을 보지 말고 치고 들어가야 한다는 걸 말한다. 이러한 요소들 간의 상관 관계를 고려하면 양자 간의 승패를 미리 예측할 수 있다고 보았다. 양쪽이 모두 정밀할 때는 구사하는 기술이 많은 자가 승리하며, 양자가 모두 많은 기술을 알고 있을 때는 숙련된 자가 승리하며, 양자가 모두 숙련되어 있을 때는

---

20) 김광석, ≪권법요결≫(서울: 동문선, 1992), 261쪽.

21) '수(騪)'는 '수(搜)'와 같다. 찾다, 수색하다라는 의미이다. 여기서는 개별 기법을 적재적소에 맞게 정확하게 응용한다는 의미로 사용되었다. ≪漢語大字典≫編輯委員會, ≪漢語大字典≫(成都: 四川辭書出版社, 1986-1990), 4570쪽.

22) "技欲精, 欲多, 用欲熟欲騪, 欲狠. 兩精則多者勝, 兩多則 熟者勝, 兩熟則騪與狠者勝." 唐順之, ≪武編≫, 中國兵書集成 第13冊 (北京: 解放軍出版社, 1989 영인), 783쪽, 전집(前集) 권5 <권(拳)>.

정확한 기술을 얼마나 매섭게 적용할 수 있느냐에 따라 승패가 결정되게 마련이다.

"다양한 계략이 있어야 승리할 수 있다[多算而勝]"는 구절은 ≪손자≫<계편(計篇)>에서 왔다. ≪손자≫는 말한다. "전쟁 전 조정에서 전략을 수립할 때 승리를 예측할 수 있는 것은 전략이 주도면밀하고 다양하기 때문이다. 전쟁 전에 승리를 예측하지 못한다면 이는 전략이 풍부하지 못하기 때문이다. 전략이 다양하면 승리하고 그렇지 못하면 이길 수 없다. 하물며 전략이 없다면 어떻게 이길 수 있겠는가?"[23] 여기서는 구사할 줄 아는 기술들이 다양하고 많아야 여러 가능성에 대처해 승리할 수 있다는 의미를 강조하기 위해 인용되었다.

원문

古今拳家，宋太祖有三十二勢長拳，又有六步拳、猴拳、囮拳. 名勢各有所稱，而實大同小異. 至今之溫家七十二行拳，三十六合鎖，二十四棄探馬. 入閃番十二短，此亦善之善者也.[24] 呂紅八下雖剛，未及綿張短打. 山東李半天之腿，鷹爪王之拿，千跌張之跌，張伯敬之打，少林寺之棍與青田棍法相兼，楊氏鎗法與巴子拳棍，皆今之有名者. 雖各有所長，各[25]傳有上而無下，有下而無上，就

23) "夫未戰而廟算勝者，得算多也. 未戰而廟算不勝者，得算少也. 多算勝少算不勝. 而況於無算乎." 孫武 著，孫星衍 校，≪孫子十家注≫(天津: 新華書店，1991)，45쪽.

24) ≪진기(陣紀)≫에는 "此亦善之善者也"가 "此亦善之精者"로 되어 있으며, '呂紅八下'와 '綿張短打' 사이에 모두 '之'가 들어가 '呂紅之八下'와 '綿張之短打'로 표기되어 있다. 何良臣 撰，≪陣紀≫，淸李錫齡輯惜陰軒叢書本，中國兵書集成 第25冊(北京: 解放軍出版社，1994 영인).

25) ≪문연각사고전서≫본에는 '장(長)'과 '각(各)' 두 글자가 빠져 있다. 학진탐원본에는 '雖各有所取，然傳有上而無下'로 '장(長)'과 '각(各)'이 각각 '취(取)'와 '연(然)'으로 되어 있

可取勝於人, 此不過偏於一隅. 若以各家拳法兼而習之, 正如常山蛇陣法, 擊首則尾應, 擊尾則首應, 擊其身而首尾相應, 此謂 "上下週全, 無有不勝."

번역

고금의 권법 문파로는 송태조권에 삼십이세장권, 또 육보권, 후권, 와권이 있었다. [이들 권법의] 명칭이 제각기 가리키는 바가 있기는 하지만 실제로는 크게 차이가 없었다. 오늘날 온가의 칠십이행권, 삼십육합쇄, 이십사기탐마나 입섬번의 십이단 역시 뛰어난 가운데 더욱 뛰어난 것이다. 여홍의 팔하는 비록 강하기는 하지만 면장의 단타만 못하며, 산동 이반천의 퇴법, 응조왕의 나법, 천질장의 질법, 장백경의 타법, 겸창대봉(兼槍帶棒)의 소림사 곤법과 청전곤법, 양씨 창법과 파자권곤도 오늘날 모두 유명한 것들이다. 비록 각각 장점이 있기는 하지만 이들이 전하는 것은 위가 있으면 아래가 없고, 아래가 있으면 위가 없으니 간혹 상대에게 승리하더라도 이는 한쪽에 치우친 기법에 불과하다. 만약 각 문파의 권법을 함께 익히면[兼而習之] 바로 상산사진법(常山蛇陣法)과 같이 머리를 치면 꼬리가 대응하고, 꼬리를 치면 머리가 대응하며, 몸통을 치면 머리와 꼬리가 함께 대응을 하게 되니 이것이 바로 "위아래가 모두 갖춰져 항상 승리한다"는 말이다.

주해

이 단락은 크게 고금의 권법 문파와 각 문파의 한계, 한계를 극복

다. 조선본 ≪기효신서≫와 ≪무비지≫, ≪삼재도회≫에는 모두 '장(長)'과 '각(各)'으로 되어 있다.

하기 위한 방법론의 세 가지 내용을 담고 있다.

권법 유파들을 고금으로 나누어 설명한 것은 척계광의 판단이었을 것이다. ≪진기(陣紀)≫에도 권법 문파에 관한 기록이 보이지만 고(古)와 금(今)을 명확히 구분하고 있지는 않다. 온가 이하부터 당대의 권법들을 설명하고 있으므로 바로 앞의 단락에 나오는 권법들이 고(古)에 해당하는 권법임을 알 수 있다. 송태조[가]에는 삼십이세장권, 육보권, 후권, 와권이 포함되어 있었다.[26]

일단 송태조 권법부터 살펴보기로 하자. 명대의 여러 문헌에서 송태조 권법에 대한 기록을 찾는 건 어렵지 않다. ≪진기≫에는 '송태조지삼십육세장권(宋太祖之三十六勢長拳)'으로, ≪강남경략≫에는 '조태조권(趙太祖拳)'으로 기록되어 있다. 송태조의 이름이 조광윤(趙匡胤)이므로 송태조권이나 조태조권은 모두 같은 권법을 달리 표현한 것으로 볼 수 있을 것이다.

그런데 통상적으로 '송태조삼십이세장권'이라고 알려져 있지만 '송태조'와 '삼십이세장권' 중간에 위치한 '유(有)'자와 바로 다음에 이어지는 '우유(又有)'의 구조를 살려서 읽는다면 송태조에 삼십이세와 뒤에 이어지는 육보권, 후권, 와권이 모두 걸리게 된다. 이 경우 송태조 권법 혹은 송태조 문파[家]에 삼십이세장권, 육보권, 후권, 와권이 포함된다. 바로 뒤에 명세[명칭]가 다르지만 실제로는 대동소이하다는 언급 역시 이러한 해석을 뒷받침한다. 왜냐하면 각각의 권법

26) ≪무예제보번역속집≫에는 '송태조삼십이세장권세가(宋太祖三十二勢長拳勢歌)'로 별도로 묘사되어 있는데, 삼십이세가 송태조권의 대표적인 권법으로 널리 받아들여지고 있었을 가능성도 있다. 崔起南, ≪武藝諸譜翻譯續集≫(대구: 계명대학교 동산도서관, 1999 영인(1610)), 1쪽.

이 송태조 권법의 하위 항목이라면 전체적으로 송태조 권법의 분위기를 가질 것이기 때문이다. 예를 들면, 태권도에 있는 금강, 태백, 한수, 일여와 같은 품새들이 이름은 다르지만 태권도라는 전체 기법 체계를 구현하고 있다는 점에서 보면 실제로는 크게 차이가 없다는 말로 이해할 수 있는 것과 비슷하다.

물론 네 권법이 이름이 다르지만 실제로는 거의 같다[대동소이]는 말은 단순히 이름만 다를 뿐 실제 기술적으로는 서로 유사하다는 말인지 아니면 거시적으로 권법이라는 맨손 기술의 테두리 안에 모두 포함될 수 있다는 것을 나타내는지 이 문장만으로는 정확히 그 의미가 드러나지 않는다. 하량신은 이 부분을 "예를 들면, 송태조의 삼십육세장권, 육보권, 후권, 와권은 명칭은 다르지만 승리를 취한다는 점에서는 한 가지이다"[27]라고 해서 일반론적인 관점에서 말하고 있다. 다시 말해, 어느 권법이든지 간에 싸워서 이기기 위한 목적을 가지고 있다는 점에서 똑같다고 볼 수 있다는 것이다. 그런데 아이러니하게도 이러한 표현은 그 이면에 역으로 명칭의 차이만큼 권법들 간에 기술적인 차이가 존재했다는 점을 보여주는 것이기도 하다.

송태조[가(家)]에 삼십이세장권, 육보권, 후권, 와권이 포함되는 것으로 보는 해석은 바로 뒤에 이어지는 온가(溫家)와 입섬번(入閃番)에도 동일하게 적용될 수 있다. 특히 온가의 권법에 대해서는 ≪무편≫에 기록이 있는데, 이 기록을 따르면 온가에는 칠십이행권, 삼십육합쇄, 이십사기탐마의 세 권법이 포함된다. 이는 <권경첩요편>

27) "如宋太祖之三十六勢長拳, 六步拳, 猴拳, 囮拳, 名雖殊, 而取勝則一焉." ≪陣紀≫, 권2(≪墨海金壺≫本) 中國哲學書電子化計劃(http://ctext.org/wiki.pl?if=gb&res=133594) 2017년 6월 9일 검색.

의 온가 앞뒤에 있는 송태조와 입섬번이 하나의 독립된 문파로 해석될 수 있다는 사실을 보여준다. 따라서 이 구절은 송태조, 온가, 입섬번의 세 가가 당대 권법에서 뛰어난 가운데서도 뛰어난 문파였다는 사실을 나타낸다.[28]

위의 세 가 외에도 여홍의 팔하, 면장의 단타, 산똥 이반천의 퇴법, 응조왕의 나법, 천질장의 질법, 장백경의 타법, 소림사의 곤법과 청전곤법, 양씨창법, 파자권곤이 당대 유명한 무예로 제시되고 있다.[29]

이 단락에서 주목해야 할 점은 척계광이 다양한 권법과 이들의 한계에 대해서 지적하고 있다는 점이다. 개별 문파의 한계를 인식하고 있었던 그는 어느 한 가지 기술만을 지엽적으로 특화시킨 문파에 국한되기보다 여러 문파의 기법을 모두 갖춰 올라운드 플레이를 할 수 있어야 한다는 입장을 견지한다. 다양한 문파의 권법을 함께 익혀야 한다는 겸이습지의 논리가 나온 배경이다.

원문

大抵拳、棍、刀、鎗、叉、鈀、劍、戟、弓矢、鉤鎌、挨牌之類, 莫不先由拳法活動身手. 其拳也, 爲武藝之源.[30] 今繪之以勢, 註之以訣,

---

28) 이 부분은 본서 제2장의 "권법 문파에 대한 척계광의 견해"에서 이미 상세히 다뤘다. 보다 자세한 내용은 해당 부분을 참조하기 바란다.

29) 청전곤법에는 투석문로, 수리장화, 교룡입해, 철우입석, 단편, 주마회두, 정슬세, 붕타 등의 기법이 있으며 좌, 우, 상, 하, 타의 오법과 곧바로 나아가고 늦게 들어 빨리 치는 것을 강조한다. 힘을 쓸 때는 전신에 힘이 충만하며, 곤법 가운데 창법을 겸하고 있으며, 오늘날의 저장성[浙江省] 지역에서 유행했던 것으로 알려져 있다. ≪中國武術大辭典≫ 編纂委員會, ≪中國武術大辭典≫(北京: 人民出版社, 1990), 181쪽.

30) "其拳也, 爲武藝之源."라는 구절은 ≪무비지≫<권(拳)>에는 누락되어 있다. 아울러 ≪무비지≫는 "今繪之以勢, 註之以訣焉."으로 끝나고 바로 권법 32세의 가결과 그림을 설명하는 부분으로 이어진다. ≪기효신서≫<권경첩요편>에 있는 다음 단락 "以啟後學. 既得

以啟後學. 既得藝, 必試敵. 切不可以勝負爲愧爲奇, 當思何以勝之, 何以敗之, 勉而久試. 怯敵還是藝淺, 善戰必定藝精. 古云: "藝高人膽大", 信不誣矣.

余在舟山公署, 得參戎劉草堂打拳, 所謂 "犯了招架, 便是十下" 之謂也. 此最妙, 即棍中之連打, 連戳一法.31)

번역

무릇 주먹[拳], 곤봉, 도(刀), 창(槍), 차(叉), 파(鈀), 검(劍), 극(戟), 궁시, 구겸(鉤鎌), 애패(挨牌)와 같은 것들은 모두 권법을 통해 먼저 몸과 손을 활발하게 움직이고 난 다음 익혀야만 한다. 권법이야말로 참으로 무예의 근원이다. 이제 각 세를 그림으로 그리고, 가결로 주를 달아 후학들을 가르치고자 한다. 이미 무예를 익혔다면 반드시 상대에게 시험해봐야 한다. 절대로 승패에 대해서 부끄러워하거나 의외의 결과라고 여겨서는 안 된다. 이겼으면 어떻게 이겼는지, 졌으면 어떻게 졌는지를 마땅히 따져보고 힘써 오랫동안 시험을 해봐야 한다. 상대에게 겁을 먹게 되는 건 무예의 수준이 낮기 때문이니 싸움을 잘 하는 자는 반드시 무예가 정밀하다. 옛말에 "무예가 뛰어난 사람은 담이 크다"고 했으니 의심해서는 안 된다.

藝, 必試敵. 切不可以勝負爲愧爲奇, 當思何以勝之, 何以敗之, 勉而久試. 怯敵還是藝淺, 善戰必定藝精. 古云: "藝高人膽大", 信不誣矣. 余在舟山公署, 得參戎劉草堂打拳, 所謂"犯了招架, 便是十下 之謂也. 此最妙, 即棍中之連打, 連戳一法." 전체가 ≪무비지≫에는 빠졌다. 茅元儀, ≪武備志≫, 中國兵書集成 第30冊(北京: 解放軍出版社, 1989 영인), 3699쪽.

31) 마지막 '連戳一法'의 네 글자는 조선본 ≪기효신서≫에는 보이지만 ≪문연각사고전서≫본, 학진탐원본에는 누락되어 있다. ≪삼재도회≫본에는 "余在舟山公署, 得參戎劉草堂打拳, 所謂"犯了招架, 便是十下" 之謂也. 此最妙, 即棍中之連打, 連戳一法." 단락 전체가 누락되어 있다.

내가 저우산(舟山)의 공서(公署)에 있을때 참융(參戎) 유초당(劉草堂)의 권법[打拳]을 얻었는데, 이른바 "상대가 방어 동작을 취하면 연이어 열 번의 공격을 하라"는 것이었다. 이것이 가장 오묘하니, 곧 곤법에서 연달아 치고, 연달아 찌르는 법과 같은 것이다.

주해

이 단락이 전체 권법론의 결론이라고 할 수 있다. 도입 부분에서 권법이 큰 싸움에 직접적으로 필요하지는 않지만 그럼에도 왜 권법을 익혀야만 하는가에 대한 이유를 언급했는데, 여기서 다시 한번 강조하고 있다. 즉, 권법은 다양한 병장기를 익히기 위한 몸 만들기(body conditioning)를 위해서 필요하다는 것이다. 권법을 통해서 몸과 손발을 활발하게 움직이는 법, 즉 신법, 수법, 보법을 익히게 되면 곤봉, 도, 창, 검, 극 등 각종 병장기를 사용하는 본격적인 무예를 익히기 쉽다는 것이다. 병장기를 사용하는 건 팔이 그만큼 길어진다는 것을 뜻한다. 팔의 연장, 즉 수법의 연장이 곧 병장 무예며, 신법이나 보법 등은 기본적으로 권법의 그것과 같기 때문에 권법은 곧 무예의 근원이 된다.

모든 무예는 본질적으로 기격(技擊)을 정수로 삼고 있다. 다시 말해 실전에서 얼마나 잘 싸울 수 있느냐를 핵심으로 한다. 투로, 공법, 격투를 무예를 구성하는 3요소로 들고 있지만 투로와 공법역시 궁극적으로는 격투를 제대로, 더 잘하기 위한 방법론이다. 후학들을 위해 삼십이세의 각 자세를 그림으로 그리고, 또 각 기법에 대한 설명을 가결을 통해 제시한다는 그의 친절한 설명에도 불구하고 실전에서의 응용은 이런 식으로 전해질 수 없다. 얼마나 많은 기법을 알고 있는가라는 소위 인지적인 차원의 이해가 무예를 익히는 단계에서 분명 도움이 되지만 머리로 알고 있는 기법과 몸으로 구사할 수 있는 기법에는 차이가 있다. 무예에서의 지행합일이란, 머리로 이해하고 있는 기법을 몸으로 직접 구사할 수 있는 것을 말한다. 상대에게 적용할 수 없는 무예는 죽은 무예일 뿐이다.

그렇다면 실전에서 잘 싸우기 위해서는 어떻게 해야 할까? 척계광이 제시하는 방법론은 실로 간단하다. 서로 직접 겨뤄보라는 것이다. 다만 승부에 집착해 우쭐하거나 부끄러워하기보다 어떻게 해서 이겼으며 어떻게 해서 졌는지를 분석해 발전의 계기로 삼으라고 충고하고 있다. 늘 회자되는 얘기지만 연습을 실전처럼 해야 실전에서 제대로 실력을 발휘하게 된다. 결국 권법을 비롯한 무예의 정수는 말이나 글로 전달되는 것이 아니라 수련자가 몸으로 직접 부딪혀가며 깨달아만 하는 것이다.

기술적인 응용과 함께 실전에서 또 하나의 중요한 측면은 심리적인 부분이다. 아무리 기술이 좋아도 담력이 약하면 이리저리 재느라 제대로 기술을 구사해보지도 못하고 당하는 수가 많다. 유대유는 병사들을 훈련시키는 데는 무엇보다 담을 먼저 훈련시켜야 한다고 말했다. 담을 훈련시키는 법으로 그가 제시한 것은 먼저 무예를 익혀야 한다는 것이었다. 무예가 정밀해지면 자연스럽게 담이 커지고 담이 커지면 병사들이 강해진다고 보았다.[32] 상대에게 겁을 먹게 되는

32) "教兵之法, 鍊膽爲先, 鍊膽之法, 習藝爲先. 藝精則膽壯, 膽壯則兵强." "병사들을 훈련시키는 법은 먼저 담력을 단련시켜야 하며, 담력을 단련시키기 위해서는 먼저 무예를 익히게 해야 한다. 무예가 정밀해지면 담력이 커지고, 담력이 커지면 병사들은 강해지게 마련이다." 茅元儀, ≪武備志≫, 中國兵書集成 第30冊(北京: 解放軍出版社, 1989 영인),

것은 기본적으로 자기 기술에 자신이 없기 때문이다. 기술을 익히고 이를 실제 상황에 직접 적용할 수 있도록 여러 상대와 겨뤄보고 그 과정에서 자신의 장단점을 분석해 발전의 계기로 삼아야 한다는 것이다. 무예란 결국 상대를 전제로 하는 기술 체계이다. 각양각색의 여러 수준의 상대를 극복해가는 과정에서 자연스럽게 담력을 증진시킬 수 있게 된다.

저우산(舟山)의 공서(公署)는 저우산에 있는 관서라는 말로, 저우산은 꾸안산(觀山), 띵하이산(定海山)이라고도 한다. 오늘날 중국 저장성 저우산시(舟山市)의 저우산도(舟山島)를 가리키며, 해상 교통의 요충지로 명나라 초기부터 부근의 도서(島嶼)를 포괄했기 때문에 저우산은 주변 섬들을 모두 아우르는 명칭이 되었다.

참융 유초당은 참장 유현(劉顯, ?~1581)을 가리킨다. 초당(草堂)은 그의 자(字)이다. 명나라 난츠앙(南昌) 사람으로 참장에서 부총병, 총병 등의 관직을 거쳤으며 유대유, 척계광 등과 함께 활약한 항왜 명장이다.[33] 척계광은 유현에게서 "상대가 방어 동작을 취하면 연속으로 열 번의 공격을 하라"는 권법 대련의 비결을 얻었다. 이 비결은 유대유의 ≪검경(劍經)≫에서 언급된 곤법의 이론과 같은 것이었다. 곤법의 연타와 연속 찌르기[연찰]는 상대를 공격했을 때 상대가 방어를 하면 바로 연속으로 다음 공격을 가함으로써 상대를 수세에 놓이게 하여 종국에 승부를 결정짓는 공격법이었다. 이를 권법에 응용해 마찬가지로 상대가 나의 공격에 말려들어 수세적인

3200쪽, 권83, 연(練) 15, 教旗 8 참조.

33) 張撝之·沈起煒·劉德重 主編, ≪中國歷代人名大辭典≫(上海: 上海古籍出版社, 1999), 629쪽.

입장에 놓이도록 하고 나는 연속으로 공격하여 승부를 결정짓는다는 것이다.

권법 32세의 해석

이제 본격적으로 서른두 가지의 기법에 대해서 살펴볼 차례이다. 번역은 직역과 의역에 구애되지 않고 의미 맥락을 전달하는 데 주안점을 두었다. 주해는 가결을 이해하는 데 필요한 문법적인 설명, 무예적인 의미, 교감, 논란이 있는 부분에 대한 검토 및 비판, 나의 번역을 뒷받침하는 근거 등을 자유롭게 풀어냈다. 각 세들은 융경본을 기준으로 ≪삼재도회≫본, 조선본, 학진탐원본을 대조해 설명했다. 조선본은 10세, 학진탐원본은 8세가 빠져 있는데, 세가 누락된 부분은 'X'로 표시했다.

1. 나찰의세

융경본	≪삼재도회≫본	조선본	학진탐원본
		X	

원문

懶扎衣出門架子, 變下勢霎步單鞭.

對敵若無膽向先, 空自眼明手便.

번역

나찰의세는 문을 나서는 자세로 상황에 따라 변화하며 세를 취하니 삽보와 단편이 되는구나.

적을 상대함에 만약 담력이 앞서지 않는다면 아무리 눈이 밝고 손이 빨라도 소용이 없느니라.

주해

나찰의세는 문자 그대로 풀면 '옷을 여미는 자세'라는 말이다. 명대에 입었던 장복(長服)은 상의의 하단이 아래로 길게 늘어져 있었다. 따라서 하체를 활발하게 움직이기 위해서는 전면에 길게 늘어지는 부분을 걷어 올려 요대에 밀어 넣어 고정시키곤 했는데, 나찰의세는 이렇게 옷깃을 여미며 본격적인 격투에 대비하는 동작에서 그 세명을 취한 것이다.[34]

오늘날 유행하는 태극권에도 나찰의의 잔영을 볼 수 있다. 중국어로는 '란차이(攬擦衣, lan ca yi: 손으로 물건을 잡아서 끌어당겨 웃옷에 비벼 붙인다는 의미다)'[35]나 '란췌웨이(攬雀尾, lan que wei: 붕(掤), 리(履), 제(擠), 안(按)이 결합된 태극권의 초식)' 등으로 불리는

34) 나찰의를 무예를 겨루기 전에 자신의 문중을 드러내는 관습적인 행위 양식, 즉 일종의 의례적인 행위로 보기도 한다. ≪中國武術大辭典≫編纂委員會, ≪中國武術大辭典≫(北京: 人民出版社, 1990), 19쪽.

35) 陳鑫, ≪陳氏太極拳圖說≫(上海: 上海書店出版社, 1986), 164쪽.

데, 발음상으로 모두 '란자이(懶扎衣, lan za yi)'와 유사성을 띤다. 아마도 구전되던 세명이 후대에 음사되는 과정에서 기법의 변화와 함께 달라진 것으로 보이는데, 이는 단음절을 기본으로 하는 중국어의 특성상 일반적으로 발견되는 현상이기도 하다.

저본으로 사용한 융경본은 왼손 부분에 창이 연이어 가필되어 있으며,[36] ≪삼재도회≫본은 오른손이 구수(鉤手)[37]를 취하고 있다. 조선본에는 이 세가 빠져 있다.

'문을 나서는 자세[出門架子]'는 '출문(出門)'은 문을 여는 자세라는 의미의 '개문식(開門式)'이나 나서는 자세라는 의미의 '출세(出勢)', 손을 든다, 착수한다는 의미의 '기수식(起手式)'처럼 시작하는 자세라는 의미를 가지고 있다.[38]

물론 그렇다고 해서 권법이 꼭 나찰의세로만 시작해야 하는 건 아니다. 16세기 중반 장권으로 불리는 일련의 투로식 권법들 대부분이 탐마세로 시작하고 있었다는 사실은 시작 자세가 나찰의세로만 한정되지는 않았다는 사실을 보여준다.[39] 실제 32세를 검토해보면 시

36) 이하 융경본의 다른 그림에서도 이렇게 글자나 병장기 등의 가필되어 있는 부분들이 보인다. 다른 판본들과 대조해보면 쉽게 확인할 수 있기 때문에 원래의 그림을 읽는 데 크게 문제가 되지는 않는다.

37) 구수(鉤手)는 손목을 굽혀 엄지손가락을 중심으로 다른 손가락을 모아 갈고리 모양으로 만든 수형(手形)으로 움켜잡거나 걸어채기 위한 수법으로 사용된다. 문파에 따라 검지나 검지와 중지는 펴고 다른 손가락은 손바닥 쪽으로 구부린 형태를 띠거나 아니면 다섯손가락을 모두 모으는 등 구체적인 모양에서는 다소 차이가 있으며, 오지구(五指鉤), 삼지구(三指鉤), 이지구(二指鉤), 견구(犬鉤)의 구분이 있다. 陶仁祥, ≪中國武術基礎功法≫(上海: 上海科學技術出版社, 1989), 52-54쪽.

38) ≪기효신서≫<등패>의 한 세인 나찰의세도 역시 기수세(起手勢)로 풀이하고 있다. "나찰의: 기수세이다. 위를 주시하면서 아래를 살피며 옆으로 걸어서 직진하느니, 다른 세로 변화할 수 있으며 몸을 비켜 피하는 묘가 있다(懶扎衣: 此起手勢也. 照高管下, 橫行直進, 諸勢可變, 有躲閃之妙.)."曹文明·呂穎慧 校釋, ≪紀效新書≫(18卷本)(北京: 中華書局, 2001), 176쪽.

39) 唐順之, ≪武編≫, 中國兵書集成第13冊(北京: 解放軍出版社, 1989 영인), 785쪽.

작 자세로 활용할 수 있는 다른 세들이 있다. 과호세(아래 28번 참조)는 상대와 겨루는 자세로, 탐마세(아래 3번 참조)는 상대를 정탐하는 자세로 처음 시작할 때 활용될 수 있다. 조선의 권법투로가 과호세(≪무예제보번역속집≫의 권법)와 탐마세(≪무예도보통지≫의 권법)로 시작한다는 점도 이를 뒷받침한다.[40]

아울러 나찰의가 단순히 시작하는 자세라는 형식적인 의미만 가지는 것은 아니라는 점에 주목할 필요가 있다. 왜냐하면 뒤이은 '변하세'와 '삽보', '단편'은 나찰의의 실질적인 응용을 보여주기 때문이다.

'변하세(變下勢)'는 상대의 움직임에 따라 변화하며 세를 적용한다는 말이다. '변(變)'은 임기응변[權變]을 가리키며[41] '하세(下勢)'의 '하(下)'는 시간적으로나 순서상으로 나중, 혹은 뒤에 오는 것을 의미한다. 여기서는 바로 다음 이어지는 동작으로 해석했다.[42]

'삽보(霎步)'에서 '삽(霎)'은 '일삽우(一霎雨)', '삽시간(霎時間)'이라는 용례에서도 알 수 있듯이 잠시, 잠깐, 순간 혹은 순식간에 이루어진다는 의미이다.[43] 따라서 삽보는 순식간에 이루어지는 빠른 보법이라는 말이다. 이 보법은 상대의 움직임에 따라 물러서거나 상대에게 접근하는, 혹은 옆으로 비켜서는 형태로 나타난다. '단편'은 팔을 어깨 관절을 축으로 호선을 그리며 채찍처럼 크게 후려치는 수법을 가리킨다.

---

40) 崔起南, ≪武藝諸譜翻譯續集≫(대구: 계명대학교 동산도서관, 1999), 1-28쪽; 正祖 命撰, ≪무예도보통지≫(서울: 학문각, 1970), 481-512쪽.

41) ≪漢語大字典≫編輯委員會, ≪漢語大字典≫(成都: 四川辭書出版社, 1986-1990), 1481쪽.

42) 단국대학교동양학연구소, ≪한한대사전≫(서울: 단국대학교출판부, 1999-2008), 1권, 292쪽.

43) ≪漢語大字典≫編輯委員會, ≪漢語大字典≫(成都: 四川辭書出版社, 1986-1990), 4068-4069쪽.

따라서 나찰의는 상대의 움직임에 따라 임기응변하며 삽보를 이용해 상대에게 붙어 들어가거나 옆으로 빠지며 단편으로 휘둘러 치거나 잡아채는 기법을 가리킨다.

마지막 구절은 상대와 격투를 할 때 가져야 할 마음가짐에 대한 것이다. '선(先)'은 '앞선다', '이끈다'는 의미로 '약무담향선(若無膽向先)'은 "담력이 앞서서 이끌지 않는다면"이라는 의미이다. 상대와 대적할 때 무엇보다 담력이 가장 중요하다는 심리적인 측면을 강조하고 있다.

일반적으로 무예의 핵심으로 1) 담력, 2) 힘, 3) 정밀함, 4) 빠름의 네 가지를 드는데, 담력은 이 가운데서도 첫번째로 꼽힌다.[44] 아무리 힘이 세고, 기법이 정밀하며, 빠르다고 해도 담력이 약하면 불안한 마음에 이런저런 조건들을 재다가 정작 기술을 발휘해야 할 때를 놓치고 만다. 그러므로 실전에서 자신의 기량을 확실히 펼치기 위해서는 담력이 가장 중요할 수밖에 없다. 담력이 없으면 눈이 아무리 밝고 손이 빨라도 소용이 없다.

무슨 일이든 시작을 어떻게 하는가 그리고 어떤 마음가짐으로 나서는가가 결과에 영향을 미치게 마련이다. 여기서 우리는 시작하는 자세에 마음가짐의 문제를 함께 언급한 척계광의 의도를 읽을 수 있다.

---

44) 正祖 命撰, ≪무예도보통지≫(서울: 학문각, 1970), 51쪽.

2. 금계독립세

융경본	≪삼재도회≫본	조선본	학진탐원본
		X	

원문

金鷄獨立顚起, 裝腿橫拳相兼.

搶背臥牛雙倒, 遭着叫苦連天.

번역

금계세는 한 발로 솟구치듯 일어서느니 다리는 들어 올려 감추고 주먹은 가로로 지르며 하나로 합쳐지는구나.

소의 등은 바닥에 부딪히고 네 다리는 벌렁 들리니 이 세를 만나면 고통의 울부짖음이 하늘에까지 닿느니라.

주해

금계독립세는 '금계(金鷄)가 한 발로 서는 자세'를 가리킨다. 일반적으로 '금계독립세'로 불리지만 여기서는 가결의 운율을 맞추기 위해 금계세로 번역했다. 금계는 전설상에 등장하는 신령스러운 닭을 가리킨다. ≪신이경(神異經)≫<동황경(東荒經)>에는 부상산(扶桑山)

에 옥계(玉鷄)가 있는데, 이 옥계가 울면 금계(金鷄)가 울고, 금계가 울면 석계(石鷄)가 울고, 석계가 울면 천하의 모든 닭이 울었다고 전한다.[45] 이 세는 솟아오르듯 일어나며 팔로는 상대를 잡아채며 다리로는 하반을 걸어서 바닥으로 넘어뜨리는 기법이다.

융경본은 왼손에 간(鐧)을 쥐고 있는 모습으로 그려져 있는데 앞의 나찰의세처럼 본 세와 직접적인 관련은 없다. ≪삼재도회≫본의 자세는 다른 판본에 비해 상체를 앞으로 숙이고 있다. 조선본에는 이 세가 빠져 있다. 학진탐원본은 융경본과 유사하게 묘사되어 있으나 오른 무릎이 상대적으로 낮게 그려져 있다.

'전기(顚起)'에서 '전(顚)'은 정수리를 말하며, 사물의 꼭대기나 가장 높은 곳을 가리킨다. 전[정수리]은 가장 높지만 넘어지면 가장 낮아지게 된다. 여기서 의미의 외연이 확장되어 아래라는 정반대의 뜻도 가지게 되었다.[46] <권경첩요편>에는 '전(顚)'자가 모두 다섯 곳에 등장한다. 금계독립세의 전기 외에도 귀축각[20번]의 '전보(顚補)', 지당세[21번]의 '전단(顚短)', 작지룡세[25번]의 '전보(顚補)', 요란주세[29번]의 '전타(顚剁)'가 있다. 이들 '전(顚)'은 모두 떠받치며 빈틈을 보태어 채운다는 의미를 가지고 있다.[47]

그림과 연결지어 동작을 설명하면, 상대가 오른 주먹을 질러올 때 나의 오른손으로 상대의 세에 따라 공격을 흘려내며 나의 왼팔로 나의 오른팔 아래에서 위로 훑어내며 상대의 오른팔을 들어 올리는 동

---

45) ≪新異經 · 東荒經≫: 蓋扶桑山有玉鷄, 玉鷄鳴則金鷄鳴, 金鷄鳴則石鷄鳴, 石鷄鳴則天下之鷄悉鳴, 湖水應之矣. 송정화 · 김지선 역주, ≪목천자전(穆天子傳) · 신이경(神異經)≫(서울: 살림출판사, 1997), 296쪽.

46) ≪說文解字注≫ "顚, 頂也" 淸段玉裁注: "顚爲最上, 倒之則最下." ≪漢語大字典≫編輯委員會, ≪漢語大字典≫(成都: 四川辭書出版社, 1986-1990), 4387쪽.

47) 鄭少康, ≪紀效新書拳經考≫(上海體育學院博士學位論文, 2007), 148쪽.

작이 여기에 해당한다. 이때 독립세로 솟아오르듯이 일어서며 오른 다리를 들어올려 다음 동작으로 연결된다.

두 번째 구절 '장퇴(裝腿)'의 '장(裝)'은 '장(藏)'과 통한다. 원래 "마음속에 감추어두는 것"을 장(裝)이라고 하는데,[48] 여기서는 다리를 들어 올려 감춘다는 의미로 사용되었다. '횡권'은 자신의 몸의 정면에서 가로지르듯 휘둘러 치는 주먹이다. 상대에게 붙어 들어가며 나의 다리의 움직임을 숨겨[장퇴] 변화를 위한 공간을 확보하고, 이어서 들어 올린 나의 다리를 상대의 오른 다리 뒤로 밀어넣으며 바깥으로 후려내거나 거는 기술로 변화할 수 있다. 이때 나의 오른팔을 횡으로 휘둘러 나의 몸을 돌리는 회전력과 오른 다리로 상대의 하반을 후리는 동작을 결합하여 상대를 넘어뜨리게 된다.

세 번째 구절의 '창배와(搶背臥)'는 '창벽와(搶壁臥)'라고도 한다. 상대를 넘어뜨려 바닥에 드러눕힌다는 말이다. '쌍도(雙倒)'에서 '쌍'은 소의 양다리를 비유한 것으로 두 쌍의 다리, 즉 네 발을 뜻한다. '쌍도'는 뒤로 벌렁 넘어져 등이 바닥에 닿은 상태로 네 발이 하늘을 향한 모습을 형용한 것이다.[49]

마지막 구절의 '연천(連天)'은 고통의 울부짖음이 처절한 상황을 묘사한 것이다. 하늘에 이를 정도로 끊이지 않으며, 강렬하다는 의미를 담고 있다. '연천(連天)'에서 '천(天)'은 오늘날의 백화 용법처럼

---

48) ≪正字通·衣部≫: "裝, 凡藏於心者亦曰裝." ≪漢語大字典≫編輯委員會, ≪漢語大字典≫(成都: 四川辭書出版社, 1986-1990), 3092쪽.

49) 鄭少康, ≪紀效新書拳經考≫(上海體育學院博士學位論文, 2007, 148쪽). 반면, 마밍다(馬明達)는 이 구절을 '창배'와 '와우'로 끊어 읽는다. '창배'를 제비넘기나 텀블링을 의미하는 희곡 용어로 보고 자기 주도적으로 굴러 상대를 깔고 넘어져 등으로 착지하는 공격으로 해석한다. 馬明達, <戚繼光 ≪拳經≫探論> ≪說劍叢稿≫(北京: 中華書局, 2007), 278-279쪽.

'하루', '날', '일(日)'로 보아 울부짖음이 한 번에 그치는 것이 아니라 여러 날 계속된다고 해석할 수도 있다. 여기서는 문자 그대로의 의미를 살려 '하늘에까지 닿는구나'로 번역했다.

3. 탐마세

융경본	≪삼재도회≫본	조선본	학진탐원본

원문

探馬傳自太祖, 諸勢可降可變.

進攻退閃弱生强, 接短拳之至善.

번역

탐마세는 태조로부터 전해져 왔으니 여러 세를 굴복시킬 뿐 아니라 상황에 따라 변화하여 응용되는구나.

나아가며 공격하고 물러나며 피하고 약한 가운데 강함이 생겨나니 단권을 받아넘기기에 가장 좋으니라.

주해

탐마세(探馬勢)는 두 가지의 해석이 가능하다. 하나는 '탐마(探馬)'를 문자 그대로 해석해 '정탐을 하는 자세'로 보는 것이다. 탐마는 '탐기(探騎)'라고도 하며, 본래 정탐을 전문으로 하는 기병(騎兵)을 가리킨다.[50] 군사 작전 시 행군을 하게 되면 전후좌우로 탐마를 배치하여 해당 지역에 대한 정보와 적의 동향을 파악하는 역할을 담당하게 하였다.[51] 다른 하나는 '탐마'의 무예적인 의미를 살려 '원격(遠擊)'으로 해석하는 것이다. ≪설문해자≫는 '탐(探)'을 '멀리서 취함(遠取)', '마(馬)'를 '성냄(怒)', '굳셈(武)'으로 풀이하고 있다.[52] 이 경우 탐마는 멀리서 강력하게 이루어지는 공격을 의미한다. 탐마세는 손을 높이 들어 올려 위를 공격하는 데 사용되기 때문에 고탐마세(高探馬勢)라고도 불리는데, 이러한 해석과도 어울린다.[53] 여기서는 '정탐하는 자세'로 번역했다.

그림의 묘사는 여러 판본이 대체로 일치한다. 다만 ≪삼재도회≫본의 자세는 다른 판본의 그림과 달리 오른발이 안쪽으로 틀어져 있으며, 조선본은 오른손 주먹을 쥐고 있는 모습으로 그려져 있어 손바닥을 펴고 있는 다른 판본의 그림과 차이가 있다.

16세기 중반 당시 장권은 타법을 위주로 하며, 많은 기법이 탐마세로부터 시작한다는 기록은 탐마세의 특징을 잘 보여준다.[54] 상대

---

50) 단국대학교동양학연구소, ≪한한대사전(漢韓大辭典)≫(서울: 단국대학교출판부, 2002), 5권, 1335-1336쪽.

51) 曾公亮, ≪武經總要≫, 中國兵書集成 第3冊(北京: 解放軍出版社, 1988), 203쪽, 前集 卷5 '探馬.'

52) ≪漢語大字典≫編輯委員會, ≪漢語大字典≫(成都: 四川辭書出版社, 1986-1990), 1907-1908쪽.

53) "高探馬專打高" 唐順之, ≪武編≫, 中國兵書集成 第3冊(北京: 解放軍出版社, 1989), 784쪽.

와 겨룰 때 일반적으로 본 공격에 들어가기에 앞서 상대의 스타일이나 기법, 수준 등을 탐색하는 단계를 거치게 되는데, 그 방법의 하나가 탐수(探手)를 사용하는 것이다. 탐수란 상대에게 상대의 반응을 엿보기 위해 허초를 펼치는 것을 말한다. 탐수를 통해 상대에 대한 전반적인 정보를 수집하게 되며 이를 바탕으로 본 공격의 전략을 수립하게 된다. 탐마세는 바로 탐수를 구체화한 세명이라고 할 수 있다.[55]

두 번째 구절 상대방의 다양한 자세를 굴복시킬 수 있으며, 동시에 다양한 자세로 변화할 수 있다는 표현은 탐마세의 기법이 임기응변할 수 있다는 것을 나타낸다.

대표적인 응용법으로는 바로 앞의 나찰의세와의 연결을 들 수 있다. 상대의 오른 주먹이 들어오면 나는 왼발 순보로 나아가며 나찰의세로 상대의 공격을 흘리며 왼손으로 상대의 왼 팔꿈치를 제압한다. 이때 상대가 오른팔을 돌려 피하며 왼손으로 나의 왼손을 방어하면 나의 왼손은 즉시 상대의 왼손을 잡아채며 오른 손바닥을 들어 탐마세로 상대의 안면을 가격한다. 이 공격은 팔을 뻗어 내리치는 것으로 '원격'에 해당한다. 나의 왼손으로 상대의 왼 손목을 움켜잡아 왼편 허리로 잡아채는 동작과 오른 손바닥으로 상대의 안면을 뻗어 치는 동작은 동시에 이루어져야 한다. 보법을 사용해 상대의 움직임에 따라 상대방의 안쪽으로 비집고 들어가거나 아니면 상대의

54) "장권(長拳)의 행착[기법]은 모두 타법(打法)이며 행착의 대부분은 탐마세로부터 시작된다." 唐順之, ≪武編≫, 中國兵書集成 第13冊(北京: 解放軍出版社, 1989), 784쪽, 前集 卷5 '拳.'

55) "일반적으로 기격가는 상대와 맞닥뜨리게 되면 먼저 탐수를 사용해 상대의 문파와 그 기법, 공력의 수준을 살펴본 후에 그에 따라 변화해서 대응하며 기회를 포착해 공격한다(大凡技擊家之逢敵手, 總以先用探手, 觀其宗派家法與其得力深淺而後, 可以變化應敵握機進取.)." 尊我齋主人, ≪少林拳術秘訣≫(北京: 北京市中華書局, 1984(1915)), 28쪽.

외곽을 타고 들어가거나 혹은 뒤로 빠지기도 하면서 변화하며 상대의 빈틈을 노려 역습하는데, 이것이 바로 약한 것처럼 보이는 가운데 강함이 생겨난다는 말이다. 특히 짧게 치고 들어오는 공격[短拳]에 대해 위에서 아래로 내리치는 원격을 사용하면 상대의 공격을 무력화시키는 데 가장 좋은 방법이 된다. 탐마세가 다양한 자세로 변화할 수 있다는 것은 바로 이러한 기술적인 변화와 관련이 있다.

마지막 구절의 '접(接)'은 접촉하다, 받아들이다, 맞이한다, 잡다, 대응하다, 대처하다는 의미로 사용되는데,[56] 여기서는 상대의 짧은 단타 공격[短拳]을 받아낸다는 의미로 쓰였다.

아울러 탐마세는 뒤에 나오는 구류세(8번)와 대비해서 볼 필요가 있다. 두 자세 모두 기법상으로 거의 같으며, 그림상으로도 유사한 형태로 묘사되어 있다. 양자의 차이는 탐마세가 상대의 수법을 염두에 둔 기법인 데 반해 구류세는 상대의 발을 방어하는 기법이라는 데 있다.

4. 요단편세

융경본	≪삼재도회≫본	조선본	학진탐원본

---

56) ≪漢語大字典≫編輯委員會, ≪漢語大字典≫(成都: 四川辭書出版社, 1986-1990), 1905쪽; 단국대학교동양학연구소, ≪한한대사전(漢韓大辭典)≫(서울: 단국대학교출판부, 2002), 5권 1304쪽.

원문

拗單鞭黃花緊進, 披挑腿左右難防.

搶步上拳連劈揭, 沉香勢推倒太山.

번역

요단편세는 황화처럼 거침없이 들어가며 손으로는 걷어내고 발로는 비집고 들어가니 좌우 어느 쪽도 막기가 어렵도다.

빠른 걸음으로 상대에게 다가가며 주먹으로는 연이어 내리치며 걷어내니 심향의 기세가 태산을 무너뜨리는 듯하구나.

주해

요단편세는 '요보(拗步) 단편(單鞭)의 자세'를 말한다. 빠른 걸음으로 뛰어나가며 동시에 양팔을 위에서 아래로 채찍처럼 휘둘러 치며 공격하는 기법이다.

여러 판본의 그림은 모두 오른발을 뻗어내며 우궁보를 취하기 직전의 모습을 묘사하고 있다. 왼손바닥으로 내리치며 오른 주먹은 역권(逆拳)을 취하고 있다.

요보는 고전무예에서 중요하게 취급되는 개념 가운데 하나이다. 권법(혹은 여타 병장 무예에서도 마찬가지)에서 서는 자세는 크게 손발의 상대적인 위치에 따라 순보(順步)와 요보(拗步)로 나뉜다. 몸의 같은 쪽 손발, 즉 왼손과 왼발(혹은 오른손과 오른발)이 서로 나란히 전면에 위치하게 서는 자세를 순보(Homolateral stance)라고 하고 이와 반대로 좌우의 손발이 서로 엇갈리게 해서 서는 자세, 예컨대 왼손과 오른발(혹은 오른손과 왼발)이 서로 앞에 위치하도록 서

는 자세를 요보(Heterolateral stance)라고 한다.[57]

순보와 요보는 손발의 상대적인 위치를 가리키는 개념이지만 실제 권법에서 순보와 요보는 그 이상의 함의를 지니고 있다. 왜냐하면 선다고 하는 것은 인체 구조상 왼손과 오른손, 그리고 왼발과 오른발의 순요의 조합이 가져오는 몸의 굴신과 회전, 신축 등 신법과의 관련성, 더 나아가 상대와의 위치 및 동작의 방향성 속에서 규정될 수밖에 없기 때문이다. 결과론적이긴 하지만 권법을 잘하기 위해서는 어떻게 좌우 대칭성의 문제를 해결하는가에 대해서도 생각하지 않을 수 없는 이유이기도 하다.

요단편세에서 단편(單鞭)은 채찍을 가리킨다. 단편은 주로 팔을 수직으로 혹은 횡으로 휘둘러 가격하는 동작을 의미한다. 따라서 요단편세라고 하면 요보로 팔을 채찍처럼 휘둘러 치는 자세를 말한다.[58] 그런데 여기서 요보는 단순히 정지된 상태의 보형만을 의미하는 것은 아니다. 요보로 걸어 나가며 동시에 팔을 채찍처럼 휘둘러 치는 동시성에 주목할 필요가 있다.

'황화(黃花)'는 '황화(黃華)'라고도 하며, 명대의 소설인 ≪낭환기(瑯嬛記)≫에 등장하는 인물을 가리킨다. ≪낭환기≫는 원래 원(元)의 이세진(伊世珍)이 지은 책으로 상중하의 3권으로 구성되어 있으

---

57) 오늘날 태권도에서 사용하는 바로 지르기(왼발이 앞에 있고 오른 주먹으로 지르는 경우)와 반대 지르기(왼발이 앞에 있고 왼 주먹으로 지르는 경우)라는 용어는 권경의 32세와 같은 고전 무예와는 요보와 순보 개념을 반대로 사용하고 있다. 이규형, ≪태권도 품새란 무엇인가?≫(서울: 오성, 2010), 158-159쪽. 태권도의 바로 지르기는 사실 전통적인 개념으로 보면 반대 지르기[요보충권]에 해당하며 태권도의 반대 지르기는 바로 지르기[순보충권]에 해당한다.

58) ≪무예제보번역속집≫은 요단편세를 '사신약보세(斜身躍步勢)'라고 세주를 달고 있다. '사신약보'는 문자 그대로 비스듬히 뛰어 들어간다는 의미이다. 요단편세의 창보와 연결해서 이해할 필요가 있다. 崔起南, ≪武藝諸譜翻譯續集≫(대구: 계명대학교 동산도서관, 1999 영인), 3쪽.

며, 다양한 문헌에서 글을 뽑아서 편찬한 것이다. 제명인 '낭환(瑯嬛)'은 신선이 산다는 전설상의 마을을 가리킨다. 황당하면서도 신비한 내용들을 많이 수록하고 있는 기서이다. 바로 이 책의 상권에 '황화(黃華)'에 관한 고사가 등장한다. 여기서 황화는 강수(絳樹)라는 인물과 함께 매우 특별한 재능을 가진 인물로 묘사되고 있다. 강수는 한 입으로 두 곡의 노래를 동시에 부를 수 있었다. 그가 노래를 하면 옆에 있는 사람들은 서로 다른 두 곡의 노래를 가사 한 글자도 틀리지 않게 들을 수 있었다고 한다. 반면, 황화는 양손으로 동시에 붓글씨를 쓸 줄 알았다고 한다. 운필을 하면 멈춤이 없었으며 한 손은 해서를 다른 한 손으로는 초서를 동시에 썼는데 모두 의미가 통하였다고 한다.[59] 소설 속에 등장하는 가공 인물이기는 하나 척계광이 이를 인용한 것을 보면 당시 대중적으로 널리 유행하는 이야기였을 것이다.[60]

따라서 '황화긴진(黃花緊進)'은 황화가 붓글씨를 쓸 때 멈춤이 없이 양손을 각각 동시에 운필한 것처럼 요단편세 역시 양팔을 동시에 운용하되 멈춤이 없으며 서로 조화되어 기술을 구사해야 한다는 걸 은연중에 암시한다. 요단편세가 두 팔을 동시에 사용하는 기술이라는 점을 강조하기 위해 황화와 요단편세를 연결지었을 것이다.

---

59) 원문은 다음과 같다. "絳樹一聲能歌兩曲, 二人細聽, 各聞一曲, 一字不亂. 人疑其一聲在鼻, 竟不測其何術. 當時有黃華者, 雙手能寫二牘, 或楷或草, 揮毫不輟, 各自有意. 余謂絳樹兩歌, 黃華二牘, 是確對也." ≪津逮秘書≫에 수록된 판본을 참조했다. 伊世珍, ≪瑯環記≫, 卷上中下, 毛晉, ≪津逮秘書≫(常熟: 汲古閣, 746卷, 1630-1642).

60) 당시에는 가공의 인물을 언급한 것이었지만 실제로도 이런 사람이 존재한다. 드문 예이기는 하겠지만 양손으로 영어와 중국어를 각각 동시에 쓰는 사람이 해외토픽으로 보도되기도 했다. https://www.youtube.com/watch?v=RJ1gpqr0kkA원래 로이터에 보도된 내용으로 현재 원래 링크는 삭제된 상태로 유튜브에 같은 동영상이 공유되어 있다(2018년 1월 18일 현재).

두 번째 구절의 '피도퇴(披挑腿)'에서 '피(披)'는 열어젖힌다는 말이다. <권경첩요편>에는 네 군데 '피'자가 보인다. 요단편세의 피도퇴(披挑腿), 포가자세[11번]의 창보피괘(搶步披掛), 귀축각세[20번]의 피게기(披揭起), 수두세[22번]의 접단피홍(接短披紅)인데, 이들 가결에서 '피'는 모두 손이 맞닿았을 때 변화하여 상대의 팔을 걷어내어 문호를 연다는 의미를 가지고 있다. 요단편에서는 왼손으로 열어젖히는 것을, 포가자는 창보로 나아가며 들어오는 주먹을 걷어내는 것을, 귀축각에서는 홍권으로 들어오는 주먹을 들어 올려 걷어내며 천심주로 가격하는 것을, 수두세에서는 홍권으로 상대의 목을 걸어 아래로 잡아채는 것을 말한다.61)

세 번째 구절의 '창보(搶步)'는 연속으로 빠르게 연이어 걸어 나가는 보법으로 바로 앞의 피도퇴에 연결된다. 여기서는 팔을 채찍처럼 활용해 위에서 아래로 연이어 내리치는 움직임과 연결되어 발로는 앞으로 밀고 들어가거나 쫓아 들어가는 보법을 구사하는 걸 나타낸다.62) 또한 단편을 사용할 때도 무작정 내리치기만 하는 것은 아니다. 여기에는 상대와 팔이 얽혔을 때 이를 잡아채거나 내리누르는 등의 변화가 내포되어 있다. 양손을 다양하게 변화시키며 공간을 확보하거나 상대의 허점을 찾아 다른 손으로 연이어 공격하게 된다. '벽게(劈揭)'란 바로 이러한 응용법을 가리키는 말이다. 뛰어들어 가듯 빠르게 움직이며 상대에게 접근해 들어가는 보법과 양팔을 자유자재로 사용하며 왼쪽 오른쪽을 불문하고 공격하게 되면 상대는 좌우 어느 쪽으로도 방어하기 힘들게 된다.

---

61) 鄭少康, ≪紀效新書拳經考≫(上海體育學院博士學位論文, 2007), 152쪽.

62) 포가자세[11번]에서도 창보가 사용되고 있다.

'심향(沉香)'은 원대 잡극인 "심향태자 화산을 쪼개다[沉香太子劈華山]"에 등장하는 인물이다. 화산(華山)의 선녀인 삼성공주[三星母]가 인간과 결혼을 해서 낳은 아들이 바로 심향이다. 심향은 부친에 의해 인간 세상에서 길러지게 되었다고 한다. 그런데 그의 어머니 삼성모가 외숙인 이랑신(二郞神)에 의해 화산 아래에 감금되고 만다. 이를 알게 된 심향이 이랑신과 싸워 마침내 도끼로 화산을 갈라 어머니를 구했다는 줄거리를 가지고 있다.[63]

여기서 '태산(太山)'은 '태산(泰山)'을 가리킨다. 심향이 도끼로 화산(華山)을 내려 쪼개듯 요단편세의 기세도 태산을 가를 듯한 위력을 가지고 있다는 점을 비유하고 있다.

5. 칠성권세

융경본	≪삼재도회≫본	조선본	학진탐원본

원문

七星拳手足相顧, 挨步逼上下隄籠.

饒君手快脚如風, 我自有攬衝劈重.

63) ≪辭海≫編輯委員會, ≪辭海≫(上海: 上海辭書出版社, 1989), 2354쪽; 단국대학교동양학연구소, ≪한한대사전(漢韓大辭典)≫(서울: 단국대학교출판부, 2005), 8권 214쪽.

번역

칠성권은 손과 발이 서로 호응하며 움직이느니 애보로 몰아가며 상대를 위아래로 얽어매어 가둬버리는구나.

그대의 손과 다리가 바람처럼 빠르더라도 나에게는 휘저어 걷어 내고, 부딪치며, 쪼개 치는 육중함이 있느니라.

주해

칠성권은 '칠성 주먹 자세'라는 뜻이다. '칠성'은 북두칠성을 가리키며 예로부터 동양에서는 인간의 수명과 길흉을 관장하는 별로 신성시되어 왔다. 여기서는 북극성을 중심으로 움직이는 별에 빗대어 자신의 중심을 지키면서 변화하는 기술이라는 의미로 사용되었다. 아울러 인체의 일곱 부분, 즉 손, 팔꿈치, 어깨, 머리, 발, 무릎, 고관절이 이루는 북두칠성의 모습도 함께 상징한다.[64]

칠성권은 양손을 가슴 앞 정중앙에서 앞을 향해 전후로 위치시켜 방어자세 혹은 대적자세를 취한 상태에서 양손을 번갈아가며 다른 손 팔꿈치 아래에서 앞으로 쓸어내듯 움직여 사용하는 기법이다. 이때 팔은 보법과 함께 결합시켜 운용해야 하며 앞으로 걸어 나가며 동시에 팔로 밀쳐내며 방어(혹은 공격)를 하게 된다. 여러 판본의 그림은 대체로 일치하고 있으나 ≪삼재도회≫본의 그림만 연무자의 왼발이 다른 판본의 그림보다 바깥쪽으로 더 틀어져 있다.

'수족상응'은 손발이 서로 조응한다는 말로 무술 이론에서는 '삼절(三絶)'과 '육합(六合)'으로 설명한다. 삼절은 인체를 세 부분으로 나눈 것으로 크게 팔, 몸통, 다리로 나뉘며 각 부분은 다시 팔은 손, 팔

---

64) 鄭少康, ≪紀效新書拳經考≫(上海體育學院博士學位論文, 2007), 39쪽.

꿈치, 어깨로 몸통은 가슴, 허리, 하복부, 다리는 발, 무릎, 고관절의 세부 삼절로 나뉜다.[65] 육합은 무술적인 행위가 인체의 내적인 요소와 외적인 요소가 서로 결합되어야 최적의 수행을 할 수 있다는 이론이다. 육합은 다시 내삼합(內三合)과 외삼합(外三合)으로 나뉘는데, 마음[심]과 의지, 의지와 기, 기와 힘이 조응하는 것을 내삼합이라고 하고, 손과 발, 팔꿈치와 무릎, 어깨와 고관절이 조응해야 한다는 것을 외삼합이라고 한다.[66]

두 번째 구절 '애보(挨步)'는 힘있게 밀어붙이며 들어가 상대를 압박하는 보법을 가리킨다. '핍(逼)'은 접근한다는 말이다. '제롱(隄籠)'에서 '제(隄)'는 '제(堤)'와 같으며, 둑방, 제방을 가리킨다. '롱(籠)'은 흙을 담아 나르는 대소쿠리, 혹은 새나 벌레 따위를 넣어 기르는 새장을 가리키는데, 여기에서 의미가 확장되어 넣어 가두거나 덮어씌우고 휘감아 제압한다는 의미를 가지게 되었다. 따라서 '상하제롱'은 위로는 수법을 사용하며 아래로는 보법을 사용해 위아래를 동시에 봉쇄한다는 말이다.

예를 들면, 상대와 오른팔이 서로 얽혔을 때 상대의 오른팔을 잡아채며 나의 왼팔로 상대의 오른 겨드랑이 밑을 밀쳐 올리거나 상대의 오른팔을 잡아채며 나의 왼 팔뚝으로 상대의 안면이나 가슴을 밀어붙이듯 가격하는 기법을 들 수 있다. 이때 발이 앞으로 걸어 나가며 상대의 다리에 바짝 붙여 디디며 상대의 하반을 봉쇄하면 밀어붙

65) 삼절에 대한 보다 자세한 설명은 다음을 참조하기 바란다. 김광석, ≪권법요결≫(서울: 동문선, 1992), 19-23쪽.

66) 정(精), 기(氣), 신(神)을 내삼합(內三合), 수(手), 안(眼), 신(身)을 외삼합(外三合)으로 보기도 한다. ≪中國武術大辭典≫編纂委員會, ≪中國武術大辭典≫(北京: 人民出版社, 1990), 325-326쪽.

이는 동작과 결합해 상대를 넘어뜨리게 된다. 관건은 수법과 보법이 서로 조화되어 움직이는 데 있다. 앞의 '수족상응'은 바로 이러한 움직임을 가리키는 것이다.

세 번째 구절의 '각여풍(脚如風)'은 보법이 바람처럼 빠르다는 말이다. 32세 가결에서 '각(脚)'은 보법 외에도 퇴법[발차기]을 가리키는 데도 사용되고 있다. 칠성권세[5번], 현각세[7번], 구류세[8번], 점주세[12번], 금나세[14번], 고사평세[17번], 귀축각세[20번], 수두세[22번], 조양수세[26번], 요란주세[29번]의 10세에 '각(脚)'이 등장하며, 각이 퇴법[발차기]을 가리키는 의미로 사용된 것은 현각세, 구류세, 금나세, 고사평, 조양수의 5세이며, 보법으로 사용된 것은 칠성권, 점주세, 귀축각, 수두세, 요란주의 5세이다.

마지막 구절은 비록 상대가 빠르더라도 나는 상대의 빈틈을 노려 손과 발이 동시에 움직이며 이 모멘텀을 이용해 상대를 팔을 훑어서 걷어내거나 좌우로 누르거나 밀쳐내며 공격하는 칠성권세가 있으니 걱정할 필요가 없다는 감탄조로 가결이 마무리되고 있다.

6. 도기룡세

융경본	≪삼재도회≫본	조선본	학진탐원본

원문

到騎龍詐輸佯走, 誘追入遂我回衝.

恁伊力猛硬來攻, 怎當我連珠砲動.

번역

도기룡세는 패한 것처럼 속이며 도망가느니 상대가 쫓아오도록 유인하고는 나는 뒤돌아서 되받아치느니라.

그대의 힘은 맹렬하며 공격은 아무리 세차게 들어온다 한들 나의 연주포가 발동하면 어떻게 당해내겠는가?

주해

도기룡(倒騎龍)은 '뒤로 용을 타는 자세'라는 말이다.[67] 도기룡(到騎龍)의 '도(到)'는 '도(倒)'와 통한다.[68] 소나 노새를 거꾸로 앉아서 탄다는 '도기우(倒騎牛)'나 '도기려(倒騎驢)'라는 용례와 구조적으로 같다. 또한 기룡은 무예 이론에서 보법을 가리키기도 하는데, '기룡보(騎龍步)'는 몸을 뒤로 돌리며 내딛는 보법을 말한다.[69] 그림은 좌궁보 몸을 왼편으로 틀어서 뒤를 향하며, 왼 주먹은 입권으로 뒤쪽으로, 오른 손바닥은 아래를 향하여 내려쳐 공격하는 장면을 묘사하고 있다.

도기룡에는 미쳐 방어할 수가 없어 자세를 바로잡을 틈도 없이 서

---

67) '기룡(騎龍)'은 문자 그대로는 용을 탄다는 의미이다. 황제(黃帝)가 용을 타고 하늘로 올라갔다는 전설에서 유래해 황제(皇帝)의 죽음을 가리키기도 한다. 단국대학교동양학연구소, ≪한한대사전(漢韓大辭典)≫(서울: 단국대학교출판부, 15권, 2002), 506쪽. 하지만 여기서는 문맥상 무술적인 의미로 해석되어야 한다.

68) 曹文明・呂穎慧 校釋, ≪紀效新書≫(18卷本)(北京: 中華書局, 2001), 233쪽.

69) 孫國中 增訂點校, ≪增訂手臂錄 - 中國槍法眞傳≫(北京: 北京師範大學出版社, 1988), 54쪽.

둘러 도망간다는 의미가 담겨 있다. 얼마나 급했으면 방향도 못 잡고 거꾸로 올라타고 도망을 쳐야 했을까? 하지만 도기룡의 묘는 역으로 이렇게 서둘러 도망치는 행동을 일부러 연출해 상대방을 유인하는 데 있다.

도기룡은 두 가지 용법으로 구성되어 있다. 하나는 패배한 듯이 도망가는 동작, 다른 하나는 뒤로 돌아서며 연속으로 반격하는 동작이다. 전자는 상대에게 허점을 보여줘 유인하는 허수(虛手)이며, 뒤이어 사정권으로 들어온 상대를 연속으로 되받아치는 공격이 실수(實手)이다.

격투에서 상대를 속이는 방법은 여러 가지가 있다. 병법에서 말하는 동쪽에서 소리를 내고 서쪽을 친다는 '성동격서(聲東擊西)'가 대표적인 예일 것이다. 도기룡세는 상대와 대적하는 상황에서 그 기세나 기술에 못 이기는 척하며 몸을 틀어 뒤로 돌아서는 형태로 속인다. 격투 중 일단 등을 보이게 되면 상대는 유리한 기회를 포착했다고 판단하고 더욱 강하게 밀어붙이며 뒤쫓아 들어오게 되는데, 바로 이 타이밍을 놓치지 않고 순간적으로 뒤로 돌아서며 상대를 역습하는 것이다.

두 번째 구 마지막의 '회충(回衝)'에서 '충(衝)'은 곧바로 내지르는 스트레이트성 펀치인 '충권(衝拳)'을 가리킨다.

도기룡세는 상대가 맹렬하고 강하게 들어오면 들어올수록 역습은 더욱 효과가 있다. 왜냐하면 상대의 의식과 힘이 한곳에 편재되어 변화에 대응하는 속도가 더딜 수밖에 없기 때문이다. 반면, 나의 반격은 상대가 방심한 틈을 역이용하기 때문에 상대는 대처하기가 어렵다. 바로 세 번째 구는 이 점을 지적하고 있다.

마지막 구절의 '연주포'는 연속으로 발사되는 대포를 가리킨다. '연주'는 구슬이 실에 꿰어져 연결되어 있다는 말로, 연주포는 꿰어져 있는 구슬처럼 끊임없이 연속으로 발사되는 대포를 비유한 것이다. 여기서는 나의 역습이 단발성 공격에 그치는 것이 아니라 연이어 계속된다는 의미를 강조하기 위해 사용되었다. 연주포에 해당하는 공격은 충권으로 곧게 내지르는 스트레이트성 펀치를 가리킨다. 연속으로 공격하므로 상대는 더더욱 막아내기 힘들다.

'즘당아(怎當我)'에서 '즘당(怎當)'은 백화적인 용법으로 어찌하랴, 어찌할 수 없음을 나타내는 반어적인 표현이다.[70] 여기서는 문맥에 맞춰 '당(當)'을 대적하다, 맞선다는 의미로 보아 "어떻게 나에게 당해내겠는가?"라고 번역했다.

7. 현각세

융경본 	≪삼재도회≫본 	조선본 	학진탐원본 

70) 단국대학교동양학연구소, ≪한한대사전(漢韓大辭典)≫(서울: 단국대학교출판부, 2002), 5권, 489쪽.

원문

懸脚虛餌彼輕進, 二換腿決不饒輕.

趕上一掌滿天星, 誰敢再來比並.

번역

현각세는 거짓 미끼로 상대가 멋모르고 들어오게 해 이환퇴로 공격하니 결코 경솔함을 놓치지 않는구나.

뒤쫓아 들어가 일장을 가하면 눈앞에 별이 가득하니 어느 누가 감히 다시 와서 승부를 겨루고자 하겠는가?

주해

현각세는 '현각허이세'라고도 한다. ≪무예도보통지≫에는 '현각허이세'로 세명을 표기하고 있다.[71] 본서에서는 대구를 이루는 번역문의 글자 수를 맞추기 위해서 '현각세'라고 줄여서 사용했다. '현각허이세'는 '발을 들어 거짓 먹이를 주는 자세'로 번역된다. 발로 상대를 공격하여 일부러 허점을 노출하고 상대가 그 빈틈을 노리고 들어오면 이를 역이용해 반격하는 기법이다.

'현각(懸脚)'에서 '현'은 '현수막(懸垂幕)'이라는 단어에서 볼 수 있듯이 매달아 건다는 의미를 가지고 있다. 이로 인해 한 다리를 들고 서서 상대를 유인하는 것으로 오해하기도 한다.[72] 이는 '현각'의 무

71) 正祖命撰, ≪武藝圖譜通志≫(서울: 학문각, 1970 영인), 721쪽.

72) 馬明達, <戚繼光 ≪拳經≫探論> ≪說劍叢稿≫(北京: 中華書局, 2007b); Clifford Michael Gyves, ***An English Translation of General Qi Jiguang's "Quanjing Jieyao Pian"(Chapter on the Fist Canon and the Essentials of Nimbleness) from the Jixiao Xinshu***. Master's degree thesis(Tucson: The University of Arizona, 1993); 大塚忠彦, ≪中國, 琉球武藝志≫(東京: ベースボール・マガジン社, 1998).

술적인 의미를 파악하지 못한 데서 생긴 오류이다. 다이내믹한 움직임을 근본으로 하는 무예 기법, 특히 상대와 겨루는 상황에서 한 발을 들고 정지된 자세로 선다는 것은 사리에 맞지 않는다. 비록 몸의 균형을 잡는 기초 훈련법으로 한 발을 들고 정지된 자세로 균형을 유지하는 수련법이 있기는 하나 여기 가결에는 해당하지 않는다. 여기서 '현각'은 다리를 들고 서 있는다는 말이 아니라 다리를 들어 차되 실초(實招)가 아니라 허초(虛招)로 찬다라는 의미이다. 즉, 상대를 유인하기 위해 발차기로 미끼로 날린다는 말이다. 결정타는 곧바로 이어지는 두 번째 발차기[이환퇴]와 손바닥[장] 공격이다.[73]

발차기는 손보다 강하고 먼 거리에서 사용할 수 있다는 장점에도 불구하고 손보다 속도가 느리다. 게다가 발차기를 할 때는 필연적으로 발을 들거나 뛰는 동작으로 인해 무게중심이 지면으로부터 멀어져 안정성이 떨어질 수밖에 없다. 따라서 공격자는 발차기 동작이 가지는 허점을 최소화하는 움직임을 구사해야 하며, 역으로 방어자의 입장에서는 상대의 허점을 최대한 비집고 들어갈 수 있도록 해야만 소기의 목적을 달성할 수 있게 된다.

또한 운동역학적으로 봤을 때 상대의 공격에 정면으로 맞서는 것은 비효율적이다. 강 대 강이 맞붙게 되면 필연적으로 약한 쪽이 부러지게 마련이다. 그게 꼭 상대방이 되리란 법은 없다. 아울러 상대의 강한 공격을 맞받아 막고 연이어서 공격으로 전환하려면 시간적인 면에서 손실이 생기게 마련이다.[74] 발차기 역시 마찬가지이다.

---

73) 권법 32세를 분석할 때 현각세를 과연 발차기로 분류할 것인지를 확정하기 힘든 이유도 여기에 있다. 마지막 손바닥 공격이 결정타가 된다는 점에서 보면 비록 명칭에서 현각세라고 발차기를 강조했다 하더라도 그 주안점은 오히려 수법에 있기 때문이다.

74) 앞의 <권경첩요편> 서두에서 설명한 "상대에게 말려들지 않고 곧바로 되받아치면 상대

권경 32세에서는 발차기 공격에 대해 이를 직접적으로 막기보다는 흘려내거나 피하면서 상대에게 달려들어가며 반격하는 구조를 선호한다. 대표적으로 구류세[8번]와 점주세[12번], 조양수세[26번] 등을 들 수 있다. 그런데 현각세는 바로 이러한 구조를 역이용하는 데 그 묘가 있다. 발로 상대를 차는 동작을 취해 허점을 보여주고 상대가 공격해 들어오는 것을 되받아치는 것이다.

현각세의 첫 발차기는 본격적인 공격이 아니라 상대를 속이는 데 주안점이 있다. 속이는 방식은 가결에서처럼 헛발차기로 상대방의 공격을 유인하는 방식, 혹은 발차기로 상대방을 놀라게 해서 주의를 분산시키고 후속타를 가하는 방식 등이 모두 포함된다.

속임수를 이용해 상대를 공격하는 패턴은 무술이나 병법 등에서 보편적으로 발견되는 기술 구조 가운데 하나이다. ≪무편≫<권(拳)>은 "오른발로 차서 상대를 놀라게 하고 오른손 절수나 왼손 비권으로 상대의 안면을 공격, 연속으로 오른 주먹으로 일제히 공격을 가하는 기법"을 '경법(驚法)'이라고 하는데, 발로 차서 상대를 유인하고 쫓아 들어가 장으로 공격하는 현각세의 기술적인 응용이나 ≪무편≫의 경법은 동일한 구조를 가지고 있다.

세 번째 구절의 '만천성(滿天星)'은 "하늘에 별이 가득하다"는 말로 여기서는 손바닥으로 안면을 얻어맞고 눈앞에 별이 보이는 상황을 묘사하고 있다.

마지막 구절의 '수(誰)'는 '누구', '누가'라는 사람을 가리키는 의문사이다. '비병(比並)'은 비교하다, 서로 견주다, 무예나 능력 따위를 겨

의 공격은 한 번에 그치지만 상대의 허초에 말려들어 방어 동작을 취하면 연이어 열 번의 공격을 받게 된다"라는 문구를 상기하라.

루다는 의미다.[75] 이 구절은 의문문의 구조를 띤 반어법으로 아무도 감히 다시 와서 겨룰 엄두를 내지 못하리라는 것을 강조하고 있다.

8. 구류세

융경본	≪삼재도회≫본	조선본	학진탐원본

원문

丘劉勢左搬右掌, 劈來脚入步連心.
挪更拳法探馬均, 打人一着命盡.

번역

구류세는 좌우로 움직이며 장으로 방어하느니 상대 발차기 공격을 내려찍으며 걸어들어가 심장을 공격하느니라.

이 기법을 주먹을 사용하는 법으로 바꾸면 탐마세와 매한가지이니 상대를 치면 한 초식에 목숨이 끊어지느니라.

---

75) 단국대학교동양학연구소, ≪한한대사전(漢韓大辭典)≫(서울: 단국대학교출판부, 2004), 7권 981쪽.

주해

구류세(丘劉勢)는 구류세(邱劉勢)라고도 한다.[76] 주로 청대에 편찬된 ≪기효신서≫는 공자의 이름인 '구(丘)'를 피하기 위해서 '구(邱)'를 사용하고 있다. 구(丘)는 지세에 따라 자연스럽게 형성된 언덕이나 구릉, 둔덕을 가리키며, 크다[大], 비어 있다[空], 모으다[聚] 등의 의미가 있다. 류(劉)는 제사에 사용되는 상징적인 도끼, 죽이다[殺]를 가리킨다.[77] 여기서는 구류세를 '도끼를 들어 올린 자세'로 번역했다.

구류세는 상대의 발차기 공격을 방어하면서 역습을 하는 기법이다. 그림에서는 왼팔을 높이 들어 올린 상태로 표시되어 있지만 상대의 공격 방향이나 상황에 따라 왼편 혹은 오른편 양쪽 다 가능하다. '좌반우장(左搬右掌)'은 '좌우반장(左右搬掌)'을 달리 표현한 것이다. 한문에서는 단어를 분리하거나 순서를 바꿔서 의미를 강조하거나 뉘앙스를 표현하는 것이 일반적이다. 예를 들면, '천장지구(天長地久)'라는 말은 하늘과 땅이 존재한 시간처럼 오래되었다는 말인데, 얼핏 하늘이 길고[天長] 땅이 오래되었다[地久]는 말로 의미가 금방 드러나지 않지만 사실 이 말은 "천지가 장구하다"는 '천지장구(天地長久)'를 달리 표현한 것에 지나지 않는다. 여기 '좌반우장' 역시 마찬가지이다. '반(搬)'은 옮긴다, 이동한다는 말로, 여기서는 장으로 이루어지는 공격 혹은 방어 동작을 가리킨다. 뒤의 요란주세(29번)

---

76) 융경본 ≪기효신서≫, ≪무비지≫, ≪문연각사고전서≫본, 조선본 ≪기효신서≫ 모두 '구류세(丘劉勢)'로 판각되어 있다. 반면, 학진탐원본 ≪기효신서≫는 구류세(邱劉勢)로 되어 있다.

77) ≪漢語大字典≫編輯委員會, ≪漢語大字典≫(成都: 四川辭書出版社, 1986-1990), 17쪽, 359쪽.

도 '반하장(搬下掌)'이란 구절이 보이는데, 위에서 아래로 내리치는 장을 가리킨다.

'입보(入步)'는 상대를 향하여 들어가는 보법을 가리키며, '연(連)'은 연접하다, 이어진다, '심(心)'은 심장, 상대의 중심을 의미한다. 따라서 '입보연심(入步連心)'은 보법을 사용해 상대에게 들어가며 상대의 중심선을 가격한다는 말이다. 따라서 구류세는 소극적인 방어에 머무는 것이 아니라 방어와 동시에 보법을 사용해 상대 깊숙이 들어가며 공격하는 기법이라고 할 수 있다.

흥미롭게도 탐마세(2번)와 대조해보면 외형적으로 구류세는 탐마세와 거의 동일한 모습을 띠고 있다. 두 기법 모두 한 팔을 높이 든 자세를 취하고 있는데, 양자의 차이는 반대 손의 모양과 위치, 그리고 거기에서 파생된 기법에 있다. 탐마세의 왼손은 왼편 허리에, 구류세의 오른손은 권심이 위를 향하며 옆구리 위쪽에 위치한다.

탐마세의 왼손은 상대의 팔이나 손목을 움켜잡아 허리 쪽으로 채오는 데 주목적이 있는 반면, 구류세의 오른손은 상대의 중심선을 향해 공격해나가기 직전의 모습을 묘사하고 있다. 탐마세의 오른손은 왼손의 움직임과 곧바로 연계되어 있는 반면 구류세의 경우는 들어 올린 손으로 내려 훑으며 오른 주먹으로 상대의 심장을 향해 스트레이트로 찔러 친다.

세 번째 구절에서 구류세가 권법, 즉 주먹을 사용하는 법으로 변해 적용되면 탐마세와 같다는 말은 구류세를 상대의 발차기에 대한 반격이 아니라 상대의 수법에 대해서 사용하게 되면 탐마세처럼 응용하는 것도 가능하다는 맥락에서 나온 것이다. 위로 들어 올린 팔은 아래로 훑어 내리거나 휘둘러 치는 등으로 변화하며 응용하게 된다.

탐마세	구류세

일반적으로 발차기는 손을 사용한 공격보다 느리지만 더 위력적이다. 따라서 발차기를 방어할 때는 상대의 파워에 유의할 필요가 있다. 발차기가 들어오는 방향에 직각으로 맞서기보다는 비스듬히 혹은 힘의 방향을 틀어서 공격자가 제 힘에 의해 무력화되는 방법을 취하는 것이 효과적이다. 이렇게 하기 위해서는 먼저 발차기의 방향을 정확하게 예측할 필요가 있다. 아울러 단순히 상대의 발차기 공격을 방어하는 데 그치는 것은 아니다. 상대의 발차기를 방어하거나 피하여 무력화시키는 동시에 상대에게 뛰어들어 가며 반격을 가하는 데 주안점이 있다. 나를 향해 치고 들어오는 상대의 힘을 순화시키며 역으로 나는 상대의 속으로 치고 들어가기 때문에 그 충격력은 배가된다. 구류세의 오른발이 앞으로 걸어 나가는 듯 묘사되어 있는 점도 고려할 필요가 있다. 구류세에서는 보법을 사용해 상대에게 들어가며 공격하는 동작이 강조되고 있는데, 그림에서도 이러한 역동적인 움직임의 일단을 읽어낼 수 있다.

마지막 구절은 구류세가 한 수에 상대의 목숨을 끊어버릴 수 있을 정도로 강력한 기술이라는 점을 감탄조로 강조하고 있다.

9. 하삽세

융경본 	≪삼재도회≫본 	조선본 	학진탐원본 

원문

下揷勢專降快腿, 得進步攬靠無別.

鈎縫鎖臂不容離, 上驚下取一跌.

번역

하삽세는 오로지 상대의 빠른 다리를 굴복시키는 자세니 앞으로 나아갈 수 있으면 얽어매기나 부딪히기를 구별 않고 쓰느니라.

빈틈은 갈고리로 걸 듯 팔뚝은 자물쇠로 옭아매듯 빠져나가지 못하게 하며 위를 놀라게 하고 아래를 공격하여 넘어뜨리느니라.

주해

하삽세는 '내리꽂는 자세'라는 말이다. 하삽세는 바로 상대의 발차기 공격을 내리꽂듯이 혹은 내리치듯이 훑어내며 무력화시키고 역습하는 기법이다. 융경본과 조선본은 앞치마를 두른 형태로 묘사되어 있어 ≪삼재도회≫본이나 학진탐원본과는 차이가 있지만 전반적으로 모든 그림은 거의 비슷하게 묘사되어 있다.

권경 32세에는 발차기에 관련된 기법[퇴법]이 많이 등장한다. 발을 사용한 공격법뿐 아니라 퇴법에 대한 방어 기법이 많이 등장하는 데서 우리는 당시 발차기 기술이 광범위하게 사용되고 있음을 유추할 수 있다. 앞의 구류세[8번]나 뒤의 점주세[12번]와 마찬가지로 하삽세는 발차기를 방어하는 기법이다.

'쾌퇴(快腿)'는 <권경첩요편>에 총 네 번 등장한다. 여기 하삽세와 함께 금나세[14번], 중사평세[15번], 안시세[27번]에 보인다. '쾌퇴'는 문자 그대로 해석하면 빠른 다리라는 말이다. 쾌퇴를 직래권(直來拳), 즉 곧바로 들어오는 주먹으로 해석하기도 한다.[78] 금나세[14번]의 가결 "직래권봉아투활(直來拳逢我投活), 임쾌퇴부득통융(恁快腿不得通融)"에서 뒤에 나오는 '쾌퇴'가 바로 앞 구절의 '직래권'을 가리키는 것으로 보아 '쾌퇴'가 '곧바로 들어오는 주먹'을 가리킨다고 보는 것이다. 참신하기는 하나 나는 원 단어의 의미에 충실하게 해석했다. 왜냐하면 권법에서 수법과 보법이 일치되어 움직여야 한다는 점을 감안하면 앞의 직래권은 직래권 대로 수법을 가리키는 것으로 바로 뒤의 쾌퇴는 그에 상응하는 보법을 가리키는 것으로 볼 수 있기 때문이다. 마찬가지로 중사평세[15번] 가결, "강하게 공격해 들어감으로 빠른 다리라도 들어오기 어려우니라[硬攻進快腿難來]"에도 동일하게 적용될 수 있다. 나는 32세 가결의 전편에 걸쳐 나오는 '쾌퇴'를 문자 그대로 모두 다리에 관련된 용법으로 보아 빠른 다리의 운용, 즉 보법 혹은 퇴법으로 해석하였다.

하삽세가 오로지 상대의 빠른 다리를 제압하는 기법이라는 첫 구절의 언급은 이 기법이 발차기와 관련이 있다는 점을 단적으로 보여

78) 鄭少康, ≪紀效新書拳經考≫(上海體育學院博士學位論文, 2007), 160쪽.

준다. 하삽세라는 말에서 보듯이 여기서 상대의 빠른 발은 낮게 들어오는 공격을 내리꽂듯이 혹은 위에서 아래로 내리치듯이 훑어내며 방어하는 것을 가리킨다. 하지만 하삽세는 단순히 상대의 빠른 발차기를 수동적으로 막는 데 머무르는 건 아니다. 방어와 더불어 곧바로 상대에게 붙어 들어가며 다음 공격으로 이어진다.

두 번째 구절에는 '교(攪)'나 '고(靠)'의 방법을 사용한다고 했는데, 여기서 '교'는 상대를 얽어매는 기법을, '고'는 체중과 돌진해 들어가는 모멘텀을 이용해 상대에게 부딪히는 기법을 가리킨다. 즉, 상대의 발차기를 훑어내며 붙어 들어가 상대를 옭아매거나 어깨 혹은 팔꿈치, 무릎 등의 부위를 사용해 부딪혀 쓰러뜨리는 것이다.

세 번째 구절 '구봉쇄비(鈎縫鎖臂)'는 융경본을 제외한 기타 판본에서 '구각쇄비(鈎脚鎖臂)'로 표기되어 있다. 조선본 ≪기효신서≫에는 '구(鈎)'와 '쇄비(鎖臂)' 사이의 글자가 누락되어 있다. 여기에서는 융경본을 따라 '구봉쇄비'로 보았다. '구'는 갈고리를 말하며 '쇄'는 자물쇠를 가리키는데, 상대의 팔을 움켜잡아 자물쇠처럼 봉쇄하여 위아래로 꼼짝 못 하게 한다는 의미이다. 만약 '구각쇄비(鈎脚鎖臂)'로 보면 "다리를 갈고리처럼 얽어매고, 팔을 봉쇄한다"는 의미가 된다. '불용(不容)'은 허락하지 않다, 용납(허용)하지 않다는 말이다.[79] '리(離)'는 잃다, 잃어버리다, 갈라지다, 떨어지다, 분리되다, 도피하다는 의미[80]로 '불용리'는 여기서 상대가 나의 손아귀에서 벗어나 도망을 갈 수 없다는 것을 나타낸다.

---

79) 단국대학교동양학연구소, ≪한한대사전(漢韓大辭典)≫(서울: 단국대학교출판부, 1999), 1권 357쪽.

80) ≪漢語大字典≫編輯委員會, ≪漢語大字典≫(成都: 四川辭書出版社, 1986-1990), 4106-4107쪽.

마지막 구절은 하삽세가 상대의 발차기를 막는 데서 시작했지만 연이은 공격은 위를 놀라게 하며 아래를 공격하는 성동격서(聲東擊西)의 방법을 통해 상대를 넘어뜨리는 질법(跌法)임을 보여주다.

10. 매복세

융경본	≪삼재도회≫본	조선본	학진탐원본

원문

埋伏勢窩弓待虎, 犯圈套寸步難移.

就機連發幾腿, 他受打必定昏危.

번역

매복세는 와궁을 설치하고 호랑이를 기다리는 자세니 올가미를 건드리면 촌보도 움직이기 어려우니라.

기회를 포착하면 연속 발차기로 결정타를 가하니 얻어맞은 상대는 반드시 혼미하여 위태롭게 되고 마느니라.

주해

매복세는 '매복하는 자세'라는 말이다. 매복은 원래 군사 용어로 풀숲이나 덤불, 언덕이나 둔덕의 자연물이나 갱도나 참호와 같은 인공물을 이용해 자신을 은폐하는 행위를 의미한다. 하지만 매복은 단순히 숨어서 피하는 소극적인 행위만을 가리키는 건 아니다. 매복의 목적은 궁극적으로 상대를 기습하는 데 있다. 매복세는 여기서 의미를 취한 것으로 자신은 최대한 은폐하여 숨기며 기회를 포착하면 급습하는 기법을 나타낸다.

매복세의 그림은 판본에 따라 다소 차이가 있다. 융경본과 조선본은 왼손바닥을 펴고 있는 것으로 묘사하고 있으나 다른 판본은 주먹을 쥔 모습으로 그려져 있다.

첫번째 구절의 '와궁(窩弓)'은 '와노(窩弩)'라고도 하며, 짐승을 잡기 위해 은닉시켜 놓는 기계식 활[쇠뇌]을 가리킨다. 주로 짐승들이 다니는 길목에 설치하며 덫을 건드리면 자동으로 화살이 발사되도록 장치가 되어 있다. '와궁대호(窩弓待虎)'란 와궁을 설치하고 호랑이를 기다린다는 말이다.

두 번째 구절의 '권투(圈套)'는 '올가미' 혹은 '덫'을 말하는데, 와궁에 기계적으로 연결되어 있어서 이 권투를 건드리게 되면 바로 화살이 발사된다. '촌보(寸步)'는 일촌의 작은 걸음을 가리킨다. 촌보도 움직일 수 없다는 말은 옴짝달싹할 수 없이 당한다는 것을 강조한다.

상대가 오른 주먹으로 공격해올 때 왼손으로 걷어올리며 오른발이 한 걸음 나아가 자세를 낮추며 오른 주먹을 횡으로 휘둘러 상대의 옆구리를 공격한다. 급격히 자세를 낮춰 상대에게 접근해 들어가는 데 그 묘가 있다. 아울러 연이어서 발차기로 상대에게 결정타를 날린다.

세 번째 구절의 '연발기퇴(連發幾腿)'는 매복세의 실질적인 공격법으로 와궁에서 발사된 화살에 비유될 수 있다. '연발'은 연이어 일어난다는 말로, 여기서는 상대가 덫을 건드리면 곧바로 화살이 발사되듯 연이어서 발차기가 이어진다는 말이다. '기퇴(幾腿)'에서 '기(幾)'는 '요해(要害)', '요점(要點)', '관건(關鍵)', 정곡(正鵠)을 의미하며[81] 여기서는 상대의 급소를 치고 들어가는 결정타가 될 수 있는 발차기를 가리킨다.

마지막 구절은 공격을 받은 상대가 반드시 정신을 잃을 정도로 혼미하게 된다는 것을 강조하고 있다.

11. 포가자세

융경본	≪삼재도회≫본	조선본	학진탐원본

원문

抛架子搶步披掛, 補上腿那怕他識.

右橫左採快如飛, 架一掌不知天地.

81) ≪漢語大字典≫編輯委員會, ≪漢語大字典≫(成都: 四川辭書出版社, 1986-1990), 1095쪽; 단국대학교동양학연구소, ≪한한대사전(漢韓大辭典)≫(서울: 단국대학교출판부, 2001), 4권 1174쪽.

번역

포가자세는 창보로 걸어가며 내리치고 걷어내는 세이니 빈틈으로 올려 차면 어찌 상대가 안다고 두렵겠는가?

오른편 왼편으로 횡으로 잡아채는 것은 나는 듯이 빠르니 일장을 휘두르면 천지를 분간하지 못하는구나.

주해

포가자세는 '던지는 자세'라는 말이다. 상대에게 붙어 들어가며 상대의 수법을 걸어 누르거나 왼편 혹은 오른편으로 잡아채며 장으로 공격하는 기술이다.

포가자세(抛架子勢)의 '포(抛)'는 '척(擲)', 즉 던진다는 말이다.[82] '가자(架子)'는 시렁, 들보를 말하는데 여기서는 횡으로 펼쳐진 팔을 가리킨다. 따라서 포가자는 손을 던지듯이 휘둘러 공격하는 기법을 가리킨다. 포가자는 학진탐원본만 유독 다르게 그려져 있는데, 가결과 대조해보면 학진탐원본처럼 이어지는 왼손의 움직임이 바로 피에 해당한다고 할 수 있다. 전면 앞을 향해 아래로 내리치듯 상대의 수법을 제어하며 다음 동작으로 이어진다.

'창보(搶步)'는 앞의 요단편세[4번]에서 나왔듯이 연이어 빠르게 걷는 보법을 가리킨다. '피괘(披掛)'에서 '피'는 쪼개듯 내리치거나 후려치는 기법을 말하며, '괘'는 상대의 팔이나 다리를 걸어 올리거나 내리는 기법을 가리킨다. 위로 걸어 올리면 상괘, 아래로 걸어 내리면 하괘로 구분한다.

두 번째 구절의 '보상퇴(補上腿)'에서 '보(補)'는 무술 용어로 상대

---

82) ≪漢語大字典≫編輯委員會, ≪漢語大字典≫(成都: 四川辭書出版社, 1986-1990), 1842쪽.

공격이나 방어 동작에서 생긴 빈틈을 메우거나 보충하는 것을 말한다. '퇴(腿)'는 퇴법, 즉 발차기를 가리킨다. '상(上)'은 가하다, 덧붙이다[83]는 의미로 '상퇴'는 앞 동작에 연이어 발차기를 한다는 말이다. '보상퇴'의 '퇴'를 퇴법이 아니라 보법으로 해석할 수도 있다.[84] 하지만 나는 ≪무예도보통지≫<권법>의 예를 따라 '퇴'를 '퇴법'으로 보았다. ≪무예도보통지≫<권법> 뒷부분의 대련에 두 사람이 포가자세와 점주세로 대결하는 장면이 나오는데, 포가자세에는 발차기가 포함되어 있다. 이는 포가자세의 가결을 정확하게 반영하고 있다.[85] '나파타식(那怕他識)'에서 '나(那)'는 여기서 의문사로 '왜', '어찌', '무엇 때문에'라는 뜻이다.[86] '식(識)'은 안다, 인식하다, 눈치채다는 말이다.[87] 상대가 이런 나의 움직임을 안다고 해도 이미 나의 기세에 눌려 어쩔 수 없는 상황에 놓이게 될 터이니 두렵지 않다는 감탄조로 마무리하고 있다.

세 번째 구절의 '우횡좌채(右橫左採)'는 오른편 왼편으로 옆으로 잡아챈다는 말이다. '우횡'과 '좌채'를 별개의 기술을 묘사하는 것으로 보아 오른편으로는 횡권을 왼편으로는 채법을 사용하는 것으로 해석하기도 하지만 앞의 구류세[8번]의 '좌반우장(左搬右掌)'의 용례에서 보이듯 우횡좌채는 어느 한편이 아니라 좌우에 모두 걸리는 것으로 해석하는 것이 타당하다. 왼편이나 오른편을 향해 횡으로 휘둘

83) ≪漢語大字典≫編輯委員會, ≪漢語大字典≫(成都: 四川辭書出版社, 1986-1990), 6쪽.

84) 츠엉사오캉은 보법으로 보고 있다. 鄭少康, ≪紀效新書拳經考≫(上海體育學院博士學位論文, 2007), 162-163쪽.

85) 正祖 命撰, ≪武藝圖譜通志≫(서울: 학문각, 1970 영인), 503쪽.

86) ≪漢語大字典≫編輯委員會, ≪漢語大字典≫(成都: 四川辭書出版社, 1986-1990), 3760쪽.

87) ≪漢語大字典≫編輯委員會, ≪漢語大字典≫(成都: 四川辭書出版社, 1986-1990), 4020쪽.

러치거나 잡아채는 공격을 모두 포괄한다.

마지막 구절의 '가일장(架一掌)'은 장을 건너지르듯 하여 친다는 의미로 좌우로 잡아채며 연이어 장으로 공격하는 기법을 가리킨다. "천지를 분간하지 못하는구나"는 두 번째 구절에서 상대가 안다고 두렵겠는가라는 표현처럼 감탄조로 기법의 우수성을 강조한 말이다.

12. 점주세

융경본	≪삼재도회≫본	조선본	학진탐원본

원문

拈肘勢防他弄腿, 我截短須認高低.

劈打推壓要皆依, 切勿手脚忙急.

번역

점주세는 상대의 농퇴를 가로막는 세이니 나는 차단하며 단권으로 치니 높고 낮음을 분별해야만하느니라.

쪼개 치고, 밀어 누르는 공격이 모두 거기서부터 시작하니 절대 손발을 조급하게 움직여서는 안 되느니라.

주해

점주세는 '팔꿈치를 붙이는 자세'라는 말이다. '점(拈)'은 '달라붙는다[粘]'는 의미로 양 손가락을 모아 꼭 잡고 놓지 않는 것을 말한다.[88] 아울러 손을 사용해 경중(輕重)을 예측하거나 짐작하는 손대중이나 손짐작을 나타내기도 한다.[89] 상대 수법의 힘의 강도, 방향, 타이밍 등을 읽어낸다는 의미가 내포되어 있다. 그림은 오른손으로 상대의 수법을 덮어 누르며 왼 손등 주먹[붕권]으로 되받아치는 기술을 표상하고 있다.

'방타농퇴(防他弄腿)'에서 '방(防)'은 원래 둑, '제방(堤防)'을 가리키는 말로, 전화되어 가로막다, 막아서 끊는다는 의미를 가지게 되었다.[90] '농퇴(弄腿)'에서 '농'은 희롱한다, 우롱한다는 의미이다.[91] '퇴'는 퇴법[발차기]과 보법 두 가지 모두 해석이 가능하다. 어느 경우든 상대의 발 움직임을 방지하다, 못 하게 한다는 의미가 있다.

두 번째 구절 '절단(截短)'에서 '절(截)'은 가로막거나 차단하여 저지한다는 말이다.[92] '단(短)'은 짧게 끊어 치는 '단타'를 가리킨다. 상대 수법의 높고 낮음을 분별하여 차단하며 나의 붕권[단타]으로 맞받아친다는 것을 나타낸다.

세 번째 구절의 '벽타퇴압(劈打推壓)'은 첫 번째 구절의 농퇴를 어떻게 보느냐에 따라 해석이 달라진다. 먼저 '농퇴'를 발차기로 보면

88) 단국대학교동양학연구소, ≪한한대사전(漢韓大辭典)≫(서울: 단국대학교출판부, 2002), 5권 1119쪽.

89) ≪漢語大字典≫編輯委員會, ≪漢語大字典≫(成都: 四川辭書出版社, 1986-1990), 1851쪽.

90) ≪漢語大字典≫編輯委員會, ≪漢語大字典≫(成都: 四川辭書出版社, 1986-1990), 4118쪽.

91) ≪漢語大字典≫編輯委員會, ≪漢語大字典≫(成都: 四川辭書出版社, 1986-1990), 515쪽.

92) ≪漢語大字典≫編輯委員會, ≪漢語大字典≫(成都: 四川辭書出版社, 1986-1990), 1409쪽.

뒤의 '벽타퇴압(劈打推壓)'은 낮은 발차기 공격에 대해 내리치는[劈打]의 방법으로, 높을 경우에는 좌우로 방향을 틀며 내리누르는[推壓] 기법을 나타낸다. 낮게 들어오는 공격은 위에서 아래로 누르듯 공격하면 힘의 이점을 얻을 수 있으며, 높은 발차기 공격은 방향을 틀어 밀어내는 기법을 사용할 수 있다. 발이 높을 경우 상대적으로 무게중심이 위로 뜨기 때문에 작은 힘만으로도 쉽게 상대의 중심을 무너뜨릴 수 있다. 반면, '농퇴'를 보법으로 볼 경우에는 상대가 속임수 보법을 사용하여 나의 권안[안쪽] 혹은 권밖[바깥쪽]으로 파고들거나 돌아 들어오는 것을 가리킨다. 이때 상대는 손을 얽고, 들어 올리거나, 잡아채는 등의 수법을 결합하여 공격하게 된다. 이 경우 '벽타퇴압(劈打推壓)', 즉 쪼개 치고[벽타], 밀어 누르는[퇴압] 수법을 사용하여 되받아치는 것을 나타낸다.

점주세의 요점은 어떻게 상대 공격의 높고 낮음을 읽어내 적절하게 대처하는가에 있다. 일반적으로 "높이 공격해오면 위로 들어 올리고, 낮게 공격해오면 아래로 자르며, 높지도 낮지도 않으면 좌우로 밀어 막는다"[93]고 하는데, 여기 벽타퇴압은 바로 이러한 공격법의 전형적인 예라고 할 수 있다.

마지막 구절의 손발을 조급하게 움직여서는 안 된다는 말은 타이밍을 정확하게 포착해 움직여야 한다는 말이다. 특히 무술에서는 손과 발이 동시에 도달하는 움직임을 강조한다. 가결에 "손이 도달하는데 발이 도달하지 않으면 어린아이도 쓰러뜨리지 못한다. 손과 발이 동시에 도달하면 금강이라도 쓰러뜨릴 수 있다"[94]고 했다. 이는 삼절과

93) 김광석, ≪권법요결≫(서울: 동문선, 1992), 257쪽.

94) 康戈武, ≪中國武術實用大全≫(北京: 今日中國出版社, 1995), 785쪽.

도 통하는 이론인데, 궁보로 걸어 나가며 주먹을 찌르는 경우, 발을 내딛는 움직이기 시작하는 순간 팔을 들어 주먹을 찌르는 움직임도 시작해야 하며, 발을 지면에 디디는 순간 나의 주먹도 동시에 폭작경을 발휘해야 한다는 말이다. 이렇게 해야 전신의 움직임과 그 모멘텀이 주먹에 온전히 전달된다. 손발을 조급히 놀려서는 안 되지만 일단 손을 쓰기 시작하면 발, 더 나아가 온몸의 움직임이 하나가 되어야만 한다.

13. 일삽보세

융경본 	≪삼재도회≫본 	조선본 	학진탐원본 

원문

一霎步隨機應變, 左右腿衝敵連珠.

恁伊勢固手風雷, 怎當我閃驚巧取.

번역

일삽보세는 상황에 따라 변화하며 대응하는 자세이니 좌우로 옮겨 디디며 연주포를 쏘아대듯 주먹지르니라.

그대의 자세가 굳건하고 손은 풍뢰와 같다 한들 번개처럼 피하며 역습하는 나의 교묘함을 어찌 당하겠는가?

주해

일삽보세(一霎步勢)는 '빠른 보법의 자세'라는 말이다. '삽(霎)'은 삽시간이라는 말에서 보이듯이 지극히 짧은 시간, 순간, 찰나를 가리킨다.[95] 따라서 일삽보는 순간적으로 변화하며 이동하는 보법이라는 말이다.

첫 번째 구절의 '수기응변(隨機應變)'은 일삽보세의 특징을 잘 보여준다. 그때그때 상황에 맞게 상대의 움직임에 따라 임기응변해서 반응한다는 말이다. 나찰의세[1번]에도 삽보가 보이는데, 삽보는 주로 상대가 밀고 들어올 때 발을 뒤로, 혹은 옆으로 비켜서는 형태로 나타난다. 따라서 삽보를 보통 뒤로 물러난다는 의미의 철보(撤步)와 혼용해 쓰기도 한다.[96] 물론 이때 상대의 공격에 수세적으로 물러나기만 하는 것은 아니다. 이럴 경우 오히려 상대가 연이어 밀고 들어오게 되면 그 기세를 감당하지 못하고 되려 당하게 된다. 요점은 물러나되 상대의 예봉으로부터 비켜서 반격을 할 수 있는 공간을 확보하는 데 있다.

두 번째 구절 '좌우퇴(左右腿)'에서 '퇴(腿)'는 보법을 나타낸다. 왼편으로 혹은 오른편으로 순간적으로 이동하는 움직임을 나타낸다. '충적연주'에서 '충(衝)'은 충권 곧바로 찔러 치는 주먹을 나타낸다. '연주(連珠)'는 도기룡세[6번]에 나온 '연주포'처럼 연속으로 이루어지는 공격을 나타낸다. 상대에게 반격할 틈을 주지 않고 연속으로

---

95) ≪漢語大字典≫編輯委員會, ≪漢語大字典≫(成都: 四川辭書出版社, 1986-1990), 4068-4069쪽.

96) 江百龍・林鑫海, ≪明淸武術古籍拳學論析≫(北京: 人民體育出版社, 2008), 70쪽.

충권을 찔러 친다는 말이다.

세 번째 구절의 '임(恁)'과 '이(伊)'는 모두 '너', '당신'을 가리키는 대명사로 여기서는 상대방을 나타낸다.[97] '세고(勢固)'와 '수풍뢰(手風雷)'는 모두 상대에 대한 묘사이다. '세고'는 상대방의 기세가 굳건하며 힘이 있다는 것을, 그리고 '수풍뢰'는 상대의 손이 바람과 우레처럼 빠르다는 것을 나타낸다. 이 구절은 바로 뒤의 마지막 구절과의 극적인 대조를 통해 그 의미를 부각시킨다. 상대의 기세가 아무리 굳건하고 손이 바람과 우레처럼 빠르다고 해도 결국은 나한테 안 된다는 뉘앙스를 풍긴다.

마지막 구절의 '즘당(怎當)'은 도기룡세[6번]에서 이미 나온 용법으로 어찌 당해내겠는가라는 반어적인 강조법이다. '섬경교취(閃驚巧取)'는 병법 술어로 예상치 못한 초식으로 상대를 놀라게 해 상대방으로 하여금 잘못된 판단을 내리게 하고는 그 틈을 이용해 공격 목표를 쉽게 획득하는 것을 말한다.[98] 아무리 상대가 강하다고 해도 빠른 보법을 사용해 상대의 예봉을 피하고 즉시 반격할 수 있다면 상대는 제압되고 말 것이라는 감탄조로 마무리를 하고 있다.

---

97) ≪漢語大字典≫編輯委員會, ≪漢語大字典≫(成都: 四川辭書出版社, 1986-1990), 127쪽, 2291쪽.

98) 단국대학교동양학연구소, ≪한한대사전(漢韓大辭典)≫(서울: 단국대학교출판부, 2000), 3권 443-444쪽.

14. 금나세

융경본	≪삼재도회≫본	조선본	학진탐원본

원문

擒拿勢封脚套子, 左右壓一如四平.

直來拳逢我投活, 恁快腿不得通融.

번역

금나세는 상대의 다리를 봉쇄하는 올가미 자세니 좌우로 누르는 기법은 사평세와 매한가지니라.

곧바로 들어오는 주먹의 빈틈을 들어 올리면 그대의 빠른 다리라도 마음대로 움직일 수 없느니라.

주해

금나세(擒拿勢)는 금나세(擒拏勢)라고도 쓰며, '움켜잡아 꺾는 자세'라는 말이다. 상대의 관절이나 급소를 잡아채거나 꺾어서 상대를 무력화시키는 기법을 가리킨다. 금나는 그 자체만으로도 매우 효과적인 공격법이지만 타격계 기법과 어우러질 때 더욱 위력적이다. 상대를 치고 들어가는 듯하면서 금나로 변화한다든가 아니면 움켜잡거나 꺾어서 주의를 분산시키고 타격으로 이어지는 변화를 사용하면 타격과 유술의 장점을 모두 살릴 수 있다.

≪삼재도회≫본을 제외하고 여러 판본의 그림은 유사하게 묘사되어 있다. ≪삼재도회≫본은 다른 판본의 그림보다 양손이 더 벌어져 있으며, 오른발도 바깥쪽으로 벌려져 있다. 전체적으로 궁전보의 자세가 명료하게 드러나 있지 않다. 금나세가 제대로 이루어지기 위해서는 양손은 가까이 위치해야 하며 하반도 좀 더 조여져야 한다.

금나의 대상은 손목이나 팔꿈치, 어깨뿐 아니라 목이나 다리, 허리 등 신체의 각 관절 부위에 적용이 가능하다. 하지만 금나를 단순히 상대의 관절을 잡아채거나 움켜잡는 수법으로만 한정해서는 안 된다. 왜냐하면 금나는 보법, 신법과 어우러져 그 위력을 발휘하기 때문이다. 기본적으로 금나는 수법을 근간으로 하고 있지만 금나 기술을 적용할 때 나의 다리로는 상대의 하반을 함께 봉쇄하거나 사각을 점하고 서서 상대는 움직이지 못하게 하면서 나는 자유롭게 다음 기법으로 이어질 수 있게 해야 한다.

첫 번째 구절의 '봉각(封脚)'은 두 가지로 해석이 가능하다. 먼저 상대의 발차기를 봉쇄하는 기법으로 응용되는 경우이다. 예를 들면, 상대의 중단 발차기를 방어하며 양손으로 발뒤꿈치와 발끝 부분을 잡아채거나 돌려 꺾는 기법을 들 수 있다. 다른 하나는 상대의 보법을 봉쇄하는 경우이다. 이때는 수법과 함께 나의 하반으로 상대의 다리에 붙여 상대의 보법을 제어하는 것이다. 예를 들면, 상대가 오른 주먹으로 공격해올 경우 나의 오른손으로 상대의 손목 부위를 감아 채며 왼손으로는 상대의 팔꿈치를 움켜잡아 감아 돌리며, 동시에 나의 왼발은 상대의 오른 다리에 뒤로 붙여 상대가 다리를 움직이지 못하도록 하는 것을 들 수 있다. 이렇게 하면 상대는 팔꿈치가 제압당하면서 상대적인 위치에서도 이미 열세에 놓이게 된다. '투자(套子)'는 올가미라는 말로 상대의 활절을 올가미처럼 옭아매어 봉쇄한다는 것을 나타낸다.

두번째 구절의 '좌우압(左右壓)'은 왼편 오른편으로 누른다는 말이다. 금나세의 그림은 좌궁보를 취한 형태로 묘사되어 있지만 상황에 따라 우궁보, 즉 오른편 자세로도 적용할 수 있다. 따라서 좌우압은 왼편 오른편을 가리지 않고 상대의 움직임과 상황에 따라 적용될 수 있다는 말이다. 바로 뒤의 '사평(四平)'과 매한가지라는 말은 사평세(중사평세[15번], 고사평세[17번])와 관련지어 이해되어야 한다. 아래 금나세와 중사평세, 고사평세와 대비시킨 그림을 보면 이 구절의 의미가 좀 더 명료하게 드러난다.

금나세가 상대의 발차기나 보법을 염두에 둔 기법이지만 기본적으로 금나세는 좌우로 상대의 팔꿈치를 잡아채는 방식으로 운용될 수 있다. 오른손으로 상대의 오른 손목을 그리고 왼손으로 상대의 팔꿈치를 움켜잡아 채는 경우가 금나세가 수법에 응용되는 전형적

인 예이다.

그런데 이러한 방식은 중사평세에서 양손을 사용해 상대의 한 손을 봉쇄하는 방식과 거의 같다. 금나세가 움켜잡아 꺾는 데 주안점을 둔다면 중사평세는 두 팔로 상대의 한 팔을 봉쇄하며 밀고 들어가 짧게 끊어 치는 공격에 주안점을 둔다는 점에서 차이가 있다. 반면, 고사평세에서는 중사평세보다 상대적으로 높은 자세의 이점을 이용해 빠르게 치고 빠지는 데 주안점을 두지만 중사평과 마찬가지로 상대의 팔을 걷어내거나 잡아채는 수법이 함께 운용될 수 있다. 중사평세나 고사평세 모두 금나세의 기법을 기술 요소의 한 부분으로 공유하고 있다는 점에서 "좌우로 누르는 기법이 사평세와 매한가지다"라는 구절을 이해해야 한다. 물론 엄밀히 말하면 여기 사평세는 중사평세를 가리킨다.

세 번째 구절의 '직래권(直來拳)'은 곧바로 들어오는 주먹을 가리킨다. '봉(逢)'은 '봉(縫)'과 통하며, 틈이나 간극, 갈라진 자리를 가리킨다.[99] '투활(投活)'은 원래 중국어 발음으로는 각각 '投(터우, tou)'와 '活(후어, huo)'이지만 연결되어 빠르게 읽으면 '투어(tuo)', 즉 '탁(托: tuo)이 된다.[100] '탁(托)'은 무술 기법으로는 손바닥을 사용해 아래에서 위로 받쳐 올려 방어하는 수법을 가리킨다. 여기서는 상대의 직래권의 빈틈을 타고 상대의 팔꿈치를 받아 올린다는 의미로 금나가 이루어지는 과정을 부연하고 있다.

마지막 구절의 '쾌퇴(快腿)'는 빠른 다리, 즉 보법을 가리킨다. 상대가 아무리 빠른 발을 가지고 있다 해도 금나세에 걸리면 손발이

99) 王海根, ≪古代漢語通假字大字典≫(福州: 福建人民出版社, 2006), 868쪽.

100) 鄭少康, ≪紀效新書拳經考≫(上海體育學院博士學位論文, 2007), 167쪽.

모두 옭아매어져 옴짝달싹할 수 없게 되므로 상대는 무기력하게 당할 수밖에 없다는 점을 감탄조로 강조하고 있다.

15. 중사평세

융경본	≪삼재도회≫본	조선본	학진탐원본

원문

中四平勢實推固, 硬攻進快腿難來.

雙手逼他單手, 短打以熟爲乖.

번역

중사평은 충만한 기세로 찌르며 닫아 거는 자세니, 강하게 공격해 들어가므로 빠른 다리도 들어오기 어려우니라.

나의 두 손을 사용해 상대의 한 손을 봉쇄하며 공격하니 짧게 끊어 치는 기법의 핵심은 바로 숙련에 있느니라.

주해

중사평세(中四平勢)는 '중간 사평 자세'라는 말이다. 사평은 원래 창법에서 유래되었지만 권법뿐 아니라 다른 병장 무예에도 응용된다. 창법의 사평은 정평(頂平), 견평(肩平), 각평(脚平), 창평(槍平)을 말하며, 권법에서는 창평 대신 수평(手平)이 들어간다. 여기서 '평'은 수평이나 균형, 순조로운 배치를 의미한다.[101] 중사평세는 중단을 찔러 치는 기법이다.

≪삼재도회≫본의 그림은 자세가 다소 높게 그려져 있다. 중사평세는 고사평세[17번]에 비해 상대적으로 낮은 자세여야 한다. 아울러 저본으로 사용한 융경본에는 네 번째 구절 마지막 부분의 '위괴(爲乖)' 두 글자가 빠져 있다. 다른 판본을 참조해서 보완하였다.

사평에서 정평은 목을 위로 자연스럽게 늘이듯이 하여 머리를 바로 세워 전후좌우 어느 쪽으로도 기울어지지 않도록 하는 것을 말한다. 견평은 양 어깨가 자연스럽게 드리워져 한쪽으로 치우치거나 좌우가 어긋나지 않고 평형을 유지하는 것을, 수평은 좌우의 손끝과 팔꿈치가 벌어지지 않고 낮추어져 있으며 손과 팔꿈치가 균형을 유지하는 것을, 마지막으로 각평은 앞발과 뒷발이 나란하며 무게중심이 한쪽에 쏠리지 않으며 안정되어서 평형을 유지하는 것을 말한다.[102]

첫 번째 구절 '세실퇴고(勢實推固)'에서 '세실(勢實)'은 기세가 충만하다는 말이다. '퇴고(推固)'에서 '퇴(推)'는 밀다, 찌르다, 치다는 말이다.[103] '고(固)'는 닫다, 막다, 봉쇄하다, 굳건히 지키다는 의미이다.[104] 중사평세는 중단을 지키며 강하게 부딪혀 들어가며 주먹으로

---

101) 이 외에도 사평은 두평(頭平), 견평(肩平), 슬평(膝平), 각평(脚平)으로, 혹은 정평(頂平), 견평(肩平), 고평(股平), 심평(心平)으로 보기도 한다. 康戈武, ≪中國武術實用大全≫(北京: 今日中國出版社, 1995(1990)), 292쪽; ≪中國武術大辭典≫編纂委員會, ≪中國武術大辭典≫(北京: 人民出版社, 1990), 16쪽.

102) 김광석, ≪조선창봉교정≫(서울: 동문선, 2002), 47쪽.

103) 단국대학교동양학연구소, ≪한한대사전(漢韓大辭典)≫(서울: 단국대학교출판부, 2002), 5권 1321쪽.

찔러 치고 상대의 팔을 봉쇄하는 기법을 가리킨다.

두 번째 구절 '경공진(硬攻進)'은 상대에게 강하게 압박해 들어가는 공격을 말한다. '쾌퇴난래(快腿難來)'의 '쾌퇴'는 빠른 발, 즉 빠른 보법을 말한다. 상대의 발이 아무리 빠르다고 해도 강하게 찔러 치고 압박해 들어가는 나의 기세에 눌려 나한테 들어오기가 힘들다는 것을 나타낸다.

세 번째 구절은 중사평세의 특징을 잘 보여준다. '쌍수(雙手)'는 두 손을 말하며 바로 뒤에 이어지는 '단수(單手)'와 대비된다. 양손으로 상대의 한 손을 봉쇄하는 데 중사평세의 묘가 있다. 예를 들면, 상대가 오른 주먹으로 공격해올 때 나의 오른손으로 상대의 세를 받아 흘리며 잡아채고 동시에 나의 왼팔로 상대의 오른 팔꿈치를 걸어 누르는 경우를 들 수 있다. 나의 왼 팔뚝을 상대의 팔꿈치에 대고 오른손으로는 상대의 손목을 잡아 당기므로 지렛대의 작용에 의해 상대의 팔을 부러뜨리거나 상대의 균형을 무너뜨릴 수 있다. 쌍수로 단수를 제어하는 이러한 기법은 앞의 금나세[14번]의 수법과 공통점이 있다. 양손으로 상대의 한 손을 제압하는 이 기법은 뒤에 나오는 고사평세[17번]와 뚜렷이 대비된다. 중사평세와 고사평세[17번]는 사평이라는 특징을 공유하면서 실제적인 기법에서는 차이가 있다. 고사평세와 대조해서 살펴보기 바란다.

마지막 구절의 '이숙위괴(以熟爲乖)'에서 '괴(乖)'는 영리하다, 기지가 있다는 말이다.[105] 기예는 많이 아는 것이 중요한 것이 아니라

---

104) 단국대학교동양학연구소, ≪한한대사전(漢韓大辭典)≫(서울: 단국대학교출판부, 2000), 3권 443-444쪽.

105) ≪漢語大詞典≫編纂委員會, ≪漢語大詞典≫(上海: 上海辭书出版社, 2001), 제1권 上冊 658쪽.

정밀하게 숙달되는 것이 중요하다. 무언(武諺)에 "천초를 펼 수 있다고 하여 두려워 말고, 한 초가 숙련되어 있음을 두려워하라"[106]고 하였다. 다양한 기법 혹은 복잡한 기법을 익혀서 기술 수준을 높이는 것도 수련의 한 방법이기는 하지만 실전에서는 숙달된 단순한 기술이 보다 효과적이다. 숙련되면 교묘한 방법이 생긴다[熟能生巧]고 한 것처럼 숙련은 모든 무예 수련의 핵심이다.

중사평세의 기법은 1) 양손을 사용한 금나와 2) 단타로 구성되어 있다. 무언에 발경을 하기 전에 반드시 나법(拿法)을 써야만 한다고 했다.[107] 쌍수로 상대의 단수를 제압하는 것이 곧 나법에 해당한다. 곧바로 상대의 측면으로 붙어 들어가며 상대 다리의 움직임을 차단하고, 만약 상대가 팔을 움직여 벗어나고자 하면 그 틈을 놓치지 않고 단타로 결정타를 날린다. 오른 주먹 단타로 공격한 경우 나의 왼손은 정면을 커버하며 상대의 후속 공격에 대비한다.

16. 복호세

융경본	≪삼재도회≫본	조선본	학진탐원본

106) 김광석, ≪권법요결≫(서울: 동문선, 1992), 261쪽.

107) 彭衛國 编著, ≪中華武術諺語≫(北京: 電子工業出版社, 1988), 176쪽.

원문

伏虎勢側身弄腿, 但來奏我前撑.

看他立站不穩, 後掃一跌分明.

번역

복호세는 비스듬히 향해 서서 발을 희롱하는 자세니 상대가 들어오며 공격하면 나는 앞으로 막아내는구나.

상대를 살펴보아 서 있는 자세가 굳건하지 못하면 뒤로 쓸어 차니 상대는 틀림없이 넘어지고 마느니라.

주해

복호세는 '엎드린 호랑이 자세'라는 말이다. '복호'는 몸을 낮춰 자신을 숨긴 호랑이를 가리키며, 복호세는 호랑이가 몸을 웅크리고 엎드려 숨어 있다가 빈틈을 노려 먹잇감을 습격하는 것을 형상화한 자세이다. 복호세는 양다리를 앞뒤로 나란히 서며 무릎을 굽히고 앉아서 한 손은 머리 위로 다른 손은 몸의 측면을 보호하는 자세를 취한다. 이때 상대와는 비스듬히 맞서며, 상대의 하반이 불안정한 타이밍을 포착해 순간적으로 공격해 들어가는 기법이다.

복호세의 '복(伏)'은 엎드리다, 낮추다, 숨다, 매복하다, 감추다, 은폐하다는 말이다.[108] '측신(勢側)'은 몸을 상대에게 비스듬히 향하게 해서 서는 자세이다. '농퇴(弄腿)'의 '농'은 가지고 놀다, 희롱하다, 업신여기다, 꾀어내다는 의미를 가지고 있다.[109] 여기서 '농퇴'는 상

---

108) ≪漢語大字典≫編輯委員會, ≪漢語大字典≫(成都: 四川辭書出版社, 1986), 119쪽; 단국대학교동양학연구소, ≪한한대사전(漢韓大辭典)≫(서울: 단국대학교출판부, 1999), 1권 889쪽.

대의 하반을 희롱하며 다리의 움직임을 꾀어낸다는 말이다.

두 번째 구절의 '단(但)'은 주로 역접의 접속사로 쓰이지만 여기서는 '쉽게', '공연히'라는 의미의 부사어[110]로 바로 뒤에 내게 접근해 들어오는 상대의 행동이 생각 없이 멋모르고 이루어진다는 뉘앙스를 나타낸다. 자세를 낮춰 상대의 하반을 희롱하며 유인하다 보면 역으로 상대는 나의 상반이 비어 있음을 알고 위를 공격해 들어오게 된다. '주(奏)'는 '주(揍)'와 통하며, 때린다, 공격한다는 의미이다.[111] '전탱(前撑)'에서 '탱(撑)'은 떠받치다, 막아내다, 버티다는 말로 '전탱'은 상대의 상단 공격을 앞으로 밀어내며 받아내는 걸 가리킨다.

세 번째 구절의 '간(看)'은 보다, 관찰하다, 살핀다, 주시한다는 말이다.[112] '입참(立站)'은 '참립(站立)'이라고도 하며 움직이지 않고 오래도록 서 있는 것을 말하는데,[113] 여기서는 상대가 서 있는 자세, 혹은 움직이는 가운데 순간순간 정지된 자세를 가리킨다. 일반적으로 하지의 운용을 보법이라고 하고 정지된 형태를 보형이라고 하는데, 보법 가운데 멈춰 선 순간이 공격의 타이밍이 될 수 있다. 바로 뒤의 '불온(不穩)'은 불안정하다는 말로 상대의 서 있는 자세가 굳건하지 못하다는 말이다.

마지막 구절의 '후소(後掃)'는 '후소퇴(後掃腿)', 즉 몸을 낮추고 한

---

109) 단국대학교동양학연구소, ≪한한대사전(漢韓大辭典)≫(서울: 단국대학교출판부, 2002), 5권 4쪽.

110) ≪漢語大字典≫編輯委員會, ≪漢語大字典≫(成都: 四川辭書出版社, 1986), 132쪽.

111) ≪漢語大字典≫編輯委員會, ≪漢語大字典≫(成都: 四川辭書出版社, 1986), 538쪽.

112) ≪漢語大字典≫編輯委員會, ≪漢語大字典≫(成都: 四川辭書出版社, 1986), 2474쪽.

113) 단국대학교동양학연구소, ≪한한대사전(漢韓大辭典)≫(서울: 단국대학교출판부, 2007), 10권 853쪽.

다리는 굽히고 다른 한 다리는 펴서 원을 그리며 뒤로 돌아 상대의 하단을 쓸어 차는 기법을 나타낸다. '일질(一跌)'은 한 번에 쓰러지고 만다는 말이다. 세 번째 구절에서 상대의 서 있는 자세를 살펴보아 불안정한 순간을 포착해 무게중심이 실린 다리를 쓸어 차면 상대는 균형을 잃고 쓰러지게 된다. '분명(分明)'은 또렷함, 분명히 밝힘, 환히 드러난다는 말[114]로 후소퇴에 의해 상대가 틀림없이 쓰러지고 만다는 것을 강조한다.

복호세는 전형적인 질법(跌法)으로 기법적으로는 전탱과 후소가 서로 맞닿아 있다. 앞으로는 방어를 하며 바로 뒤로 돌며 상대의 하단을 쓸어 차는 구조로 되어 있다. 이 외에도 32세 가운데 하삽세[9번], 순란주[32번], 신권세[23번], 기고세[32번], 당두포세[30번] 등에 질법이 보인다.

17. 고사평세

융경본	≪삼재도회≫본	조선본	학진탐원본
			X

114) 단국대학교동양학연구소, ≪한한대사전(漢韓大辭典)≫(서울: 단국대학교출판부, 1999), 2권 425쪽.

원문

高四平身法活變, 左右短出入如飛.

逼敵人手足無措, 恁我便脚踢拳鍾.

번역

고사평세는 신법이 활발하게 변화하니 좌우로 짧게 치며 나가고 들어오는 것이 나는 듯하는구나.

상대를 핍박해 손발을 어떻게 해야 할지 모르게 하며 나는 여유롭게 발로 차고 주먹으로 치느니라.

주해

고사평세는 문자 그대로 '높은[高] 사평(四平) 자세'를 가리킨다. 복싱에서 보이는 스트레이트성 주먹과 유사하게 어깨 높이로 곧게 찔러 치는 주먹이다. 사평은 앞의 중사평세[15번]에서 설명했듯이 주먹, 어깨, 머리, 다리가 수평을 유지하는 자세로 중사평이 중단을 짧게 치는 데 중점을 둔 반면 고사평세는 상대적으로 높이 찔러 치는 데 주안점이 있다.

모두 순보로 선 상태에서 왼 주먹이 앞에 있고 오른 손바닥을 세워 왼팔 안쪽 몸 중앙 쪽에 가드를 취한 형태이다. 융경본의 그림은 가필되어 있어 주의 깊게 볼 필요가 있다. 학진탐원본에는 이 세가 누락되어 있다.

첫 번째 구절의 '신법활변(身法活變)'에서 '신법'은 몸통의 움직임을 말한다. 인체의 사지와 머리는 몸통과 서로 연결되어 있는데, 몸통은 상지, 즉 수법과 하지, 즉 보법과 퇴법을 연결하는 역할을 한다. 신법은 기본적으로 입신중정(몸을 바로 세워 똑바로 섬), 함흉발배(가슴을 자연스럽게 모으고 등을 폄), 기침단전(기를 단전으로 내림)의 요령을 잘 지켜야 한다. 아울러 몸통을 웅크리고, 벌리고, 비틀고, 회전하는 데 따라 경력의 응축과 발력이 이루어지게 되므로 신법은 권법 수련의 가장 중요한 요소 가운데 하나라고 할 수 있다. '활변'은 신법이 활발하게 변화해야 한다는 것을 나타낸다. 구체적으로는 수(收), 종(縱), 반(反), 측(側)을 가리킨다. 몸을 웅크려 경력을 모으고[수], 몸을 펼치며 경력을 뿜어내며 상대를 가격하는 것[종], 몸을 뒤집어 뒤를 보거나[반] 기울여 좌우를 돌아보는 것[측] 등을 가리킨다. 신법이 활발하면 허리의 돌림을 통해 팔을 움직이고, 허리의 전환으로 힘이 있게 하며, 순간적으로 몸을 펼치면서 일격을 가하면 허리, 척추의 힘이 팔 끝까지 통하게 된다.[115]

두 번째 구절의 '좌우단(左右短)'은 좌우로 짧게 찔러 치는 주먹을 가리킨다. 고사평세는 무게중심이 중사평세보다 상대적으로 높기 때문에 빠른 움직임에 기반을 두어 타격 위주로 사용한다. '출입여비(出入如飛)'는 바로 나아가고 들어오는 것이 나는 것처럼 빠르다는 것을 나타내며 바로 이러한 이동성을 강조한 말이다.

하지만 고사평에서 주먹으로 치고 빠지는 공격은 복싱에서 보이는 스트레이트성 주먹과는 다르다. 복싱의 주먹은 치고 빠지는, 즉 타격에만 초점을 맞추지만 고사평세의 주먹은 상대를 가격하기 위해 주먹을 지르면서 동시에 나간 손은 단순히 회수하는 것이 아니라 상대방의 팔을 걸거나 누르기, 가볍게 잡아채기 등의 기술을 결합해 사용한다. 이러한 변화는 보법과 어우러져 상대의 손발을 압박하여

115) 김광석, 《권법요결》(서울: 동문선, 1992), 39-42쪽.

상대방이 움직이기 곤란하게 만든다.

세 번째 구절의 '핍(逼)'은 상대를 압박하는 것을 나타낸다. '수족무조(手足無措)'에서 '조(措)'는 두다, 놓다, 시행하다, 운용하다라는 의미다.[116] 빠르게 들어갔다 빠지며 주먹을 날려 상대와 손이 얽히면 다시 반대 손으로 가격을 해 상대방으로 하여금 손발을 어떻게 해야 할지 모르게 만든다는 걸 나타낸다.

고사평세는 앞의 중사평세[15번]와 비교해볼 필요가 있는데, 둘 다 사평세에 기반을 두고 있기는 하지만 기술이 적용되는 범위[위치]와 기법의 특징 면에서 양자는 차이가 있다. 고사평세와 중사평세의 그림을 대조해보면 자세의 높낮이에서 미묘한 차이가 있다는 것을 알 수 있다. 이 경우 왼 자세인가 아니면 오른 자세인가 하는 차이는 크게 의미가 없다. 왜냐하면 기법의 적용은 왼편이나 오른편 어느 쪽으로도 가능하기 때문이다.

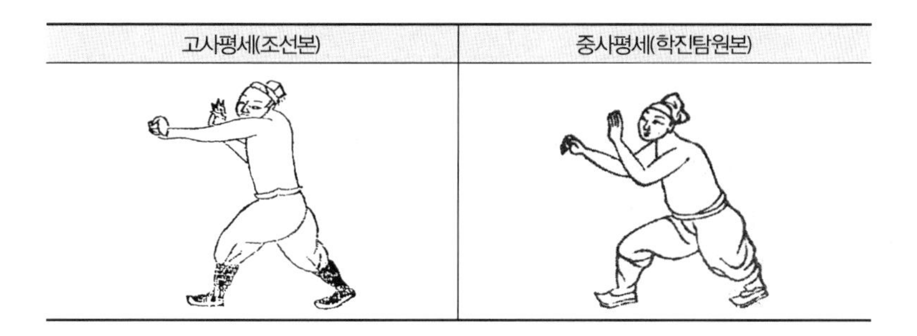
고사평세(조선본) | 중사평세(학진탐원본)

중사평은 상대의 명치와 늑골, 즉 고사평에 비해 낮은 목표를 향하고 있다. 고사평에 비해 상대적으로 낮은 자세를 취하는 이유는

116) 단국대학교동양학연구소, ≪한한대사전(漢韓大辭典)≫(서울: 단국대학교출판부, 2002), 5권 1309쪽.

양손으로 한 팔을 봉쇄해야 하는 기술적인 특징 때문이다. 무게중심을 낮춰야 상대의 팔을 잡아채거나 누르는 데 유리하다. 반대로 고사평세의 경우는 무게중심이 높기 때문에 보법을 활용해 짧게 치고 빠지는 기법을 사용하기 편하다는 점을 유념할 필요가 있다.

마지막 구절의 '임(恁)'은 부사어로 이렇게, 그렇게, 이처럼, 그처럼이란 의미다.[117] 앞 문장을 받아서 뒤 문장을 연결해주는 역할을 한다. 아울러 고사평세는 기본적으로 높게 찔러 치는 기법이지만 연이어 퇴법을 가미해 공격할 수도 있다. '편(便)'은 조용하고 편안하다는 의미다.[118] 바로 뒤의 '각척권추(脚踢拳錘)'는 발차기와 주먹 지르기를 가리킨다. 주먹으로 치고 빠지며 상대를 유린하면서 상대는 손발을 어디에 둘지 모르게 압박을 하면서 나는 편안하게 주먹으로 치고 발로 차며 공격을 한다는 말이다.

18. 도삽세

융경본	≪삼재도회≫본	조선본	학진탐원본
			X

117) ≪漢語大字典≫編輯委員會, ≪漢語大字典≫(成都: 四川辭書出版社, 1986), 2291쪽.

118) ≪漢語大字典≫編輯委員會, ≪漢語大字典≫(成都: 四川辭書出版社, 1986), 157쪽.

원문

倒插勢不與招架, 靠腿快討他之贏.

背弓進步莫遲停, 打如谷聲相應.

번역

도삽세는 초가를 취하여 저항하지 않으니 다리를 사용해 부딪히며 빠르게 상대를 패배시키는구나.

배궁으로 나아가되 머뭇거리거나 멈춰서는 안 되니 마치 계곡의 메아리가 상응하듯 가격하느니라.

주해

도삽세는 '뒤로 찌르는 자세'라는 말이다. 상대와 근접한 상황에서 초식과 초식 간 변화하는 중간의 빈틈을 포착해 뒤로 돌려 찔러 쳐 공격하는 기술이다.

<권경>의 권법 기술 특징 가운데 하나는 신체의 각 부위를 다양하게 사용한다는 점이다. 다양한 문파의 기술을 함께 수련한다[겸이습지]는 기본 취지에 따라 <권경>에는 장타와 단타, 발차기, 금나, 질법 등이 어우러져 사용된다. 도삽세는 전형적인 근접 기술로 팔꿈치, 어깨, 다리로 부딪혀 공격하는 단타에 해당한다.

첫 번째 구절의 '불여(不與)'는 어떤 행위를 하지 않는다는 말로 여기 '여(與)'는 동사로 '위(爲: … 을 하다)'와 통한다.[119] '초가(招架)'는 <권경첩요편> 서두에 나오는 바로 그 초가다. "상대에게 말려들

119) 단국대학교동양학연구소, ≪한한대사전(漢韓大辭典)≫(서울: 단국대학교출판부, 1999), 1권 355쪽.

지 않고 곧바로 되받아치면 상대의 공격은 한 번에 그치지만 상대의 허초에 말려들어 방어 동작을 취하면 연이어 열 번의 공격을 받게 된다(不招不架, 只是一下, 犯了招架, 就有十下).” 따라서 ‘불여초가’는 상대의 공격에 대해 방어 동작을 취해 맞서거나 대응하지 않고 상대의 공격은 흘려보내거나 낙공(落空)시키고 되받아친다는 걸 나타낸다.

두 번째 구절의 ‘고퇴쾌(靠腿快)’에서 ‘고퇴’는 다리를 사용해 부딪히는 공격을 말한다. 그림에서는 왼발이 뒤로 빠지듯 찔러 들어가는 동시에 몸을 뒤로 돌리며 궁전보로 전환하며 체중을 실어 다리로 상대의 하반을 밀어붙여 공격을 한다. ‘토(討)’는 죄를 물어 다스리다, 정벌하다, 도모하다, 꾀하다, 토벌하다, 주살하다는 말이다.[120] ‘영(羸)’은 ‘영(贏)’과 통하며 승리하다는 말이다.[121] 따라서 ‘토타지영(討他之羸)’은 상대를 무찔러 승리를 취한다는 의미다.

세 번째 구절의 ‘배궁(背弓)’에서 ‘배(背)’는 등, 뒷면을 가리키며, ‘궁(弓)’은 구부리다, 활 모양으로 만들다는 말이다.[122] 등을 활처럼 구부려 축경(蓄勁)을 하는 것을 가리킨다. ‘진보(進步)’는 앞으로 나아가다란 말이다. ‘막(莫)’은 부사어로 하지 말라, 해서는 안 된다는 부정의 의미를 나타낸다. ‘지정(遲停)’에서 ‘지(遲)’는 천천히 가다, 굼뜨다, 둔하다, 늦다는 말이다.[123] ‘정(停)은’ 멈추다, 서다, 정지하

120) ≪漢語大字典≫編輯委員會, ≪漢語大字典≫(成都: 四川辭書出版社, 1986), 3940쪽; 단국대학교동양학연구소, ≪한한대사전(漢韓大辭典)≫(서울: 단국대학교출판부, 2007), 7권 721쪽.

121) 王海根, ≪古代漢語通假字大字典≫(福州: 福建人民出版社, 2006), 202쪽.

122) ≪漢語大字典≫編輯委員會, ≪漢語大字典≫(成都: 四川辭書出版社, 1986), 988쪽.

123) 단국대학교동양학연구소, ≪한한대사전(漢韓大辭典)≫(서울: 단국대학교출판부, 2008), 13권 1218쪽.

다는 말이다.[124] 따라서 '막지정(莫遲停)'은 굼뜨게 움직이거나 멈춤이 있어서는 안 된다는 것을 나타낸다.

상대와 손을 얽었을 때 초식과 초식 사이 빈틈을 보아 몸을 돌리며, 이때 등은 활처럼 굽혀 축경(蓄勁)을 하며 왼발을 뒤로 뻗으며 상대의 하반으로 찔러 들어간다. 팔은 몸의 회전을 따라 같이 돌며 팔꿈치로 뒤를 향해 찔러 친다. 나의 하반을 일으켜 세울 때 무릎과 정강이 부분은 상대의 하반을 부딪쳐 균형을 무너뜨린다. 팔꿈치 공격은 단타로 공격 거리가 짧기 때문에 사용할 때 거리와 타이밍이 적절해야 효과를 거둘 수 있다.

마지막 구절은 상대를 공격할 때는 팔꿈치 공격과 하반을 사용한 고법이 계곡에 메아리가 울리듯 상응해 동시에 이루어진다는 것을 나타내고 있다.

19. 정란세

융경본	≪삼재도회≫본	조선본	학진탐원본
		X	X

124) ≪漢語大字典≫編輯委員會, ≪漢語大字典≫(成都: 四川辭書出版社, 1986-1990), 194쪽.

원문

井欄四平直進, 剪臁踢膝當頭.

滾穿劈靠抹一鉤, 鐵樣將軍也走.

번역

정란세는 사평으로 곧바로 나아가는 자세이니 정강이를 가로막고 무릎을 차며 정면으로 맞서느니라.

뛰어들며 찌르고 걷어내며 붙어 들어가 상대의 목을 걸어 당기니 강철 같은 장군조차도 도망가는구나.

주해

정란세는 '우물 난간의 자세'라는 말이다. 정란은 우물에 설치된 '정(井)'자 모양의 난간으로 사면이 수평으로 이루어져 있는 구조물을 가리킨다. 팔꿈치로 정면을 향해 휘둘러 치는 기술이 정란처럼 수평을 이룬다는 의미이다. 그림에서는 오른 팔꿈치가 들려 있는 것으로 묘사되어 있지만 실제로는 어깨와 나란히 수평을 이루며 돌려 친다. 아울러 '정(井)'은 목을 나타내는 '경(頸)'과 통하므로 '정란(井欄)'은 '경란(頸欄)'과 같다.[125)]

팔꿈치를 사용한 앞의 도삽세[18번]도 팔꿈치 기술로 정란세와 유사점이 있다. 하지만 도삽세는 팔꿈치의 끝부분을 사용해 상대를 찔러 치는 정주(頂肘)인 반면 후자는 팔꿈치를 포함한 팔뚝 전체를 사용하여 돌려 치는 반주(盤肘)로 차이가 있다.[126)]

---

125) 鄭少康, ≪紀效新書拳經考≫(上海體育學院博士學位論文, 2007), 172쪽.

126) 김광석, ≪권법요결≫(서울: 동문선, 1992), 166쪽.

융경본은 오른 주먹이 왼 팔꿈치 안쪽에 있는 반면 ≪삼재도회≫본은 왼 주먹이 오른 팔꿈치 바깥쪽에 위치한 모습으로 그려져 있다. 여기서는 융경본의 그림을 따랐다.

첫 번째 구절의 사평은 중사평세[15번]와 고사평세[17번]에서 설명한 것처럼 두평, 견평, 각평, 수평을 말한다. 이들 신체 각 부위가 평형을 유지하게 되면 자세가 한쪽으로 치우치지 않고 안정되어서 활발하게 움직이고 반응할 수 있게 된다. 상대를 치고 들어가는 자세에서 사평은 권법에서뿐 아니라 창법이나 곤봉 등 거의 모든 무술 동작에서 요구된다. 정란세로 치고 들어갈 때 상대의 정강이나 무릎을 쓸어 차거나 걷어차는 공격과 결합해 응용할 수 있는데, 사평이 유지되어야 변화하는 상황에 융통성 있게 대처할 수 있다.

두 번째 구절 '전렴(剪臁)'의 '전(剪)'은 '전(翦)'의 속자로 가위로 자르다, 흔들다, 털다, (길을) 가로막다는 말이다.[127] '렴(臁)'은 정강이를 가리킨다. '전렴'은 상대방의 중문(中門)을 밟아 들어가며 정강이를 쓸어 차 상대방의 중심을 흔들고 상대방이 들어오지 못하게 하는 것을 말한다. '척슬(踢膝)' 역시 마찬가지로 상대방의 무릎을 찬다는 말로 그 목적으로 상대의 중심을 흔들어 주의를 분산시킨 후 본 공격을 하는 데 있다. '당두(當頭)'는 정면으로 마주한다는 말로 상대의 하반에 대한 공격과 함께 정면으로 치고 들어간다는 걸 나타낸다.[128]

세 번째 구절의 '곤(滾)'은 원래 큰물이 세차게 솟구쳐 흐르는 모

127) ≪漢語大字典≫編輯委員會, ≪漢語大字典≫(成都: 四川辭書出版社, 1986-1990), 3352쪽; 단국대학교동양학연구소, ≪한한대사전(漢韓大辭典)≫(서울: 단국대학교출판부, 2007), 11권 172-173쪽.

128) 단국대학교동양학연구소, ≪한한대사전(漢韓大辭典)≫(서울: 단국대학교출판부, 2006), 9권 898쪽.

양을 나타내는데, 여기서는 앞으로 내달리듯 들어가는 동작을 묘사한다.[129] '천(穿)'은 찌른다는 말이다. 상대의 하단을 차서 주의를 분산시킨 후 상대에게 뛰쳐 들어가 찌르는 수법을 사용해 공격한다. '벽(劈)'은 깨뜨리다, 쪼개다, 마주 대하다, 정면으로 향하다는 말이다.[130] '고(靠)'는 접근해 들어가다, 몸을 기대다는 말이다.[131] '말(抹)'은 손을 사용해 물건을 누르거나 잡고서 특정 방향으로 움직이는 것을 나타낸다.[132] '일구(一鉤)'는 하나의 갈고리, 낚싯바늘을 가리킨다.[133] 이 구절은 정란세의 실질적인 응용에 해당한다. 상대를 찔렀을 때 만약 상대가 손을 들어 방어를 하면 곧바로 걷어내며[劈] 가까이 붙어 들어가[靠] 손을 들어 상대의 뒷목을 잡아채 끌어당기며[抹, 一鉤] 팔꿈치로 가격을 한다.

비록 팔꿈치 공격은 공격 거리가 짧은 단타에 속하지만 상대의 주의를 분산시키고 접근해 들어가 찌르며[穿], 깨뜨리고[劈], 부딪히며[靠], 잡아채[抹]는 것으로 변화함으로써 단타의 단점을 보완한다. 아울러 팔꿈치 공격 후에도 팔을 펼쳐내며 상대의 방어 손을 잡아채며 다른 손으로 찔러 쳐 공격하거나 아니면 상대의 방어하는 손을 누르며 휘둘러 치는 공격, 방어하는 손을 걷어내며 붙어 들어가 부딪혀 상대를 무너뜨리는 방식 등으로 다양한 변화가 가능하다.

---

129) 단국대학교동양학연구소, ≪한한대사전(漢韓大辭典)≫(서울: 단국대학교출판부, 2005), 8권 781쪽.

130) 단국대학교동양학연구소, ≪한한대사전(漢韓大辭典)≫(서울: 단국대학교출판부, 1999), 2권 645쪽.

131) ≪漢語大字典≫編輯委員會, ≪漢語大字典≫(成都: 四川辭書出版社, 1986-1990), 4087쪽.

132) ≪漢語大字典≫編輯委員會, ≪漢語大字典≫(成都: 四川辭書出版社, 1986-1990), 1848쪽.

133) 단국대학교동양학연구소, ≪한한대사전(漢韓大辭典)≫(서울: 단국대학교출판부, 1999), 1권 14쪽.

마지막 구절은 정란세의 공격이 강철 같은 장군도 도망가게 할 정도로 강력하다는 감탄의 표현을 통해 그 의미를 강조하고 있다.

20. 귀축각세

융경본	《삼재도회》본	조선본	학진탐원본
		X	X

원문

鬼蹴脚搶人先着, 補前掃轉上紅拳.

背弓顚補披揭起, 穿心肘靠妙難傳.

번역

귀축각은 상대보다 먼저 초식을 사용하는 세이니 앞 하단을 쓸어차며 연이어 홍권을 올려 치느니라.

배궁으로 빈틈을 파고 들어가 열어젖히며 일어나니 천심주로 공격하며 부딪히는 묘는 전하기 어렵구나.

주해

귀축각세는 '귀신같은 발차기 자세'로 교묘한 발차기로 선제공격을 하고 연이어 전소퇴와 홍권으로 공격하는 기술을 가리킨다. 귀축각은 상대의 하반을 낮게 차는 발차기로 주로 상대의 주의를 분산시키기 위한 유인성 기법으로 사용된다. 상대가 선제공격에 놀라 다리를 뒤로 물리거나 피할 때 생기는 빈틈을 포착해 쫓아 들어가며 공격한다.

첫 번째 구절 '귀축각(鬼蹴脚)'의 '귀(鬼)'는 귀신, 조상, 만물의 정령, 은밀하여 예측할 수가 없다는 것을 나타낸다.[134] '축각(蹴脚)'에서 '축(蹴)'은 밟다, 차다, 쫓다라는 말이며,[135] '각(脚)'은 다리, 발바닥, 물체의 하단, 발을 잡다라는 말이다.[136] 따라서 귀축각은 은밀하고 예측할 수 없는 발차기라는 말이다. 여기서는 간단히 귀신같은 발차기 자세로 번역했다. 다음 '창인선착(搶人先着)'에서 '창(搶)' (시간적으로) 앞을 다투다, 서두르다, 먼저 하다는 말이며,[137] '인(人)'은 상대방을 가리킨다. 따라서 '창인'은 상대방보다 앞서 먼저 한다는 의미다. 다음 '선착(先着)'에서 '선(先)'은 앞으로 나아가다, 전진하다, 앞서다, 빠르다는 말이며,[138] '착(着)'은 '착(著)'과 통용되며, 붙다, 달라붙다, 다다르다, 이르다, 착수하다는 의미다.[139] '선착(先着)'은 '착선(着先)'이라고도 하며 남보다 먼저 착수하는 걸 나타낸다.[140] 따라서 '창인선착'은 상대보다 앞서 초식을 사용해 주도권을 잡는다는 말이다.

두 번째 구절의 '보(補)'는 앞의 포가자세[11번]에서 이미 설명했

134) ≪漢語大字典≫編輯委員會, ≪漢語大字典≫(成都: 四川辭書出版社, 1986-1990), 4427쪽.

135) ≪漢語大字典≫編輯委員會, ≪漢語大字典≫(成都: 四川辭書出版社, 1986-1990), 3740쪽.

136) ≪漢語大字典≫編輯委員會, ≪漢語大字典≫(成都: 四川辭書出版社, 1986-1990), 2075쪽.

137) ≪漢語大字典≫編輯委員會, ≪漢語大字典≫(成都: 四川辭書出版社, 1986-1990), 1934쪽.

138) 단국대학교동양학연구소, ≪한한대사전(漢韓大辭典)≫(서울: 단국대학교출판부, 1999), 2권 49쪽.

139) 단국대학교동양학연구소, ≪한한대사전(漢韓大辭典)≫(서울: 단국대학교출판부, 2007), 11권 1028쪽.

140) 단국대학교동양학연구소, ≪한한대사전(漢韓大辭典)≫(서울: 단국대학교출판부, 2007), 11권 96쪽.

듯이 상대 공격이나 방어 동작에서 생긴 빈틈, 상대와의 간격을 메우거나 보충하는 것을 말한다. 뒤에 나오는 작지룡세[25번]에도 '보(補)'가 같은 의미로 사용되고 있다. '전소(前掃)'는 앞으로 상대의 하단을 쓸어 차는 공격을 가리킨다. '전(轉)'은 이동하다, 움직이는 방향을 바꾸다, 변화하다는 말이다.[141] '상(上)'은 앞으로 나아가다, 낮은 곳에서 높은 곳으로 오르다, 더하다, 덧붙이다는 의미다.[142] '홍권(紅拳)'의 '홍(紅)'은 여기서 인정사정 보지 않고 있는 힘을 다해 가격하는 것을 가리킨다.[143] 뒤에 나오는 지당세[21번], 작지룡[25번], 수두세[22번]에도 홍권이 보이는데, 모두 같은 맥락에서 '홍권'을 사용하고 있다. 상대의 하단을 쓸어 차고 연이어 방향을 전환하며 일어서 홍권을 올려 쳐 공격한다.

세 번째 구절의 '배궁(背弓)'은 앞의 도삽세처럼 등을 활처럼 구부려 축경을 하는 것을 말한다. '전보(顚補)'는 밑에서부터 위로 들어 올리거나 떠받치면서 공백, 빈틈을 채운다는 말이다. '피게기(披揭起)'에서 '피(披)'는 연다, 벌린다는 말이다.[144] '게(揭)'는 붙잡다, 위로 헤집다는 말이다.[145] 따라서 '피게기'는 상대의 팔을 걷어내며 들어 올려 잡아챈다는 말이다. 그림에서 왼팔은 이미 상대의 팔을 걷어내며 뒤로 잡아챈 모습을 묘사하고 있다.

마지막 구절의 '천심주고(穿心肘靠)'는 천심주(穿心肘)와 체중을 실어 부딪히는 고법(靠法)을 가리킨다. 먼저 팔꿈치를 사용한 중단

141) ≪漢語大字典≫編輯委員會, ≪漢語大字典≫(成都: 四川辭書出版社, 1986-1990), 3552쪽.
142) ≪漢語大字典≫編輯委員會, ≪漢語大字典≫(成都: 四川辭書出版社, 1986-1990), 6쪽.
143) 陳鑫, ≪陳氏太極拳圖說≫(上海: 上海書店出版社, 1986), 230쪽.
144) ≪漢語大字典≫編輯委員會, ≪漢語大字典≫(成都: 四川辭書出版社, 1986-1990), 1861쪽.
145) ≪漢語大字典≫編輯委員會, ≪漢語大字典≫(成都: 四川辭書出版社, 1986-1990), 1917쪽.

[심장] 공격과 연이어 근접해 들어가며 몸으로 부딪혀 공격하는[고] 기술을 가리킨다. 나의 홍권을 막는 상대의 팔을 열어젖히며 왼발을 딛고 일어서며 쫓아 들어가 곧바로 천심주고로 공격한다. 낮은 자세로 앉으며, 소퇴로 공격하고 연이어 솟아오르며 팔꿈치 공격과 고법으로 근접해 들어가는 귀축각세의 기법은 전하기가 어렵다는 말로 마무리하고 있다.

21. 지당세

융경본	≪삼재도회≫본	조선본	학진탐원본
		X	X

원문

指當勢是箇丁法, 他難進我好向前.
踢膝滾躦上面, 急回步顚短紅拳.

번역

지당세는 정법을 사용해 하단을 공격하느니 상대는 들어오기 어려우나 나는 앞으로 나아가기 좋구나.

무릎을 차고 발을 구르며 위를 공격하고 급히 걸음을 물리면서 손을 뒤집어 차단하며 홍권을 치느니라.

주해

지당세는 '샅을 가리키는 자세'라는 말이다. 여기서 '당(當)'은 '당(襠)'과 통용되며, 바짓가랑이 사이, 즉 샅을 말한다. 지당세가 샅을 향해 아래로 내리꽂듯이 가격하기 때문에 붙여진 이름이다. 오늘날 태극권의 초식 가운데 주먹으로 상대방의 샅을 가격하는 지당추(指襠捶)란 기법에 그 잔영이 남아 있다.[146]

첫 번째 구절의 '시(是)'는 "… 이다"라는 뜻으로 긍정하고 판단하는 말, "틀림없이, 참으로 … 이다"라는 어조를 강하게 하는 의미가 있다.[147] '개(箇)'는 주로 한 개, 두 개처럼 개수를 세는 양사, 이, 이것, 저것 등 대명사로 쓰인다. 또 어떤 상황이나 광경을 나타내거나 술어의 역할을 하기도 한다. 여기서는 '시(是)'와 결합해 뒤에 오는 단어나 구절과 주술관계를 나타낸다. '정법(丁法)'은 정퇴(丁腿)라고도 하며, 발끝을 세우고 발목을 굽혀 '정(丁)'자 모양으로 만들어 차는 발차기를 말한다. 발바닥과 뒤꿈치를 사용해 무릎을 굽혔다 펴면서 앞을 향해 찬다. 상대의 가슴이나 턱까지 올려 차는 경우도 있지만 대체로 무릎 아래로 상대의 하단을 낮게 차는 데 사용된다.[148]

두 번째 구절은 지당세의 특징을 잘 보여준다. 들어오는 상대는 하반이 노출되게 마련이므로 나의 하단 차기에 걸리게 된다. 반면,

---

146) 余功保, ≪中國太極拳大百科≫(北京: 人民體育出版社, 2011), 583쪽.

147) 단국대학교동양학연구소, ≪한한대사전(漢韓大辭典)≫(서울: 단국대학교출판부, 2003), 6권 714쪽.

148) '정퇴'는 한국 무술의 십팔기나 중국 무술의 착각, 벽괘권, 번자권 등에 보인다. 발바닥은 앞을 향하고 발끝은 바로 세우되 밖으로 약간 뉘어 발꿈치에 힘을 주어 앞을 향해 차는 발차기이다. 김광석, ≪권법요결≫(서울: 동문선, 1992), 175-177쪽. '등퇴' 참조.

나는 상대의 하반을 유린하며 상대가 물러나거나 피하는 틈을 역으로 이용해 밀고 들어간다. '향전(向前)'에서 '향(向)'과 '전(前)'은 모두 앞으로 향하여 가다, 나아가다, 전진하다는 말이다.[149] 지당세는 상대는 섣부르게 들어오지 못하는 불리한 입장에 놓이게 하며 나는 유리한 위치를 점하며 움직이는 데 그 묘가 있다.

세 번째 구절에서 '척슬곤(踢膝滾)'에서 '척슬'은 무릎을 찬다는 말이다. '곤(滾)'은 큰물이 세차게 솟구쳐 흐르는 모양, 앞으로 내달리다는 말인데,[150] 여기서는 상대의 무릎을 차고 연이어 발을 구르며 다음 동작으로 이어지는 것을 나타낸다. '찬상면(躦上面)'에서 '찬'은 발을 모으다, 뚫다,[151] '상면'은 위, 위쪽을 가리킨다. '찬상면'은 좌충권으로 상반신, 얼굴을 가격하는 것을 나타낸다.

마지막 구절은 나의 공격을 상대가 받아내며 역공해 들어올 경우의 대처법이며, 아울러 지당세의 핵심 기법이기도 하다. '급(急)'은 급속히, 재빠르게, 급박하게[152]라는 뜻으로 상대의 반격에 급박하게 반응해야 함을 강조하는 부사어이다. '회보(回步)'에서 '회(回)'는 거두어들이다, 회수하다는 말이다.[153] '보(步)'는 걸음, 보법을 가리킨다. '회보'는 발을 거두어들이다, 걸음을 물리다는 뜻이다. '전단(顚

149) 단국대학교동양학연구소, ≪한한대사전(漢韓大辭典)≫(서울: 단국대학교출판부, 1999), 2권 1251쪽; ≪漢語大字典≫編輯委員會, ≪漢語大字典≫(成都: 四川辭書出版社, 1986-1990), 248쪽.

150) 단국대학교동양학연구소, ≪한한대사전(漢韓大辭典)≫(서울: 단국대학교출판부, 2005), 8권 781쪽.

151) ≪漢語大字典≫編輯委員會, ≪漢語大字典≫(成都: 四川辭書出版社, 1986-1990), 3752쪽.

152) ≪漢語大字典≫編輯委員會, ≪漢語大字典≫(成都: 四川辭書出版社, 1986-1990), 2181-2182쪽.

153) 단국대학교동양학연구소, ≪한한대사전(漢韓大辭典)≫(서울: 단국대학교출판부, 2000), 3권 429쪽.

短)'에서 '전(顚)'은 정수리, 머리, 사물의 맨 위쪽, 꼭대기를 가리키는데 여기서 전이되어 뒤바뀌다, 거꾸로 되다로 외연이 확장되었다.[154] '단(短)'은 도중에 차단하며 공격하다, 가로막다는 말이다.[155] 위를 공격하고 다시 방향을 전환하여 상대의 샅을 가격하는 것을 나타낸다.

지당세는 크게 두 가지의 기법으로 이루어져 있다. 먼저 상대의 무릎을 차고 발을 구르며 위를 공격하는 기법, 그리고 보법을 거두어들이며 상대의 샅을 가격하는 기법이다. 손으로는 상대 수법을 견제하며 안면을 공격하고 발로는 상대의 하반을 찬다. 찬 발을 내려디디며 동시에 상충권으로 올려 쳐 상대를 공격하는데 이때 연결 동작은 끊임없이 유연하게 이어져야 한다. 지당세의 그림은 바로 마지막 하단으로 찔러 치기를 한 상황을 묘사하고 있다. 상대의 샅을 향해 꽂아 찌르는 주먹이 바로 결정타가 된다.

22. 수두세

융경본	≪삼재도회≫본	조선본	학진탐원본
		X	X

154) 단국대학교동양학연구소, ≪한한대사전(漢韓大辭典)≫(서울: 단국대학교출판부, 2008), 15권 120쪽.

155) ≪漢語大字典≫編輯委員會, ≪漢語大字典≫(成都: 四川辭書出版社, 1986-1990), 2584쪽.

원문

獸頭勢如牌挨進, 恁快脚遇我慌忙.

低驚高取他難防, 接短披紅衝上.

번역

수두세는 방패로 몸을 가리고 상대를 향하여 다가가는 세이니 그대의 빠른 다리도 나를 만나면 허둥대는구나.

아래를 놀라게 하고 위를 공격하면 상대는 막기 어려우니 단타를 만나면 쪼개며 홍권으로 위를 공격하느니라.

주해

수두세는 '짐승 머리의 자세'라는 말이다. 나의 전면을 커버하면서 들어가 경법(驚法)으로 상대를 놀라게 하고 취법(取法)을 사용해 공격하는 기술이다.

첫 번째 구절 '수두(獸頭)'의 '수(獸)'는 짐승을 가리키는 말이지만 여기서 '수(獸)'는 사냥하다는 의미의 수(狩)와 통한다.[156] '애진(挨進)'은 상대에게 가까이 접근해 들어간다는 말이다. 수두세는 방패를 들고 상대에게 접근해 들어가는 것처럼 운용하는 기법이다. 패를 들고 상대에게 접근해 들어갈 때 위로는 상대를 주시하며 패의 아래를 함께 살펴[照高管下] 상대에게 대비해야 하는데, 여기 수두세에도 이 원칙이 그대로 적용된다.[157]

---

156) ≪漢語大字典≫編輯委員會, ≪漢語大字典≫(成都: 四川辭書出版社, 1986-1990), 1375쪽.

157) ≪기효신서≫<등패>의 '나찰의세' 가결은 다음과 같다. "나찰의: 기수세이다. 위를 주시하면서 아래를 살피며 옆 걸음으로 직진하느니, 다른 세로 변화할 수 있으며 몸을 비켜 피하는 묘가 있다(懶扎衣: 此起手勢也. 照高管下, 橫行直進, 諸勢可變, 有躱閃之妙.)." 曹文明・呂穎慧 校釋, ≪紀效新書≫(18卷本)(北京: 中華書局, 2001), 176쪽.

두 번째 구절은 상대가 아무리 빠른 발을 가지고 있다고 해도 위아래로 대비하며 수두세로 접근해 들어가는 나를 만나게 되면 결국 황망한 상황에 놓이게 될 뿐이라는 걸 강조하고 있다. '황망(慌忙)'은 여기서 황급하고 분주한 상황을 가리킨다.[158)]

이렇게 보면 수두세를 단순히 팔을 자신의 전면에 두고 방어하는 수세적인 목적만 가지고 있는 것으로 오인하기 쉽다. 하지만 수두세의 묘미는 바로 세 번째 구절에 나오는 것처럼 경법과 취법을 조화시켜 반격하는 데 있다. 위로는 상대를 주시하며 아래를 살피며 들어가다 상대의 아래쪽을 공격해 놀라게 하는 경법(驚法)을 사용하여 주의를 분산시킨 다음 역으로 위쪽을 공격하는 것이다. 그러므로 상대는 방어하기가 어렵다. 위를 공격하기 전에 아래를 공격하는 허초를 사용하여 상대의 주의를 분산시키는 것은 앞에서 본 현각세와 마찬가지로 성동격서(聲東擊西)의 권법적인 응용이라고 할 수 있다.

마지막 구절 '접단(接短)'에서 '접(接)'은 접촉한다는 말이지만 단순히 상대의 팔에 나의 팔을 붙이거나 접촉한다는 의미는 아니다. 상대의 움직임을 주동적으로 받아 나의 콘트롤하에 놓이게 한다는 의미를 가지고 있다. '단(短)'은 '단타(短打)', 즉 짧게 치는 공격을 말한다. '피(披)'는 열다, 펼치다, 찢다, 가르다는 의미다. 상대가 짧게 끊어 치는 공격을 해오면 받아내며 열어젖히듯 걷어내며 '홍권'으로 반격한다. '홍(紅)'은 귀축각세[20번]에 나온 것처럼 인정사정 보지 않고 있는 힘을 다해 가격하는 것으로, 여기서는 상대의 안면을 향해

---

158) 단국대학교동양학연구소, ≪한한대사전(漢韓大辭典)≫(서울: 단국대학교출판부, 2002), 5권 698쪽.

올려 치는 상충권을 가리킨다. 그림은 왼손으로 상대의 단타 공격을 걷어내고 오른손 홍권으로 상대를 올려 친 것을 묘사하고 있다.

23. 신권세

융경본	≪삼재도회≫본	조선본	학진탐원본
		X	X

원문

神拳當面揷下, 進步火燄攢心.
遇巧就拿就跌, 擧手不得留情.

번역

신권은 얼굴을 방어하며 아래로 찔러 치는 자세니 나아가며 화염이 치솟듯 심장을 올려 차는구나.

좋은 기회를 만나면 곧바로 나법을 쓰고 또 질법을 쓰느니 손을 한번 들면 인정사정 보지 않느니라.

주해

신권세는 '신묘한 주먹 자세'라는 말이다. 상대의 공격을 무력화시키면서 동시에 나의 공격은 감지하지 못할 정도로 빠르고 교묘하게 치고 들어간다고 해서 붙여진 이름이다.

'신권(神拳)'이라는 용어는 명대에 광범위하게 사용되었다. 여기서는 하나의 기법을 가리키는 세명으로 사용되었지만 조태조신권삼십육세(趙太祖神拳三十六勢)나 장비신권(張飛神拳), 동자배관음신권(童子拜觀音神拳)처럼 하나의 권법 유파나 문파 전체를 가리키는 명칭으로도 사용되곤 했다.[159] 이들 모두 기본적으로는 신(神)이 가지는 '신묘하다', '인간의 능력을 넘어선', 신용(神勇: 비범한 용맹) 혹은 '귀신같다'는 의미를 권법에 부여하기 위해서 차용되었다.[160]

'당면(當面)'에서 '당(當)'은 가로막는다, 저지한다, 가리다는 뜻이 있고[161] '면(面)'은 얼굴을 가리키므로 당면은 얼굴을 방어한다로 해석할 수 있다. 물론 '당면'의 일반적인 의미인 대면하다, 직면하다, 일이 눈앞에 닥치다로 보아도 문맥에 자연스럽게 연결된다.[162] 이 경우 '정면을 향해'로 해석할 수 있다. 여기서는 무술적인 의미를 살려 얼굴을 방어한다로 해석했다. '삽하(揷下)'는 아래로 내리꽂는다는 말로 신권세가 정면을 향하여 아래로 찔러 치는 주먹임을 나타낸다. 상대가 주먹을 찔러오면 왼손으로 상대의 팔을 걷어내며 오른주먹으로 상대의 명치나 늑골을 향해 아래로 찔러 쳐 공격한다. 특히 상대가 공격해 들어오는 힘에 내가 앞으로 나아갈 때 생기는 모멘텀을 실어서 공격하면 위력이 배가 된다.

---

159) 본서 69쪽 "<표 2> 명대 기록에 보이는 다양한 권법들" 참조.

160) 단국대학교동양학연구소, ≪한한대사전(漢韓大辭典)≫(서울: 단국대학교출판부, 2007), 10권 429쪽, 447쪽.

161) ≪漢語大字典≫編輯委員會, ≪漢語大字典≫(成都: 四川辭書出版社, 1986-1990), 2546쪽.

162) 단국대학교동양학연구소, ≪한한대사전(漢韓大辭典)≫(서울: 단국대학교출판부, 2006), 9권 899쪽.

두 번째 구는 아래로 찔러 친 이후의 상황을 설명한다. 만약 상대가 나의 공격을 피해 뒤로 물러나는 경우 나는 진보(進步)로 쫓아 들어가며 후속타를 가한다. '화염찬심(火燄攢心)'은 바로 뒤이은 공격을 나타낸다. 화염찬심에서 '찬(攢)'은 '찬(鑽)', 즉 뚫는다는 의미이데[163] 수법과 퇴법 두 가지의 해석이 가능하다. 하나는 심장을 올려 치는 좌충권(挫衝拳, 복싱의 어퍼컷에 해당), 즉 수법으로 해석하는 것이고 다른 하나는 퇴법[발차기]으로 해석하는 것이다. 여기서는 후자로 해석했다.

장공소(張孔昭)는 상대의 사수(死手)로부터 벗어나는 방법으로 '화염찬심'을 사용해야 한다고 지적한다. 그는 '화염찬심'을 "상대의 주먹이 너무나 맹렬하게 들어와 피할 수가 없는 상황에서 나의 양손으로 상대의 수법을 무력화시키며 나의 뒷발로 상대의 심장을 올려 차는 기술"[164]로 설명한다. 이 신권세의 화염찬심은 내가 곤경에 처한 경우는 아니지만 상대의 안면 공격을 방어하며 아래를 찔러 친 경우 상대와 이미 양손이 얽히는 상황이 발생하게 된다. 아울러 상대가 뒤로 물러나 피하는 경우와 겹치면 진보로 쫓아 들어가며 발차기로 상대의 심장을 올려 치는 동작으로 연결되는 건 자연스러운 기법의 변화라고 할 수 있다. 따라서 여기서는 화염찬심을 상대의 심장을 맹렬히 올려 차는 것으로 해석했다.

---

163) ≪漢語大字典≫編輯委員會, ≪漢語大字典≫(成都: 四川辭書出版社, 1986-1990), 1990쪽.

164) 張孔昭撰, 張雄鷹, 常學剛點校, ≪拳經拳法備要≫(太原: 山西科學技術出版社, 2006), 67쪽. 츠엉사오캉(鄭少康)은 장공소(張孔昭)의 또 다른 저서인 ≪권첩(拳帖)≫을 참조해 이 부분에 대한 교감을 했다. 내가 참조한 산서과학기술출판사(山西科學技術出版社) 영인본과는 몇몇 단어가 다른 곳이 보이는데, 전체적인 문맥은 크게 다르지 않기 때문에 여기서는 산서과학기술출판사를 따랐다. 보다 자세한 내용은 鄭少康, ≪紀效新書拳經考≫(上海體育學院博士學位論文, 2007), 178쪽을 참조하기 바란다.

'우교(遇巧)'는 우연함, 공교로움, 마침, 때마침이라는 말이다.[165] 타이밍에 맞게 마주친다는 말이다. 바로 뒤에 이어지는 '나(拿)'와 '질(跌)'은 나법과 질법을 말하는 것으로 상대에 대한 공격이 단발로 끝나는 것이 아니라 바로 금나와 질법으로 변화한다는 것을 나타낸다. 만일 상대가 나의 공격을 막거나 뒤로 물러나 피할 경우에는 곧 바로 수법을 변화시키며 상대를 잡아채며 걸어서 넘어뜨린다.

신권은 1) 얼굴을 방어하며 정면을 향해 아래로 찔러 치는 기법, 2) 화염찬심의 발차기, 그리고3) 금나와 질법으로 변화하여 마무리하는 기법으로 구성되어 있으며, 이들 각 기법은 끊어짐이 없이 이어져야 한다.

마지막 구절의 '거수(擧手)'는 문자 그대로 손을 든다는 말로 '출수(出手)'를 의미한다. "손을 들어서 공격을 하면"이라는 말이다. '부득유정(不得留情)'의 '부득'은 얻지 못함, 하지 못함, 할 수 없음, 해서는 안 된다는 것을 나타내는 부정어다.[166] '유정(留情)'은 마음에 둠, 관심을 가짐, 사정을 보아 너그러이 용서함이란 의미다.[167] 따라서 전체 문맥은 일단 손을 쓰게 되면 상대방을 인정사정 봐주지 말고 끝장을 내라는 걸 나타낸다.

---

165) 단국대학교동양학연구소, ≪한한대사전(漢韓大辭典)≫(서울: 단국대학교출판부, 2008), 13권 1080쪽; 고대민족문화연구소 중국어사전 편찬실, ≪중한대사전≫(서울: 고려대학교민족문화연구소, 1995), 2727쪽.

166) 단국대학교동양학연구소, ≪한한대사전(漢韓大辭典)≫(서울: 단국대학교출판부, 1999), 1권 333쪽.

167) 단국대학교동양학연구소, ≪한한대사전(漢韓大辭典)≫(서울: 단국대학교출판부, 2006), 9권 837쪽.

24. 일조편세

융경본	≪삼재도회≫본	조선본	학진탐원본
		X	X

원문

一條鞭橫直披砍, 兩進腿當面傷人.

不怕他力粗膽大, 我巧好打通神.

번역

일조편은 횡으로 걷어내고 수직으로 쪼개 치니 서로 들어가며 맞닥뜨리면 상대를 상하게 하느니라.

상대가 아무리 힘이 세고 담이 크더라도 겁내지 않으며 나는 교묘히 상대의 통신혈을 쳐내느니라.

주해

'일조편'은 '한 줄 채찍'이라는 말이다. 양손을 펼쳐 상대의 수법을 걷어내며 세로 혹은 가로로 채찍처럼 휘둘러 공격을 하는 기법이다.

조선본과 학진탐원본에는 이 세가 누락되어 있다.

첫 번째 구절의 '횡직피감(橫直披砍)'은 구류세[8번]의 '좌반우장(左搬右掌)'이나 포가자세[11번]의 '우횡좌채(右橫左採)'의 용법처럼

‘횡직’을 분리하여 뒤의 ‘직감’과 연결지어 해석할 수 있다. 이 경우 ‘횡피직감’이 된다.168) ‘횡’은 가로, 수평을, ‘직’은 세로, 수직을 가리킨다. ‘피(披)’는 열어젖힌다는 말이며, ‘감(砍)’은 쪼개듯이 내리치거나 후려친다는 말이다. 따라서 횡피직감을 그림과 연결하면 그림에서 오른손은 이미 상대의 공격을 걷어내어 뒤로 잡아챈 상황을, 그리고 왼 손바닥으로 상대를 후려친 동작을 묘사하고 있다.

일조편은 기술적으로 앞의 요단편세[4번]와 유사하지만, 요단편세가 창보와 결합되어 위에서 아래로 연속으로 내리치는 공격이라면 일조편은 횡으로 걷어내는 동작과 위에서 아래로 후려치는 동작이 결합된 단발성 공격이라는 점에서 차이가 있다.

두 번째 구절의 ‘양진퇴(兩進腿)’는 두 사람이 서로 앞으로 나아가며 다가서는 것을 말하며, ‘당면(當面)’은 대면하다, 직면하다, 일이 바로 눈앞에 닥친다는 의미다.169) 여기서는 정면으로 맞닥뜨리는 것을 가리킨다.

두 사람이 서로 맞서며 들어가 상대를 격상(擊傷)하게 하고자 할 때는 힘이 세거나 담이 큰 것을 두려워해서는 안 된다는 점은 이미 여러 차례 강조된 바 있다. 상대에게 위축되지 않고 심리적으로 평정 상태를 유지할 수 있다면 상대가 아무리 힘이 세고 담대하더라도 자신의 기술을 있는 제대로 발휘해낼 수 있게 된다. 물론 심리적인 측면 외에도 물리적인 공격에서 필연적으로 방향성과 시간성 역시 중요하다. 공격의 방향을 예측하고 적절한 타이밍을 포착해낼 수 있

168) 보다 자세한 내용은 구류세[8번]와 포가자세[11번]의 주해를 참조하기 바란다.

169) 단국대학교동양학연구소, ≪한한대사전(漢韓大辭典)≫(서울: 단국대학교출판부, 2006), 9권 899쪽.

느냐가 관건이다. 무예 이론에서는 구력(舊力)이 막 지나고 신력(新力)이 생기지 않은 순간을 공격의 타이밍으로 본다.[170] 일조편 역시 바로 그 타이밍을 이용해 양팔을 채찍 휘두르듯 활용해야 한다.

마지막 구절의 '통신(通神)'은 문자 그대로는 신령과 통했다는 말이다. 따라서 이 구절은 기예가 무르익어 상승의 수준에 이르렀음을 비유하는 의미로 해석될 수도 있다. 하지만 여기서는 무술적인 의미에 주안점을 두어 '통신'을 '가격하다[打]'의 목적어로 보았다. '통신'은 정확히는 머리에 있는 '본신혈(本神穴)'을 가리킨다. 본신혈은 양이마 모서리에서 앞머리 머리카락이 자라는 부분 바로 위에 위치한 혈로 족소양담경(足少陽膽經)에 속한다. 곡차혈(曲差穴), 두임읍(頭臨泣), 두유(頭維) 등의 혈과 나란히 위치하고 있다.[171] 본신혈은 중풍이나 인사불성, 아이들이 경기를 일으킬 때 이를 치료하는 중요한 경혈이지만 이 부분에 충격을 받으면 정신을 잃게 된다. 일조편은 바로 이 부분을 가격하는 기법이다.[172]

---

170) "舊力略過, 新力未發" 유대유의 ≪검경(劍經)≫에 나오는 구절로 척계광의 ≪기효신서≫에도 인용되어 있다. 유대유는 이 원리를 곤봉의 공방 원리를 설명하는 데 사용하였는데, 후대로 내려오면서 무술 일반으로 확대되어 널리 퍼져나갔다. 권법을 예로 들면, 상대가 오른 주먹을 찌를 때 주먹이 완전히 뻗어지기 직전, 그리고 왼주먹은 아직 나오지 않은 순간으로 근육의 신전과 수축의 전환이 생기는 과정에서 시간 차가 존재한다. 이 순간이 나에게는 상대를 공격할 수 있는 절호의 기회가 된다.

171) 허준 저, 동의문헌연구실 역, ≪신증보대역 동의보감≫(서울: 법인문화사, 2012), 2199-2200쪽.

172) '통신(通神)'은 무술 술어로 굳어져 머리 혹은 머리 높이로 이루어지는 기법을 가리키는 데도 사용된다. 오수는 그의 ≪수비록(手臂錄)≫에서 창으로 머리 높이에서 내려 누르는 기법을 '통신'으로 설명하고 있다. "通神, 捺之頭高者也. 直符送書, 擠之頭高者." 吳殳 著, 孫國中 增訂點校, ≪增訂手臂錄 - 中國槍法眞傳≫(北京: 北京師範大學出版社, 1989), 176쪽.

25. 작지룡세

융경본	≪삼재도회≫본	조선본	학진탐원본
		X	

원문

雀地龍下盤腿法, 前揭起後進紅拳.

他退我雖顚補, 衝來短當休延.

번역

작지룡은 다리를 굽혀 몸을 아래로 낮추는 법이니 먼저 들어 올리고 뒤이어 나아가며 홍권을 치느니라.

상대가 물러서면 나는 밑에서 위로 들어 올리느니 고간을 가격할 때 절대로 머뭇거려서는 안 되느니라.

주해

작지룡세(雀地龍勢)는 '숨은 지룡의 자세'라는 말이다. 자세를 낮춰 순간적으로 상대의 시야에서 사라졌다 연이어 솟아오르며 반격하는 기술이다. 오른 무릎을 굽혀 내려 앉으며 왼 다리는 편다. 이때 왼손은 순보로 도장(挑掌, 튕기듯 위로 들어 올리는 장)을 취하며, 오른손은 주먹을 쥐고 뒤쪽으로 들어 올려 왼손과 일직선을 이룬다.

작지룡세의 명칭은 문학적인 비유 속에 무술적인 의미가 숨어 있는 경우라고 할 수 있다. 먼저 '작지룡(雀地龍)'에서 '작(雀)'은 참새를 가리킨다. 참새는 해가 지면 앞을 보지 못한다고 하는데, 이 때문에 야맹증을 작맹(雀盲)이라고도 한다.[173] '지룡(地龍)'은 날개가 없는 지상의 용을 가리킨다. '작'을 자신을 보이지 않게 만든다는 동사적인 의미로 보면 작지룡세는 지룡처럼 순간적으로 몸을 낮춰 상대의 시야에서 자신을 사라지게 한다는 의미가 된다.[174]

아울러 고전무예의 용례로 보면 '지룡(地龍)'은 두 가지 의미로 해석이 가능하다. 먼저 지(地)는 인체의 하반을 가리킨다. 인체의 몸 혹은 자세는 높낮이에 따라 크게 천반[상], 인반[중], 지반[하]의 셋으로 나눈다. 따라서 지룡은 지반, 즉 낮은 자세에 해당한다. 다음으로 용은 변화무쌍하게 움직이는 창의 모습이 용과 닮았다고 해서 창에 비유된다. 이 경우 지룡은 낮게 찌르는 창법을 가리킨다. 따라서 권법에서의 작지룡은 창으로 찌르듯 상대의 하반을 낮게 공격해 들어가는 기법으로 해석할 수 있다. 장공소는 "상대가 만약 높은 위치에서 고탐마를 취하면 나는 자세를 낮춰 작지룡세를 취한다. 위로 들어 올려 제어하며 빈틈을 공격하니 이것이 바로 반법(盤法, 천반, 인반, 지반의 기법) 가운데 최고이니라"[175]라고 말한다.

첫 번째 구절의 '하반퇴법(下盤腿法)'은 두 가지로 끊어 읽기가 가능하며 해석도 갈리게 된다. 먼저 '하반'과 '퇴법'으로 끊는 경우이다.

---

173) ≪漢語大字典≫編輯委員會, ≪漢語大字典≫(成都: 四川辭書出版社, 1986, 4092쪽). '작(雀)'에는 또한 '작각(雀角)'이라는 말에서 알 수 있듯이 쟁송, 다툰다는 의미도 있다.

174) 작지룡세와 직접적인 관련성을 찾을 수는 없지만 오늘날 중국 무술의 서북권(西北拳)에서 사용하는 '편신작세(扁身雀勢)'란 기법과도 유사성이 있는 것으로 보인다. 편신작세는 상대와 겨룰 때 몸을 비스듬히 향하여 맞서는 것으로 상대에게 노출되는 면적을 적게 하고[편신] 몸을 웅크리며 힘을 축적해 발력을 이롭게 하는 자세로 알려져 있다. ≪中國武術大辭典≫編纂委員會, ≪中國武術大辭典≫(北京: 人民出版社, 1990), 16쪽.

175) 張孔昭 撰, 張雄鷹, 常學剛 點校, ≪拳經拳法備要≫(太原: 山西科學技術出版社, 2006), 67쪽.

이 경우 상대의 하반, 즉 하단에 대한 퇴법이 된다. 여기서 퇴법은 상대의 다리에 대한 직접적인 가격뿐 아니라 쓸어 차기나 후리기 같은 것을 포괄한다. 다른 하나는 '하'와 '반퇴법'으로 끊어 읽는 것이다. '반퇴'는 다리를 꼬고 앉는 양반다리를 말하는데, '하(下)'와 연결하면 다리를 굽히며 앉아 자세를 낮춘다는 의미가 된다. 이 경우 '하반퇴법'은 상대의 하반에 대한 직접적인 공격보다 나의 자세를 낮춰 상대의 예봉을 피하는 피섬법(避閃法)으로 신법에 해당한다. 나는 후자로 해석하였다.

세 번째 구절의 '아수전보(我雖顚補)'에서 '수(雖)'는 '유(惟)'와 통하며 '전보(顚補)'의 '전(顚)'은 정(頂)과 통한다.[176] '전(顚)'은 아래서 위로 솟아오르는 동작을 말하며 '보(補)'는 상대의 빈틈을 비집고 들어간다는 말이다.[177]

마지막 구절의 '충래단(衝來短)'에서 '래단(來短)'은 원래 중국어 발음은 '라이뚜안(laiduan)'이며 속독법으로 빨리 발음하면 중간 음소가 탈락하면서 '루안(luan)'이 된다. '루안'은 '란(卵, luan)', 즉 남성의 고환을 가리킨다. 따라서 '충래단'은 상대의 고간을 가격한다는 말이다.[178]

작지룡세는 상대가 나의 상단을 노리고 깊이 돌진해 들어올 때 유용하게 사용될 수 있다. 초점이 위를 향하고 있을 때 순간적으로 다리를 굽혀 앉으며 자세를 낮춰 상대의 공격을 낙공(落空)시키며, 상대의 고간을 향해 솟구치듯 일어나며 공격한다. 연이어 상대에게 진

---

176) ≪漢語大字典≫編輯委員會, ≪漢語大字典≫(成都: 四川辭書出版社, 1986-1990), 4387쪽.
177) ≪漢語大字典≫編輯委員會, ≪漢語大字典≫(成都: 四川辭書出版社, 1986-1990), 3093쪽.
178) 鄭少康, ≪紀效新書拳經考≫(上海體育學院博士學位論文, 2007), 181쪽.

격해 들어가며 홍권으로 공격한다.

'당휴연(當休延)'에서 '당(當)'은 조동사로 '응당(應當)', 즉 마땅히 해야만 한다는 말이며,[179] '휴(休)'는 해서는 안 된다는 부정을 나타내는 부사어이다.[180] '연(延)'은 지연하거나 시간을 질질 끈다는 말이다.[181] 따라서 '당휴연'은 기회를 포착하면 곧바로 실행에 옮겨야 한다는 것을 나타낸다. 이것저것 재면서 주저하다 보면 타이밍을 놓치게 된다. 그래서는 안 된다는 말이다.

26. 조양수세

융경본	≪삼재도회≫본	조선본	학진탐원본
		X	

원문

朝陽手偏身防腿, 無縫鎖逼退豪英.

倒陣勢彈他一脚, 好教師也喪聲名.

179) ≪漢語大字典≫編輯委員會, ≪漢語大字典≫(成都: 四川辭書出版社, 1986-1990), 2546쪽.

180) ≪漢語大字典≫編輯委員會, ≪漢語大字典≫(成都: 四川辭書出版社, 1986-1990), 118쪽.

181) ≪漢語大字典≫編輯委員會, ≪漢語大字典≫(成都: 四川辭書出版社, 1986-1990), 404쪽.

번역

조양수는 상대를 향해 비스듬히 서서 발차기를 방비하는 자세니 빈틈없이 얽어매 호걸 영웅도 물리치는구나.

진세를 역전시키며 상대를 향해 한 발을 쏘아내듯이 걷어차면 아무리 뛰어난 교사라도 명성을 잃고 마느니라.

주해

조양수세는 '손을 위로 드는 자세'라는 말이다. 상대의 발차기 공격을 무력화시키며 발차기로 역습하는 기술이다. 오른손은 주먹을 쥐고 가슴 앞에 가로로 위치시키고 왼 손바닥은 위를 향해 높이 들어올린다.

첫 번째 구절 '조양(朝陽)'은 아침 해, 즉 솟아오르는 태양을 가리킨다. '조양수'는 여기서 손바닥을 하늘을 향해 들어 올린다는 말이다. '편신(偏身)'은 '측신(側身)'이라고도 하며 몸을 비스듬히 해서 상대를 향해 서는 자세를 말한다. '방퇴(防腿)'는 상태의 다리, 즉 발차기를 방어한다는 말이다.

발차기는 일반적으로 손기술보다 타격력이 훨씬 강하다고 알려져 있다. 힘있게 들어오는 발차기 공격을 손이나 팔을 사용해 막다가 오히려 그 힘에 밀려 상해를 입는 경우도 흔하다. 따라서 발차기 공격을 방어할 때는 힘의 방향에 정면으로 맞서는 것이 아니라 상대의 힘이 진행하는 초점의 방향을 틀어서 낙공(落空)시키는 것이 효율적이다. 첫 구절의 '편신방퇴'는 바로 상대의 발 공격을 몸을 옆으로 피하며 막는다는 것을 나타낸다. 하지만 단순히 막거나 피하는 것에서 끝나는 것은 아니다. 상대의 다리를 감아 잡거나 얽어매 상대가 꼼짝 못 하도록 봉쇄하는 적극적인 기술로 이어진다.

두 번째 구절 '무봉쇄(無縫鎖)'의 '봉(縫)'은 틈, 간극을 말하며,[182] '무봉'은 이러한 틈이나 간극이 없다는 말이다. '쇄(鎖)'는 자물쇠로 잠그듯이 얽어매 꼼짝 못 하게 한다는 말이다. 따라서 '무봉쇄'는 상대에게 빈틈이나 기회를 주지 않고 상대를 얽어매는 것을 가리킨다. 영웅호걸조차도 이 기법에 걸리면 옴짝달싹 못 하게 되고 만다는 말로 강조하고 있다.

세 번째 구의 '진세(陣勢)'는 군대의 작전 배치나 상황, 사태를 가리키는 말로 '도진세(倒陣勢)'는 진세를 역전시켜 나에게 유리하게 만든다는 말이다. 처음 상대의 발차기 공격을 편신의 형태로 방어하는 수세였지만 이를 공세로 전환해 상대를 핍박한다는 것을 가리킨다. '탄타일각(彈他一脚)'에서 '탄(彈)'은 탄환을 쏘다, 두드리다, 치다, 뿌리다는 말이다.[183] 진세를 역전시킨 상황에서 이어지는 공격으로 상대에게 발차기를 쏘아내듯이 차는 것을 가리킨다.

마지막 구절의 '교사(教師)'는 전통 시대 군진 내에서 무예 교련을 담당하는 교련관으로 '호교사(好教師)'는 무예가 뛰어난 교사를 가리킨다. 이 기술이 제대로 걸리게 되면 결국 아무리 고명한 무술 교사라도 체면을 구기게 된다는 말로 기법의 우수성을 강조하고 있다.

---

182) ≪漢語大字典≫編輯委員會, ≪漢語大字典≫(成都: 四川辭書出版社, 1986-1990), 3438쪽.

183) 단국대학교동양학연구소, ≪한한대사전(漢韓大辭典)≫(서울: 단국대학교출판부, 2002), 5권 154쪽.

27. 안시세

융경본	≪삼재도회≫본	조선본	학진탐원본

원문

鴈翅側身挨進, 快腿走不留停.

追上穿庄一腿, 要加剪劈推紅.

번역

안시세는 몸을 측면으로 향하며 접근하는 자세이니 빠른 다리로 움직이며 멈춰서는 안 되느니라.

상대를 따라가며 위로는 찌르고 아래로는 쓸어 차니 가위로 베듯 후리며 홍권으로 밀어 치는구나.

주해

안시세는 '기러기 날개 자세'라는 말이다.[184] 기러기의 양 날개처럼 양손으로 몸을 커버하며 비스듬히 상대를 향해 마주 서는 자세를 말한다. 이 자세는 오늘날로 치면 일종의 겨루기 자세라고 할 수 있다. 실전에서는 안시세에서 과호세로, 혹은 과호세에서 안시세로 변

184) ≪무예도보통지≫<권법>에서는 '안시측신세'로 표현하고 있다. 正祖 命撰, ≪武藝圖譜通志≫(서울: 학문각, 1970 영인), 725쪽.

화하며 사용된다.[185]

인간의 팔을 새의 날개로 비유하고 있는 안시세에서 고대인들의 자연동화적인 인식을 읽을 수 있다. 인간의 팔은 종종 권법뿐 아니라 다른 무예에서도 날개에 비유된다. ≪무예도보통지≫<예도>의 전시세[날개를 펼치는 자세], 좌(우)익세[왼(오른) 날개로 치는 자세], 염시세[날개를 거두는 자세] 등도 검법이기는 하지만 기법을 날개에 비유해 설명한다는 점에서 같은 맥락이라고 할 수 있다.

인간의 팔은 또한 문에 비유되기도 한다. 이때 팔은 열고 닫는다는 개합(開合)의 기능을 한다. 양팔을 모아 몸의 중앙에 전후로 위치시킨 가드(guard) 포지션은 몸의 중심을 방어하는 자세로 곧 문을 닫은 것을 뜻하며 반대로 팔을 바깥으로 벌리거나 밀어젖히는 동작은 문을 연 것에 해당된다. 개합의 개념은 직접적으로 공격과 방어에 응용되는데 방어하는 입장에서는 문을 닫아서 상대의 공격으로부터 자신을 지켜야 하고, 공격하는 입장에서는 상대의 문을 열고 들어가 중심부를 타격해야 한다. 이 개합의 관계를 역이용해 일부러 나의 문을 열어 상대의 공격을 유인해 역공하는 데 응용되기도 한다.

여기 안시세 역시 이런 맥락에서 볼 필요가 있다. '안시(鴈翅)'는 '아익(鵝翼: 거위 날개)'을 가리키며, 통가자로 '엄자(掩刺)'와 통한다. 따라서 안시는 자신을 엄호하며[엄(掩)] 상대에게 주먹을 내지르는[자(刺)] 기법이다.[186] '애진(挨進)'은 상대에게 접근해 들어간다는 말이다. 이때 양팔은 자신의 몸을 보호하는 가드의 역할, 즉 문을 닫은 상태로 자신을 보호하는 역할을 한다. 그림에서 오른손은 자신을

---

185) 正祖 命撰, ≪武藝圖譜通志≫(서울: 학문각, 1970 영인), 724-725쪽.

186) 鄭少康, ≪紀效新書拳經考≫(上海體育學院博士學位論文, 2007), 183쪽.

엄호하며 왼손으로 앞으로 뻗어 공격하는 모습을 상징한다. 왼손 오른손의 역할이 고정된 것은 아니며 양손은 번갈아가며 상황에 따라 전환할 수 있다.

두 번째 구절은 보법에 대한 내용이다. 상대에게 접근해 들어갈 때 발은 빠르게 움직이며 멈춤이 없어야 한다는 점을 나타내고 있다. 이러한 보법의 움직임을 무예 이론에서는 경온쾌변(輕穩快變)으로 설명한다. 가벼우면서, 안정적이며, 동시에 빠르면서 변화무쌍하게 움직여야 한다는 말이다.[187] 이렇게 움직이는 가운데 상대의 빈틈을 포착해 공격으로 전환하게 된다.

세 번째 구절은 실제적인 응용을 설명하고 있다. '추상천(追上穿)'은 앞의 보법을 사용해 상대를 쫓아 들어가며 찔러 치는[穿] 공격을 말한다. '팽일퇴(庄一腿)'에서 '팽(庄)'은 ≪광운(廣韻)·경운(耕韻)≫에 평평하다[平][188]고 했는데 여기서는 다리를 사용해 수평으로 혹은 가로로 쓸어 차는[소퇴] 공격을 가리킨다. 실전에서는 빠르게 움직이며 상대의 시선을 분산시키고 빈틈을 보아 위를 공격하며 빠르게 자세를 낮춰 아래로는 상대의 하단을 발로 쓸어 차는 공격으로 이어지게 된다.

마지막 구절은 여기서 찔러 치는 공격이 단발에 끝나는 것이 아니라 상대의 방어하는 팔을 옆으로 밀쳐내거나 눌러서 방어하며 연이어 전벽(剪劈), 즉 가위로 베듯 횡으로 쪼개 치는 기법으로 변환된다는 것을 나타낸다. 연이어 팔뚝과 팔꿈치를 사용한 홍권으로 밀어쳐 마무리를 한다. 홍권은 귀축각세[20번], 지당세[21번], 수두세[22

187) 김광석, ≪권법요결≫(서울: 동문선, 1992), 43-46쪽.

188) ≪漢語大字典≫編輯委員會, ≪漢語大字典≫(成都: 四川辭書出版社, 1986), 875쪽.

번], 작지룡세[25번] 등에서 이미 나왔듯이 인정사정 보지 않고 있는 힘을 다해 가격하는 공격을 가리킨다.

28. 과호세

융경본	≪삼재도회≫본	조선본	학진탐원본

원문

跨虎勢那移發脚, 要腿去不使他知.
左右跟掃一連施, 失手剪刀分易.

번역

과호세는 어디든 옮겨다니며 발을 펼쳐내는 자세니 발이 가는 것을 상대는 알지 못하게 하느니라.

왼발 오른발 뒤꿈치로 연이어 쓸어 차니 첫 번은 놓치더라도 바로 다음 가위질은 확실히 자르노라.

주해

과호세는 '호랑이를 타는 자세'라는 말이다. 호랑이를 타고 움직이듯이 보법을 사용해 전후좌우로 이동하며 낮게 상대의 하단을 쓸어 차는 기법이다. 발을 펼쳐내되 주안점은 나의 보법을 상대가 눈치채지 못하게 하는 데 있다.

'과호(跨虎)'는 원래 중국 남북조시대의 고사에서 유래하였다. 고사에 따르면 14살 양향(楊香)이 아버지와 조밭에서 일을 하다 호랑이가 아버지를 물자 호랑이 등에 올라타 목을 졸라 아버지를 구하였다고 한다. 호랑이를 올라탄다[跨虎]는 말은 여기서 나왔다.[189]

권법에서 하지의 기능은 크게 세 가지로 나뉜다. 하나는 몸의 균형을 잡고 안정적으로 서 있도록하는 것이며 다른 하나는 몸을 이동시킴으로써 거리와 공간의 이점을 확보하도록 하는 것이다. 마지막으로 발로 직접 차거나 상대의 하지를 걸어서 넘어뜨리는 등의 공격 혹은 방어를 하는 것이다. 세 가지 기능은 서로 상호보완·상호제약의 관계를 가지고 있다. 예를 들면, 안정적으로 서기 위해서는 다리를 벌려 기저 면을 넓히고 무릎을 굽혀 무게중심을 낮춰야 한다. 그런데 이렇게 하면 힘과 안정성 면에서는 이점이 있지만 빠르게 이동할 수가 없고 움직임이 둔해지는 단점이 있다. 반대로 이동을 빠르게 하기 위해서는 보폭을 좁혀 기저 면을 작게 하고, 무릎을 펴서 무게중심을 높여야 한다. 그런데 이렇게 할 경우 안정성이 떨어지게 된다. 서기와 걷기, 즉 안정과 이동 사이에서 균형을 찾아야만 한다. 아울러 거기에 머무는 것이 아니라 서 있는 동안이나 이동하는 중간에 발을 사용해 상대를 차거나 걸어서 공격하거나 방어하는 등의 활용을 할 수 있어야만 한다. 따라서 서기, 이동하기, 공격과 방어하기의 세 가지 기능을 유기적으로 연결하는 것이 하지 운용의 묘가 된다.

---

189) 단국대학교동양학연구소, ≪한한대사전≫(서울: 단국대학교출판부, 2008), 13권 461쪽.

첫 번째 구절 '나이발각(那移發脚)'에서 '나(那)'는 '나(挪)'와 통하며 발을 옮겨 디디며 이동한다는 말이다. '각'은 발걸음을 가리킨다. 따라서 나이발각은 이동하며 발을 내디딘다는 의미가 된다. <권경> 서두의 "보법[각법]은 가벼우면서도 안정적이어야 하며 나아가고 물러남이 적절해야 한다"는 점을 상기할 필요가 있다. 보법의 운용 원칙은 경쾌하면서도 안정되며 동시에 빠르고 신속하면서 변화무쌍해야 한다.[190] 이러한 움직임의 요체는 상대가 눈치채지 못하게 하며 동시에 상대보다 빨리 나의 몸을 이동시키는 데 있다.

과호세는 상대가 예측할 수 없는 방향으로 발을 옮겨 디디며, 이동하는 중간에 발을 내어 상대의 하단을 쓸어 차는 데 요점이 있다. 자세를 낮춰 몸을 돌리며 쓸어 차는 발차기인 소퇴(掃腿)는 상대의 하단을 쓸어 차 중심을 흩뜨리거나 상대를 넘어뜨리는 데 그 목적이 있다. 아울러 단발성 공격이 아니라 왼 다리를 펴서 앞으로 돌며 쓸어 차고 회전하는 관성과 모멘텀을 이용해 오른발을 뻗어 뒤로 돌리며 쓸어 차는 식으로 번갈아가며 사용한다.

연속된 쓸어 차기는 보통 첫 번째 공격은 상대의 허점을 만들어내는 허수로 사용하고 두 번째가 실제 공격으로 많이 응용된다. 상대와 맞선 상태에서 상대의 빈틈을 포착해 먼저 상대의 앞발을 쓸어 찰 듯 공격하고 상대가 앞발을 급하게 물리는 빈틈을 바로 뒤따라 들어가며 상대의 디딤 발을 쓸어 차는 식이다. 이때 상대는 발을 물리면서 뒷발에 체중이 실리며 중심이 뜬 상태이기 때문에 이 뒷발에 쓸어 차는 공격을 받게 되면 맥없이 쓰러지게 된다.

---

190) 김광석, ≪권법요결≫(서울: 동문선, 1992), 43-46쪽.

‘실수(失手)’는 손에서 놓친다는 말로 여기서는 공격이 실패한 것을 가리킨다. ‘전도(剪刀)’는 가위의 양날처럼 열고 닫는다는 의미로 좌우의 연속 쓸어 차기 공격을 비유한 것이다. 좌우 연속 공격을 통해 처음 공격이 실패하더라도 다음 공격에서 적중시킨다는 말이다. 바로 뒤의 ‘분이(分易)’는 이러한 기법이 너무나 명료해서 이해하기가 어렵지 않다는 의미로 여기서는 결정타를 가해 확실히 마무리 한다는 걸 나타낸다.

29. 요란주세

융경본	≪삼재도회≫본	조선본	학진탐원본

원문

拗鸞肘出步顚剁, 搬下掌摘打其心.

拿鷹捉兎硬開弓, 手脚必須相應.

번역

요란주세는 걸음을 내디디며 내리치는 것이니 장으로 아래로 누르며 상대의 심장을 올려 치는구나.

매가 토끼를 낚아채듯 빠르며 활시위를 잡아당기듯 힘을 쓰니 손과 발은 반드시 상응해야 하느니라.

주해

요란주세는 '요보(拗步) 난주(鸞肘)의 자세'라는 말이다. 요보는 팔과 반대되는 다리를 내딛는 보법으로 오른팔과 왼발이 (혹은 그 반대로) 서로 일치되어 움직이는 보법을 가리킨다. '난(鸞)'은 봉황류에 속하는 전설상의 새를 가리키는 말로 여기서는 부부가 쌍을 이루듯 양 팔꿈치가 서로 쌍을 이뤄 움직인다는 의미로 사용되었다. 뒤에 나오는 순란주세[31번]와는 서로 상대가 되는 기법이다. 양자의 주된 차이는 요보와 순보라는 보법에 있다. 순보는 요보와 달리 같은 방향의 손발이 함께 움직이는 보법을 가리키는 것으로 오른손이 앞에 있을 경우 오른발이 앞으로 움직여 일치시키는 것을 말한다. 앞의 요단편세[4번]에서 이미 설명을 하였으므로 보다 자세한 내용은 그 부분을 참조하기 바란다.

첫 번째 구절의 '출보전타(出步顚剁)'는 '출보(出步)'는 걸음을 내다라는 말로 앞으로 발을 내딛는 것을 나타낸다. '전타(顚剁)'의 '전(顚)'은 정수리, 아래, 떨어지다, 추락하다는 말이다.[191] '타(剁)'는 ≪옥편(玉篇)·도부(刀部)≫에는 '작(斫)'으로, ≪광운(廣韻)·과운(過韻)≫에는 '좌(剉)'로 풀이하고 있는데, 찍다, 쪼개다, 썬다는 의미로 모두 위에서 아래를 향해 내리치는 동작과 관련되어 있다.[192] '전타' 역시 이렇게 위에서 아래로 내리치는 공격을 가리킨다. 왼손으로 상대의 왼팔을 잡아채며 오른손으로 상대의 안면이나 어깨, 팔꿈치 등을 내

191) ≪漢語大字典≫編輯委員會, ≪漢語大字典≫(成都: 四川辭書出版社, 1986-1990), 4387쪽.
192) ≪漢語大字典≫編輯委員會, ≪漢語大字典≫(成都: 四川辭書出版社, 1986-1990), 338쪽.

리치게 된다.

두 번째 구는 바로 이때 상대가 오른손을 들어 나의 오른손 공격을 방어하게 되면 내리치는 나의 손이 변화해 상대의 오른팔을 내리누르며 나의 왼 주먹으로 상대의 심장을 가격하는 공격으로 연결된다는 말이다.

세 번째 구절 '나응착토(拿鷹捉兎)'의 '응(鷹)'은 저본으로 사용한 융경본에는 '음(陰)'으로 되어 있다. ≪삼재도회≫, ≪무비지≫와 조선본 ≪기효신서≫에도 '음(陰)'으로 되어 있다. 후대의 조광각본이나 학진탐원본에는 '응(鷹)'으로 되어 있다. 만일 '나음(拿陰)'이라고 보면 상대의 음부, 즉 고간을 잡아챈다는 의미로 해석할 수도 있다. 하지만 나는 '나응'으로 보았다. 무엇보다 이 구절은 응과 토가 서로 대응하는 구조를 가지고 있다. 잡아채며 내리치는 움직임이 매가 토끼를 낚아채듯 빠르고 날카로워야 한다는 점이 강조되어야 한다고 보았다. 기법의 이치상으로 봐도 '응(鷹)'이 원의에 부합한다. '경개궁(硬開弓)'은 강하게 활시위를 당기는 것을 말한다.

나응착토와 경개궁은 나의 왼손·오른손의 움직임이 타이밍과 힘을 겸비해 운용되어야 한다는 점을 비유한 것이다. 매가 토끼를 잡아채듯 빠르고 정확한 타이밍을 취하며, 동시에 활시위를 잡아당기듯 힘 있게 움직이는 것이 바로 이 수법의 요체라고 할 것이다.

마지막 구는 몸 전체의 움직임의 조화라는 측면을 강조하고 있다. 수법을 정확한 타이밍에 힘을 넣어서 사용하기 위해서는 견실한 하체의 움직임이 보장되어야만 한다. 손과 발은 위아래가 상응하듯 조화롭게 움직여야 적절한 타이밍을 찾을 수 있을 뿐 아니라 힘을 배가시킬 수 있게 된다.

30. 당두포세

융경본	≪삼재도회≫본	조선본	학진탐원본

원문

當頭砲勢衝人怕, 進步虎直攛兩拳.

他退閃我又顛踹, 不跌倒他也忙然.

번역

당두포는 맹렬히 가격해 상대를 두렵게 하니 나아가며 호랑이가 앞발로 후려치듯 두 주먹을 뻗는구나.

상대가 물러서며 피하면 나는 또 발로 걷어차니 고꾸라지는 건 면하더라도 그는 망연자실하고 마느니라.

주해

당두포세(當頭砲勢)는 '얼굴로 향하는 대포 자세'라는 말이다. 높이 들어오는 상대의 공격을 들어 막으며 요보충권으로 되받아치는 기법이다. '당두'는 원래 장기에서 사용되는 용어로 포(炮)를 정중앙 선에 놓고 상대의 졸(卒)을 공격함으로써 상대의 장수를 위협하는 방법을 가리키는데, 후에 결정적인 위협이나 타격을 가리키게 되었다.[193]

첫 번째 구절의 당두포에서 '당두(當頭)'는 정면으로 마주한다는 말이다. 상대방의 안면을 향해 정면으로 공격을 가한다는 말로, 바로 뒤의 '포(砲)'는 대포를 가리키는데 여기서는 곧게 뻗어 찌르는 충권을 가리킨다. 당두포는 전형적인 호두가타(護頭架打)의 기법으로 상대의 공격을 방어하며[架] 동시에 상대를 가격[打]하는 구조로 이루어져 있다. 그림에서 보이듯이 상단으로 들어오는 상대의 주먹을 왼손을 들어 방어하며 동시에 상대의 안면을 향하여 오른 주먹 스트레이트로 곧장 치고 들어간다. '세충인박(勢衝人怕)'은 이렇게 되받아치는 기세가 너무나 위력적이어서 상대가 두려움에 떨게 된다는 말이다.

두 번째 구절은 이렇게 막으며[架] 충권으로 찔러 치는 동작[打]이 단발로 끝나는 건 아니라 연속공격으로 이어진다는 것을 나타낸다. 들어 막은 손은 다시 상대를 향해 뻗어 치고, 뻗어 친 손은 다시 들어막으며 연이어 공격한다. 아울러 보법과 결합해 상대를 압박해 들어가며 손을 바꿔가며 상대의 안면을 향해 뻗어 친다. 그림에서 방어하는 왼손은 상대방의 공격에 직각으로 맞받아 막는 것이 아니라 비스듬히 틀어 막으며 상대의 공격을 흘려내어야 다음 공격으로 변화하기 쉬워진다. '호직찬(虎直攛)'에서 '찬(攛)'은 던지다, 펼치다, 뻗어내다라는 말이다.[194] 호랑이가 앞발을 뻗어내듯 두 주먹을 펼쳐낸다는 의미로 양손으로 번갈아가며 연속으로 상대를 가격하는 것이 호랑이가 앞발을 번갈아 뻗어내며 후려치듯 빠르면서도 기세가 충만하다는 것을 나타낸다.

---

193) 단국대학교동양학연구소, ≪한한대사전≫(서울: 단국대학교출판부, 2006), 9권 898쪽.
194) ≪漢語大字典≫編輯委員會, ≪漢語大字典≫(成都: 四川辭書出版社, 1986-1990), 1988쪽.

세 번째 구절은 이렇게 상대에게 붙어 들어가며 연타를 가하더라도 상대는 뒤로 물러나며 공간을 확보해 나의 압박을 피할 경우 이어지는 변화를 나타낸다. '타퇴섬(他退閃)'은 상대가 물러나며[退]재빠르게 피한다[閃]는 말이다. 이 경우 나는 빈 공간을 메우며 쫓아 들어가 발차기로 연결해 공격을 한다. '아우전단(我又顚踹)'은 상대를 뒤따라 들어가며 이어지는 공격을 나타낸다. 여기서 '우(又)'는 연이어 이어진다는 뉘앙스를 가지고 있다. '전단(顚踹)'은 기세를 살려 밀고 들어가며 발차기를 한다는 의미이다.

마지막 구절은 상대가 나의 첫 두 주먹 연타를 피했다고 안도하는 찰나에 뒤이어 들어온 발차기 공격을 받은 후의 상황을 묘사하는 것으로 마지막 발차기 공격에 설사 상대가 완전히 쓰러지지는 않았더라도 망연자실하게 되고 만다는 점을 감탄조로 표현하고 있다.

31. 순란주세

융경본	≪삼재도회≫본	조선본	학진탐원본

원문

順鸞肘靠身搬打，滚快他難遮攔.

復外絞刷回拴肚，搭一跌誰敢爭前.

번역

순란주는 가까이 접근해 몸으로 부딪히며 가격하니 휘몰아치는 빠름을 상대는 막아내기 어렵구나.

다시 바깥으로 옭아매며 배를 밀쳐내면 상대는 한 번에 넘어지게 되니 누가 감히 앞을 다투겠는가?

주해

순란주세(順鸞肘勢)는 '순보(順步) 난주(鸞肘)의 자세'라는 말이다. 앞의 요란주세처럼 전설상의 새인 난(鸞)과 관련된 자세로 새가 날개를 펼쳐냈다 거둬들이듯이 팔로 상대를 얽어매 공격하는 것을 상징한다. 순란주세의 '순(順)'은 오른손과 오른발(혹은 왼손과 왼발)처럼 몸의 같은 쪽 팔과 다리를 일치시켜 움직이는 보법을 가리키며 앞의 요란주세의 '요(拗)'와 상대되는 개념이다.

대부분 오른 주먹과 왼 손바닥을 펼친 동작으로 묘사되어 있는 반면 조선본은 양손 모두 주먹을 쥐고 있는 모습으로 그려져 있어 차이를 보인다.

순란주세는 몸으로 부딪히는 공격과 상대를 걸어 넘기는 질법 두 가지 기법으로 구성되어 있다. 첫 번째 구절의 '고신반타(靠身搬打)'는 상대에게 측면으로 빠르게 돌진하듯 붙어 들어가 몸으로 부딪혀 공격하는 기법을 가리킨다. 이러한 기법을 사용하기 위해서는 먼저 상대의 공격을 낙공(落空: 공격의 방향을 흘려버리거나 타격점을 피해서 상대의 공격을 무위로 만듦)시키거나 상대의 공격을 방어하며 빈틈을 확보할 수 있어야 한다. 동시에 보법과 신법을 이용해 상대에게 근접해 들어가 체중과 이동하는 모멘텀을 이용할 수 있어야 몸으로 부딪히는 공격을 응용할 수 있다. 이때 팔꿈치, 어깨 등에 체중을 실어 공격한다. 상대가 나에게 들어오는 상황을 역이용해 부딪히므로 상대가 받는 충격은 배가된다. 아울러 이러한 고법은 상대의 수법을 무력화시키며 순간적으로 온몸으로 돌진해 공격하기 때문에 상대가 피하거나 방어하기가 쉽지 않다. 두 번째 구는 바로 이 점을 묘사하고 있다.

바로 이어지는 기법은 질법이다. 순란주세는 몸으로 부딪히는 타법에서 끝나는 것이 아니라 연이어 변화되어 응용된다. 몸으로 부딪혀 공격을 했을 때 상대가 물러나거나 방어를 해서 결정타가 되지 못한 경우 다시 나의 오른팔을 밖으로 돌려 상대의 허리를 옭아매듯 감싸 안는다. 동시에 왼손으로 상대의 상체를 밀어붙이듯 가격한다. 이때 나의 발도 보법을 사용하여 상대의 다리 뒤쪽으로 옮겨 디디며 지지대가 되도록 하면 상대의 중심을 무너뜨려 넘어뜨릴 수 있게 된다. 더 나아가 양손의 움직임에 따라 상대의 허리를 부러뜨릴 수도 있다.

마지막 구절은 이렇게 상하가 함께 움직이며 몸 전체를 사용하는 치명적인 공격 기술이기 때문에 어느 누구도 감히 함부로 덤빌 수 없다는 감탄조로 강조하며 마무리하고 있다.

32. 기고세

융경본 	≪삼재도회≫본 	조선본 	학진탐원본 

원문

旗鼓勢左右壓進, 近他手橫劈雙行.

絞靠跌人人識得, 虎抱頭要躲無門.

번역

기고세는 좌우로 누르며 나아가 상대에게 근접해 사용하는 기법이니 횡벽으로 나란히 휘둘러 치는구나.

얽어매 넘어뜨리는 건 누구나 알아야 하느니 호랑이가 머리를 감싸고 도망치려 해도 나갈 문이 없느니라.

주해

기고세(旗鼓勢)는 '깃발(旗)과 북(鼓)의 자세'라는 말이다. 전통시대 군진에서 깃발은 방위를, 북은 전진을 하라는 신호로 사용되었다. 기고세는 바로 북을 치고 깃발을 휘두르는 동작에서 모티브를 취한 것으로 횡격(橫擊)과 질법(跌法)이 결합된 기법으로 구성되어 있다. 여러 판본의 그림 가운데 조선본만 유일하게 손바닥을 편 상태로 그려져 있다.

기고세는 1) 좌우압진(左右壓進)과 2) 횡벽쌍행(橫劈雙行)의 두 가지 기법으로 구성되어 있다. 이 기법들은 모두 상대에게 근접해서 사용하는 기술[近他手]이다. 두 번째 단락의 '횡벽'은 가로로 휘둘러 치는 기법을 가리키며 '쌍행'은 양팔을 나란히 해서 움직인다는 말이다. 첫 구절의 '좌우압진'과 여기 '횡벽쌍행'은 서로 연결된다. 상대의 팔을 왼편 혹은 오른편으로 눌러서 제압하며 앞으로 나아가는 것이 '좌우압진'이며, 이렇게 눌러서 생긴 틈을 '횡벽쌍행'으로 휘둘러 쳐 공격한다. ≪무예도보통지≫<권법>은 기고세에 대해 "왼편과 오른편을 씻는다(左右洗)"라고 표현하고 있는데, 여기서 '씻는다'는 말은 검법에서 베는 기법인 '세법(洗法)'에 해당하는 것으로 몸통의 회전력을 이용해 호선을 그리면서 양팔을 좌우로 '휘두르듯이' 움직이는 동작, 즉 기고세의 '횡벽쌍행'에 해당한다.

횡벽은 기본적으로 좌우로 휘둘러 치는 격법(擊法)이지만 단순히 격법에만 국한되지는 않는다. 왜냐하면 근접 기법의 특성상 상대와 얽힐 수밖에 없기 때문이다. 이 경우 격법은 잡아채거나 꺾어 누르는 동작으로 변하여 상대를 넘어뜨리는 '질법'으로 연결된다. 상대의 공격을 받아내며 다가가 상대의 팔을 누르며 높게는 상대의 머리, 낮게는 늑골이나 옆구리, 허리 등을 옆으로 후려쳐 공격을 하되 상대가 이를 받아내면 후려치는 횡력을 이용해 밀어붙이거나 얽힌 팔을 잡아채는 등의 동작으로 변화한다. 이때 나의 하반은 상대의 다리 안쪽이나 바깥쪽으로 바짝 붙어 들어가며 상대의 다리를 봉쇄하거나 걸어서 상대를 넘어뜨린다[질법].

세번째 구절에서 얽어매 걸어서 넘어뜨린다는 건 질법을 부연한 것이다. '교(絞)'는 앞의 순란주에서도 나왔듯이 얽어매는 동작을 말한다. '고질(靠跌)'은 부딪히는 기술[고]과 넘어뜨리는 기술[질]을 가리킨다.

당순지는 기고세를 "비스듬히 옆으로 피하며, 요보로 앞으로 나아가, 높으면 황매가 양 발톱으로후려치는 수법[황앵쌍박수]으로 낮으면 음부를 올려 치는 주먹[요음과당권]으로 공격하느니, 가까이 붙어 쫒으며 휴탈수를 하고 비스듬히 횡으로 후려쳐 넘어뜨리느니라"[195]라고 설명하고 있다. 보법을 결합해 상대를 잡아채거나 밀어붙여 넘어뜨리는 질법(跌法)이나 솔법(摔法: 유도의 던지기처럼 몸을 지렛대처럼 사용해 상대를 던지는 기법)으로도 변화하는 데 기고세의 묘가 있다.

마지막 구절의 '호포두(虎抱頭)'는 이것을 독립적인 무예 기법으로 볼 것인지 아니면 상징적인 표현으로 볼 것인지에 따라 해석이 달라지게 된다. 일반적으로 '포두(抱頭)'는 '포두서찬(抱頭鼠竄: 머리를 감싸고 쥐새끼처럼 급히 내빼다)'이라는 말에서처럼 머리를 감싼다는 의미이다. 따라서 호포두는 호랑이가 머리를 감싼다는 의미가 될 것이다.

물론 호포두를 다르게 해석할 수도 있다. 예를 들면, 황백가(黃百家, 황바이지아)의 ≪내가권법≫에는 호포두가 공격 기법의 하나로 포함되어 있다.[196] 또 근대의 형의권에서는 호포두를 양손을 모은

---

195) "旂[旗]鼓拳, 閃橫, 拗步脚上前, 高怕黃鸎雙拍手, 低怕撩陰跨襠拳, 挨靠緊追休脫手, 會使斜橫搶半邊." 唐順之, ≪武編≫, 中國兵書集成 第13冊(北京: 解放軍出版社, 1989 영인), 785쪽.

196) ≪내가권법≫의 '응적타법색명(應敵打法色名)'에 '호포두'가 포함되어 있다.
淸 黃百家 撰, ≪內家拳法≫, 一卷, 世揩堂藏板 ≪昭代叢書≫本別集卷24. Chinese Text Project http://ctext.org/library.pl?if=en&res=82615

자세로 호랑이가 동굴에서 나오는 형세를 하고 있는 자세를 가리키기도 하며,[197] 양식태극권에서는 검술 동작의 하나로 사용되기도 한다.[198] 동일한 용어지만 모두 문맥에 따라 다른 의미를 가지고 있기 때문에 주의할 필요가 있다. 그런데 문제는 여기서 과연 이런 해석이 본 가결의 맥락 속에서 적절한 의미를 갖는냐라는 점이다.

나는 오히려 호포두를 문자 그대로 호랑이가 머리를 감싸고 도망친다는 의미로 본다. 호포두의 주체가 나인가 아니면 상대인가에 따라 해석이 달라질 수 있는데, 호랑이조차도 머리를 감싸 쥐고 꽁무니를 빼야 할 정도록 기고세의 위력이 강하다는 것을 강조하는 일종의 문학적 수사로 보는 것이다. 32세 가결 전체에 걸쳐 마지막 구절이 가지는 상징 어법을 감안할 필요도 있을 것이다.

197) "虎抱頭者, 兩手相抱, 有虎離穴之勢也." 孫祿堂 著, ≪形意拳學≫(1915), 孫劍雲 編, ≪孫祿堂武學錄≫(北京, 人民體育出版社, 2001), 18쪽. 손복전(孫福全, 1860~1933)은 손록당(孫祿堂)이라는 이름으로 더 알려져 있다. 녹당(祿堂)은 그의 자(字)이다. 형의권과 팔괘장, 태극권에 정통했으며 후에 이들 삼가의 권법을 집대성해 자신만의 독특한 풍격을 갖춘 손가태극권을 창시했다. ≪형의권학(形意拳學)≫ 외에도 ≪팔괘권학(八卦拳學)≫(1917), ≪권의술진(拳意述眞)≫(1924) 등의 저술이 있다.

198) 양식태극권의 검술 동작의 하나로 좌독립세 오른 무릎을 들고 양손으로 몸 중앙 앞에서 검을 감아 쥔 자세 역시 호포두라는 세명으로 불린다. 余功保, ≪中國太極拳大百科≫(北京: 人民體育出版社, 2011), 172쪽.

◆ 에필로그

만남: 16세기의 그들, 오늘의 우리

지금으로부터 약 460년 전인 1561년, ≪기효신서≫가 처음 편찬된 해이다. 18권 본 ≪기효신서≫의 권14로 포함된 <권경첩요편>은 517자의 글자와 32폭의 그림, 오늘날로 치면 공연 안내 팸플릿 정도의 분량밖에 되지 않는다. 하지만 <권경첩요편>은 당대의 맨손 무예의 실상을 고스란히 보여준다. <권경첩요편>이 없었다면 고전 권법에 대한 오늘 우리의 이해는 더 없이 빈약했을 것이다.

하지만 이 <권경첩요편>이 오늘의 한국인과 연결되어 있다는 사실은 잘 알려져 있지 않은 것 같다. 오늘 한국 사회에서 태권도, 택견, 당수도, 합기도 등 다양한 맨손 무예들은 ≪무예도보통지≫<권법>의 전통을 계승한다고 주장한다. 그런데 ≪무예도보통지≫<권법>은 거슬러 올라가면 ≪기효신서≫<권경첩요편>에 다다른다. 고전 권법의 실상뿐 아니라 오늘날 한국 무예의 모습을 이해하기 위해서도 <권경첩요편>을 읽어야 하는 이유다.

1561년 척계광에 의해 세상에 첫 선을 보인 이래 중국 내에서뿐 아니라 한국과 일본으로도 전해졌으며, 평균적으로 매 5년 마다 한 번씩 새로이 판각되어 인쇄되었다. ≪기효신서≫는 시공을 초월한 베스트셀러자 스테디셀러로 대중들의 사랑을 받아왔다. 그렇다면 그토록 사랑을 받아온 이유를 합리적으로 따져 볼 필요가 있지 않을까? 과거의 인간들이 그토록 오랜 세월 <권경첩요편>을 읽고 그 지식을 습득하고자 애를 썼다면 그 안에는 나름 소중한 그 무엇이 담겨 있었을 것이다. 나는 그것이 알고 싶었다.

이 책은 바로 <권경첩요편>이 담고 있는, 그림과 단순하지만 미묘한 향취를 풍기는 가결로 남아 있는 그 고전 권법을 오늘로 불러내려는 시도다. 그간 <권경첩요편>을 해석하고자 하는 노력은 동서양을 막론하고 꾸준히 이루어져 왔다. 그 효시는 1610년 바로 이 땅 조선에서 편찬된 ≪무예제보번역속집≫으로 거슬러올라간다.[1] 지금 이 책은 바로 그 전통의 연장선상에서 이루어진 작업이라고 할 수 있다.

≪기효신서≫<권경첩요편>의 번역을 끝낸 지금, 몇 가지 제언을 통해 앞으로 나아가야할 방향을 공유하고 싶다.

1. 무예는 몸의 길이다. 무예를 익힌다는 건 몸의 길을 따라가겠다는 말이다. 그런데 지금 우리가 가고자 하는 길을 오래 전에 걸었

1) 엄밀히 말하면 1604년 조선에서 편찬된 ≪권보(拳譜)≫가 최초라고 할 수 있다. 하지만 ≪권보≫는 현재 전하지 않는다. 그 내용은 바로 뒤에 편찬된 ≪무예제보번역속집≫의 권법에 반영된 것으로 보인다.

던 사람들이 있다. 그들은 그 길을, 그리고 걸어가면서 얻은 경험을 기록으로 남겼다. 만약 그들이 걸었던 길이 오늘 우리가 가고자 하는 길과 크게 다르지 않다면 문서화된 기록을 통해 시행착오를 줄이고 보다 수월하게 그들에게 다가갈 수 있을 것이다. 만약 그들이 걸었던 길이 오늘날 우리가 생각하는 길과 전혀 다르다면 애써 그 길을 따를 필요는 없다는 결론을 얻으리라. 선인들의 무예 기록이 의미가 있는지, 아니면 별다른 가치가 없는지, 그 모든 판단은 자료에 대한 정확한 독해가 이루어진 후에 제대로 내려질 수 있을 것이다. 그런데 현실은, 고전 권법은 여전히 우리에겐 다른 세계의 일이다. 왜냐하면 기록은 남아 있으되 전모는 아직 드러나지 않았기 때문이다. 나는 기본적으로 460여 년 전 사람들이나 지금의 내가 다르지 않다고 생각한다. 진화론의 긴 시간축에서 보면 460년은 거의 동시대라고 할 수 있다. 비록 그들은 '목숨'을 건 무예를 했지만 우리는 그런 처절함으로 무장되어 있지 않다는 차이점이 있기는 하지만 적어도 무예를 구현하는 생물학적 '몸'은 그들이나 나나 같은 같을 수밖에 없기 때문이다. 그런데 번역을 하는 과정에서 나의 생각이 바뀌었다. 물리적 몸은 같을지 몰라도 그 몸이 속한 세상은 다를지도 모른다는 생각. 나는 그들이 우리와 다른 세상을 살았다고 믿는다. 그들의 목소리를 쉽게 이해할 수 없었던 이유도 바로 세계관의 차이에서 찾아야할지도 모른다.

2. 물론 다른 세상을 살았다고 해서 우리가 전혀 이해하지 못하란 법은 없을 것이다. 사지를 움직이는 행위는 그들이나 나나 물리적 몸뚱아리를 벗어나지 않을테니까. 하지만 그 몸을, 그 몸의 움직임

을, 이해하고, 설명하는 그들의 언어를 이해하기 위해서는 노력이 필요하다. 아니 좀 더 정확히 말하면 인식의 전환이 필요하다. 무예는 인간의 몸을 매개로 하여 이루어지는 찰라의 예술이다. 본질적으로 무예는 실천을 통해서만 그 존재가치를 증명할 수 있을 뿐이다. 양식화된 기법 역시 궁극적으로는 그 기법이 놓이게 될 맥락 속에서 의미를 가진다. 삶과 죽음의 경계를 가로지르는 지점, 거기서 얻어진 깨달음은 1차적으로 실천가의 몸에 각인되었을 것이다. 이러한 깨달음은 유한할 수밖에 없다. 왜냐하면 무예를 구현한 인간의 죽음과 함께 그의 깨달음 역시 사라지고 말기 때문이다. 무예서는 그 깨달음에 영속성을 부여했다. 그런데 과연 그들이 깨달은 것은 무엇일까? 음양이 성장하며 소멸하는 과정을 거치며, 양이 극에 달하면 음으로, 음이 극에 달하면 다시 양으로 변화하며, 음과 양이 서로 전화하는 이치를 몸에 적용해 몸의 굴신, 근육의 이완과 수축, 작용과 반작용을 이룬다는 음양론. 목화토금수 오행의 상생・상극의 특성을 인체의 오장과 연관지어 설명하거나[內五行] 근육, 살, 피부, 털, 뼈의 오체와 눈, 혀, 입, 코, 귀의 오관과 결부해 공격과 방어의 기법을 이론화한 오행론. 인간의 몸을 팔, 몸, 다리의 세 분절로 나누고, 각각의 분절이 기[起: 일어남], 수[隨: 따름], 추[追: 좇음]의 원리로 움직여야 하는 삼절론. 마음으로 호흡과 동작을 지배하는 방법인 심법(心法). 사물의 형질과 본체, 그리고 사물의 쓰임과 속성을 가리키는 체(體)와 용(用)의 연장선상에서 개인 투로의 수련을 체, 실전 응용을 용으로 보는 체용론. 인체의 외적 요소인 근육, 뼈, 피부의 단련과 내적 요소인 정기신(精氣神)을 함께 단련해야 한다는 형신론(形身論). 무예수련을 통해 얻어진 내적인 힘인 내경(內勁)의 운용을 다룬 경론(勁論) 등등. 다는 아니지만 이를 통해서 우리는 그들이 깨달음의 일단을 볼 수 있을 것이다. 물론, 아니 이게 무슨 소리인가 하고 그 난해함에 머리를 내저을지도 모른다. 하지만 바꿔 말하면 그들에게는 일상적인 언어, 아니 적어도 우리보다는 쉽게 이해되었을 언어들이 오늘의 우리에겐 풀리지 않는 암호처럼 보이는 괴리가 존재한다는 말이다. 번역은 그들의 언어를 오늘의 언어로 바꾸는 작업이다. 하지만 과거를 오늘로 불러오는 일방적인 작업은 아니다. 번역은 소통을 전제로 한다. 오늘의 우리와는 다른 사고, 다른 인식 체계 속에서 태동한 전통 사회의 무예를 오늘의 언어로 재구성함으로써, 역으로 우리는 당대 사회를 바라보는 또 하나의 창을 가지게 될 것이다. 이는 궁극적으로 과거를 이해하는 이론을 수립하는 기초로 활용될 수 있을 것이다. 그들을 우리에게 데려오기 위해서는 그들에게 다가가는 노력을 먼저 해야 한다. <권경첩요편>의 번역은 그러한 노력의 첫걸음인 셈이다. 앞으로 더 많은 자료가 발굴되고, 번역되어 읽힐 필요가 있다.

3. 오늘날 현대 한국 무술은 고전 무예와는 단절되어 있다. 이 말은 행위 양식으로서의 기술적인 단절만을 의미하는 건 아니다. 물리학적 몸의 움직임은 고대인이나 현대인이나 크게 다르지 않을 공산이 크다. 오히려 무예를 어떻게 인식하느냐, 즉 인식론적인 면에서 단절되어 있다고 할 수 있다. 태권도나 합기도 등 현대 한국 무술은 스포츠과학에 기반해 무예를 설명한다. 그 방식이 갖는 이점이 분명히 존재하지만 한편으로 스포츠 과학이 가지는 분석적, 환원주의적, 대상을 객체화하여 움직임의 주체가 빠져버리고 마는 한계 역시 분

명히 존재한다. 스포츠과학은 관찰자의 입장에서 무술을 간접적, 이차적 언어로 기술한다. 반면, 고전무예 이론은 운동수행자의 느낌과 체험으로 이루어진 직접적, 일차적 언어를 중시한다. <권경첩요편>의 서술 방식이 낯설게 느껴진다면 바로 이런 이유 때문일 것이다. 하지만 이러한 차이가 어느 일방의 우위를 나타내는건 아니다. 왜냐하면 양자 모두 취해야할 장점이 있기 때문이다. 고전무예에 대한 열린 자세를 견지할 수 있다면 우리는 무예를 설명할 수 있는 또 하나의 언어를 확보할 수 있게 된다. 전통의 계승, 고전과 현대의 조화는 구호로만 이루어지지 않는다. 고전무예의 번역, 고전 언어를 오늘의 언어로 옮기는 작업을 통해 이루어질 수밖에 없다. <권경첩요편>의 번역은 오늘의 무예에 고전무예의 언어를 제공하고, 현재의 무예이론을 보완하며, 궁극적으로 새로운 무예 이론의 창출을 위한 마중물로서 의미를 가진다.

4. 지금은 많이 수그러들었지만 여전히 한국 무예계는 '전통성' 담론에서 헤어나지 못하고 있다. 천구백 팔구십년대를 풍미했던 전통무예 붐은 전통에 대한 관심을 불러일으켰지만 다른 한편으론 '전통'에 대한 이해 부족과 자민족 중심주의의 폐혜를 역으로 드러내기도 했다. 당시 전통무예 담론의 저변에 깔려 있는 우리나라에만 존재하며 타 국가, 타 민족의 영향을 받지 않은 고유한 '전통'에 대한 환상은 사실 허구에 지나지 않는다. 정도의 차이가 있을 뿐 고전 문화 역시 교류의 산물이다. 오늘날 우리가 접하는 대부분의 전통문화, 예컨대, 철학, 종교, 예술, 문학, 건축, 음악, 미술 등도 주변 문화와의 교류를 통해서 이루어졌다. 비교무예론적 시각에서 고전무예를 돌아

봐야하는 이유도 여기에 있다. 아울러 고유한 무예에 대한 집착은 무예의 역동성을 보지 못하게 한다는 점도 지적할 필요가 있다. 무예는 태생적으로 더 나은 기술을 접목해 발전해나갈 수밖에 없다. 전통성 담론이 긍정적인 의미를 가지기 위해서는 폐쇄된 시각이 아니라 열린 시각을 견지할 필요가 있다. <권경첩요편>은 그 자체로서뿐 아니라 '우리'를 제대로 알기 위해서도 필요하다. 본서에서 본격적으로 다루지는 않았지만 <권경첩요편>과 한국의 무예서를 비교해보는 작업이 필요하다. 고전무예에 대한 심도있는 이해가 이루어진다면 보다 건설적인 무예 담론이 생산될 수 있을 것이다.

5. 권법을 오늘에 되살리겠다? 온전한 복원은 가능하지 않다고 생각한다. 어쩌면 왜 그래야 하는지 근본적으로 회의가 드는 작업이기도 한다. 하지만 복원 시도 그 자체가 의미 없는 작업이라는 말은 아니다. 왜냐하면 복원 시도를 통해 당대 무예의 실상에 다가갈 수 있기 때문이다. 궁극적으로 우리는 무예서를 통해 인간의 몸과 그 움직임에 대한 지평을 넓힐 수 있게 될 것이다. 흥미롭게도 <권경첩요편>의 저변에 깔려 있는 정신, 즉 겸이습지로 대변되는 무예 수련관은 소위 오늘의 전통무예에서는 찾아보기 힘들다. 여전히 개별 무예는 '전통'을 표방하며 그들이 걸어왔던 길이라고 믿는 그 길에서 한치도 벗어나지 않으려 한다. 척계광이 당대 무술이 가지는 폐단이라고 지적한, 특정 기술에 매몰되어 버리고 마는 시행착오를 그대로 답습하고 있다. 오히려 <권경첩요편>의 정신은 종합격투기(MMA, Mixed Martial Arts)가 제대로 계승하고 있다고 할 수 있다. 종합격투기는 타격계와 그래플링 어느 한쪽에 일방적으로 천착하기보다

최선의 결과를 낳기 위해 기술의 접합과 분화를 자유롭게 추구함으로써 외적 조건과 환경에 의해 무술이 어떻게 진화할 수 있는지를 보여주었다. 매너리즘에 빠진 한국 무술계의 한계를 벗어나기 위해서는 '전통'에 기대기보다 '혁신'을 위한 좀 더 과감한 시도가 필요하다.

고전 무예에서 문헌학적 연구가 가지는 한계는 분명하다. 하지만 문헌 자료에 기반하지 않고서는 고전 무예에 관한 '학술적인' 논의를 진행할 수 없다는 사실 역시 분명하다. 무예의 학적 연구에 대한 필요성은 공감하면서도 '이론'에 대한 진지한 탐구가 이루어지지 못하는 이유도, 그간 무예 실천가의 입장에서 제기되는 '설'에 의해 학문적 장이 오염된 이유도 문헌 자료에 대한 이해 부족에서 기인한다. 물론 이러한 함량 미달의 상황을 내버려둔 연구자들의 직무유기도 일정 부분 책임이 있을 것이다. 실천가의 노력이 존중받아야 할 곳은 필드다. 실천가의 주장이 학문의 장에서 유의미하게 받아들여지기 위해선 학문적 검증을 거쳐야만 한다. 그런 점에서, 여전히 '신화'가 만연한 오늘날 '한국의' 무예계, 그리고 이를 시정하지 못하는 한국의 '무예학계'는 아직은 가야할 길이 멀기만 하다.

이제 고전 권법에 대한 본격적인 연구를 위한 첫걸음은 내디딘 셈이다. 후속 작업에서는 비교 무예론적인 시각에서 한국 권법의 발달 과정을 살펴보고 싶다. 이를 바탕으로 보다 큰 그림, 즉 동아시아 무예가 어떻게 상호 영향을 미치고 발전해왔는지로 나아갈 수 있기를 바란다.

부 록

〈권경첩요편〉 영인

부록 1: 권법 세 명의 우리말 번역 및 기술 특징

	세명	우리말 번역	구성 기법	비고
1	나찰의세	옷을 여미는 자세	삽보, 단편	개문식, 시작 자세 담력의 중요성 강조
2	금계(독립)세	금계 독립세	장퇴(裝腿), 횡권, 창배와	질법
3	탐마세	정탐 자세	원격(遠擊)	시작 자세, 단권(短拳)을 받아내는 자세, 구류세와 대비
4	요단편세	요보 단편 자세	피도퇴, 창보(搶步), 벽권	보법 결합한 연속 공격
5	칠성권세	칠성 주먹 자세	애보(挨步), 제롱, 교(攪), 충(衝), 벽(劈)	상하봉쇄, 수족상응 빠른 보법 결합
6	도기룡세	뒤로 용을 타는 자세	충권, 연주포	상대 유인 후 역습 연속 공격
7	현각(허이)세	헛 발차기 자세	헛발차기, 이환퇴, 장법	상대 유인 후 역습 연속 발차기, 손바닥 공격
8	구류세	도끼를 든 자세	좌반우장, 벽래각, 입보연심	발차기 방어, 탐마세와 대비
9	하삽세	내리꽂는 자세	교(攪), 고(靠), 구봉쇄비	상경하취법(上警下取法), 질법
10	매복세	매복하는 자세	연속발차기	낮은 자세로 접근 후 연속 발차기
11	포가자세	던지는 자세	창보(搶步), 피괘, 보상퇴, 채법(採法)	좌우잡아채기 손바닥 공격
12	점주세	팔꿈치를 붙이는 자세	벽타(劈打), 퇴압(推壓)	단타[붕권] 공격
13	일삽보세	빠른 보법 자세	삽보, 연주포	섬경교취(閃驚巧取) 연주포[연속 충권]
14	금나세	잡아채는 자세	봉각, 좌우압	사평세와 공통점
15	중사평세	중간 사평 자세	나법(拿法), 단타	양손으로 상대의 한 손 봉쇄 고사평세와 대비
16	복호세	엎드린 호랑이 자세	측신농퇴, 쓸어 차기	질법 하단쓸어차기
17	고사평세	높은 사평 자세	신법, 단타, 발차기 연속 공격	빠른 보법으로 치고 빠지며 연속 공격. 중사평세와 대비
18	도삽세	뒤로 찌르는 자세	고퇴(靠腿), 배궁(背弓)	질법
19	정란세	우물 난간 자세	천(穿), 벽(劈), 고(靠), 말(抹), 발차기	정강이를 차고, 팔꿈치 공격 후 연속 공격

20	귀축각세	귀신 발차기 자세	전소퇴, 홍권, 배궁, 천심주	선제 공격
21	지당세	살을 가리키는 자세	정퇴(丁腿), 회보, 홍권	하단 공격 후 상단 공격
22	수두세	짐승 머리 자세	다리 봉쇄, 홍권	단타 방어 저경고취(低驚高取)
23	신권세	신묘한 주먹 자세	아래로 찔러 치기, 나법, 질법	아래로 찔러 치고 올려차기 나법과 질법으로 연결
24	일조편세	채찍 자세	피감(披砍)	통신혈 가격
25	작지룡세	숨은 지룡 자세	반퇴법, 홍권	자세를 낮췄다 솟아오르며 낭심 가격
26	조양수세	손을 위로 드는 자세	발차기 방어, 발차기	상황을 반전시키며 발차기
27	안시 (측신)세	기러기 날개 자세	겨루기 자세, 빠른 보법, 쓸어차기, 홍권	빠른 보법과 수법을 연결한 연속 공격
28	과호세	호랑이 타는 자세	보법, 쓸어 차기	시작자세[겨루기 자세] 연속 쓸어차기
29	요란주세	요보 란주 자세	요보, 반장(搬掌), 올려치기	순란주세와 대비
30	당두포세	머리를 향한 대포 자세	충권, 발차기	상단 막으며 주먹 공격 후 연이어 발차기
31	순란주세	순보 란주 자세	순보, 고법, 감아치기, 질법	요란주세와 대비
32	기고세	깃발과 북의 자세	횡벽, 질법	근접 기술 타법과 질법 결합

부록 2

관심 있는 독자들이 좀 더 깊이 있게 연구할 수 있도록 본서에서 사용한 네 가지 판본의 <권경첩요편> 영인본을 싣는다. 각각 편찬된 연대순으로 배열했다. 먼저 상하이시립도서관 소장 융경본 ≪기효신서≫, 다음 ≪삼재도회≫(1607), 그리고 조선본 ≪기효신서≫(1664)와 마지막으로 학진탐원본 ≪기효신서≫를 실었다. 각 판본의 출처 및 서지사항은 다음과 같다.

1. 戚繼光, ≪紀效新書≫, 18卷本(上海市立圖書館 소장, 書號: T01525-30)
2. 王圻・王思义辑, ≪三才圖會≫, 明萬曆 35年槐荫草堂刻本(上海: 上海古籍出版社, 1988 영인(1607)).
3. 戚繼光, ≪紀效新書≫, 朝鮮木版本, 18卷 7冊, 王世貞序丙寅年(1566), 戚繼光自序, 乙酉中秋安營開刊, 청구기호 M/F85-16-268-B. 4. 서울대학교 규장각한국학연구원. 국방군사연구소 편. ≪紀效新書≫ 上, 軍事史研究資料集 6(서울: 국방군사연구소, 1998 영인).
4. 戚繼光, ≪紀效新書≫, 18卷本, 淸 嘉慶 張海鵬 輯刊 學津探原本, 中國兵書集成 第18冊(北京: 解放軍出版社, 1995 영인).

1. 융경본 <권경첩요편>

紀効新書卷之十四

拳經捷要篇第十四 此藝不甚預於兵能有餘力則亦武門所當習但衆之不能強者亦聽其所便耳於是以此爲諸篇之末第十四

拳法似無預于大戰之技然活動手足慣勤肢體此爲初學入藝之門也故存于後以備一家

學拳要身法活便手法便利脚法輕固進退得宜腿可飛騰而其妙也顛番倒插而其猛也披劈橫拳而其快也活捉朝天而其柔也知當斜閃故擇其拳之善者三十二勢勢勢相承遇敵制勝變化無窮微妙莫測窈焉冥焉人不得而窺者謂之神俗云拳打不知是迅雷不及掩耳所謂不招不架只是一下犯了招架就有十下博記廣學多算而勝古今拳家宋太祖有三十二勢長拳又有六步拳猴拳囮拳名勢各有所稱而實大同小異至今之温家七十二行拳三十六合鎖二十四棄探馬八閃番十二短此亦善之善者也呂

1

紅八下雖剛未及綿張短打山東李半天之腿鷹爪王之拿千跌張之跌張伯敬之打少林寺之棍與青田棍法相兼楊氏鎗法與巴子拳棍皆今之有名者雖各有所長各傳有上而無下有下而無上就可取勝於人此不過偏於一隅若以各家拳法兼而習之正如常山蛇陣法擊首則尾應擊尾則首應擊其身而首尾相應此謂上下周全無有不勝大抵拳棍刀鎗叉鈀劒戟弓矢鉤鐮挨牌之類莫不先由拳法活動身手其拳也爲武藝之源今繪之以勢註之以訣以啓後學既得藝必試敵切不可以勝負爲愧爲奇當思何以勝之何以敗之勉而久試怯敵還是藝淺善戰必定藝精古云藝高人膽大信不誣矣

余在舟山公署得參戎劉草堂打拳所謂犯了招架便是十下之謂也此最妙即棍中之連打連戳一法

2

懶扎衣出門架子變
下勢霎步单鞭對敵
若無膽向先空自眼
明手便
金鷄獨立顛起裝腿
橫拳相兼搶背卧牛
雙倒遭着叫苦連天
張容
劉達

探馬傳自太祖諸勢
可降可變進攻退閃
弱生強接短拳之至
善
拗单鞭黃花緊進披
挑腿左右難防搶步
上拳連劈揭沉香勢
推倒太山
賈能
徐林

3

七星拳手足相顧挨
步逼上下隄籠饒君
手快脚如風我自有
攪衝劈重
到騎龍詐輸佯走誘
追入遂我回衝恁伊
力猛硬來攻怎當我
連珠砲動
崔吉
王成

懸脚虛餌彼輕進二
換腿決不饒輕趕上
一掌滿天星誰敢再
來比並
丘劉勢左搬右掌劈
來脚入步連心挪更
拳法探馬均打人一
着命盡
馬仰
趙青

4

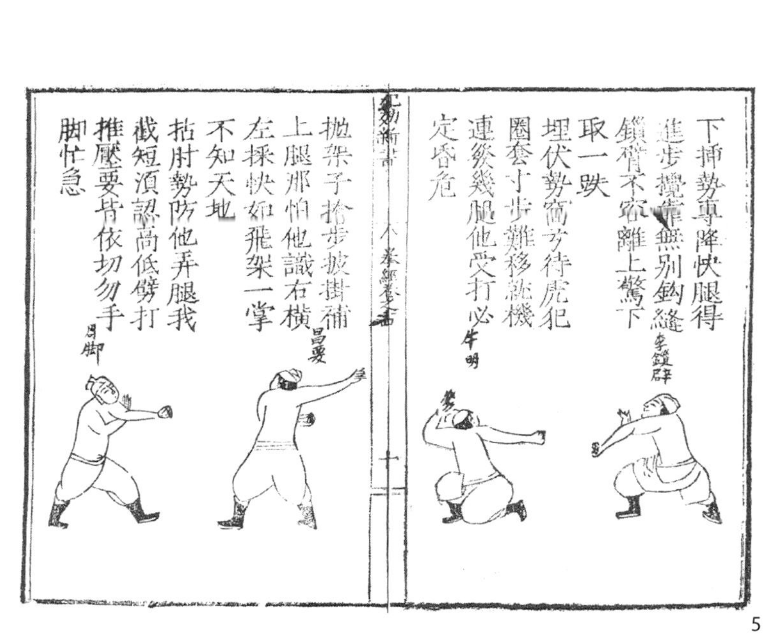

下插勢專降快腿得進步攪靠無別鈎縫鎖臂不容離上驚下取一跌

埋伏勢窩弓待虎犯圈套寸步難移就機連發幾腿他受打必定昏危

紀效新書 卷十四 拳經 十一

抛架子搶步披掛補上腿那怕他識右横左採快如飛架一掌不知天地

拈肘勢防他弄腿我截短須認高低劈打推壓要皆依切勿手脚忙急

5

一霎步隨機應變左右腿衝敵連珠恁伊勢固手風雷怎當我閃驚巧取

擒拿勢封脚套子左右壓一如四平直來拳逢我投活恁快腿不得通融

紀效新書 卷十四 拳經 十二

中四平勢實推固硬攻進快腿難來雙手逼他单手短打以熟爲乖

伏虎勢側身弄腿但來奏我前撑看他立站不穩後掃一跌分明

6

高四平身法活變左
右短出入如飛逼敵
人手足無措恁我便
脚踢拳錘

倒插勢不與招架靠
腿快討他之贏背弓
進步莫遲停打如谷
聲相應

井欄四平直進剪臁
踢膝當頭滾穿劈靠
抹一鈎鐵樸將軍也
走

鬼蹴脚搶人先着補
前掃轉上紅拳背弓
顛補披揭起穿心肘
靠妙難傳

7

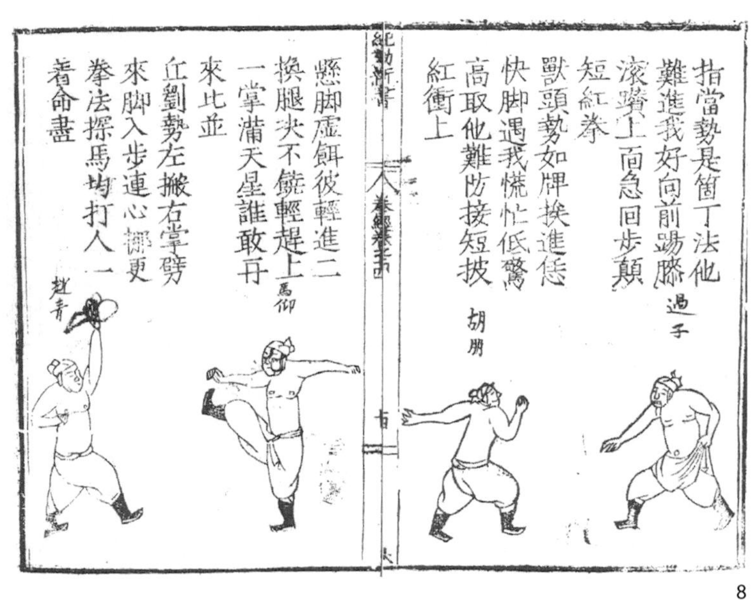

指當勢是箇丁法他
難進我好向前踢膝
滾躓上面急回步顛
短紅拳

獸頭勢如牌挨進恁
快脚遇我慌忙低驚
高取他難防接短披
紅衝上

懸脚虛餌彼輕進二
換腿決不饒輕趕上
一掌滿天星誰敢再
來比並

丘劉勢左搬右掌劈
來脚入步連心挪更
拳法探馬均打人一
着命盡

8

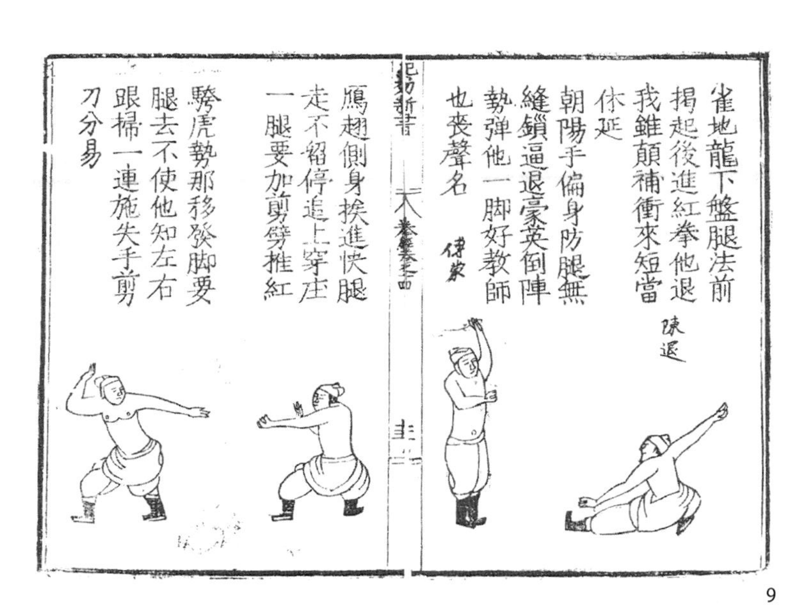
雀地龍下盤腿法前揭起後進紅拳他退我雖顛補衝來短當休延

朝陽手偏身防腿無縫鎖逼退豪英倒陣勢弹他一脚好教師也丧聲名

鴈翅側身挨進快腿走不留停追上穿庄一腿要加剪劈推紅

跨虎勢那移發脚要腿去不使他知左右跟掃一連施失手剪刀分易

9

拗鸞肘出步顛剉搬下掌摘打其心拿陰捉兎硬開弓手脚必須相應

當頭砲勢衝人怕進步虎直攛兩拳他退閃我又顛踹不跌倒他也忙然

順鸞肘靠身搬打滚快他難遮攔復外絞刷回拴肚搭一跌誰敢爭前

旗鼓勢左右壓進近他手横劈雙行絞靠跌人人識得虎抱頭要躲無門

10

2. ≪삼재도회≫본 <권경첩요편>

拳法圖
順鸞肘靠身搬打滚
快他難遮攔復外絞
刷回拴肚搭一跌誰
敢爭前
旗鼓勢左右壓進近
他手横劈雙行絞靠
跌人人識得虎抱頭
要躱無門

三才圖會　人事七卷　九

拗鸞肘出步顛剁搬
下掌摘打其心拿陰
捉兎硬開弓手脚必
須相應
當頭砲勢衝人怕進
步虎直攛兩拳他退
閃我又顛踹不跌倒
他也忙然

1

鴈翅側身挨進快腿
走不留停追上穿庄
一腿要加剪劈推紅
騎虎勢那移發脚要
腿去不使他知左右
跟掃一連施失手剪
刀分易

三才圖會　人事七卷　十

雀地龍下盤腿法前
揭起後進紅拳他退
我雖顛補衝來短當
休延
朝陽手偏身防腿無
縫鎻逼退豪英倒陣
勢彈他一脚好教師
也喪

2

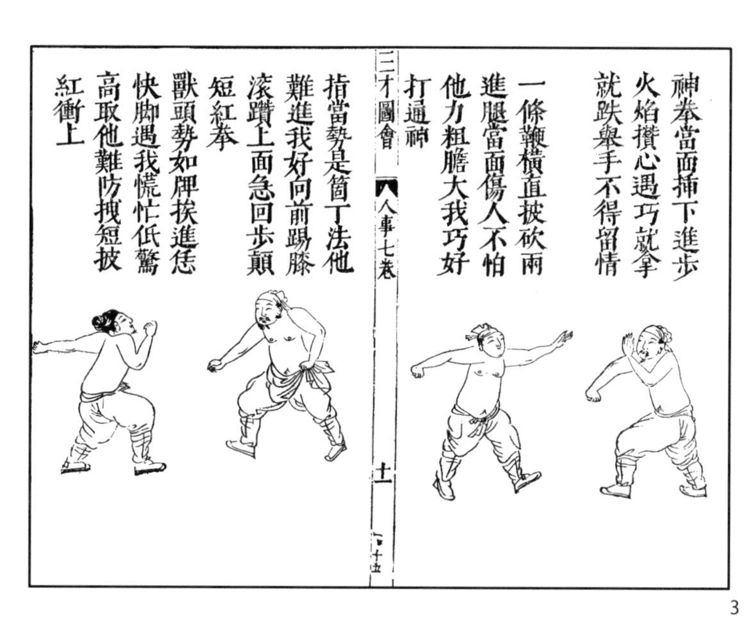
神拳當面插下進步
火焰攢心遇巧就拿
就跌擧手不得留情

一條鞭橫直披砍兩
進腿當面傷人不怕
他力粗膽大我巧好
打通神

三才圖會　人事七卷　十一

指當勢是箇丁法他
難進我好向前踢膝
滾躦上面急回步顛
短紅拳

獸頭勢如牌挨進恁
快脚遇我慌忙低驚
高取他難防拽短披
紅衝上

3

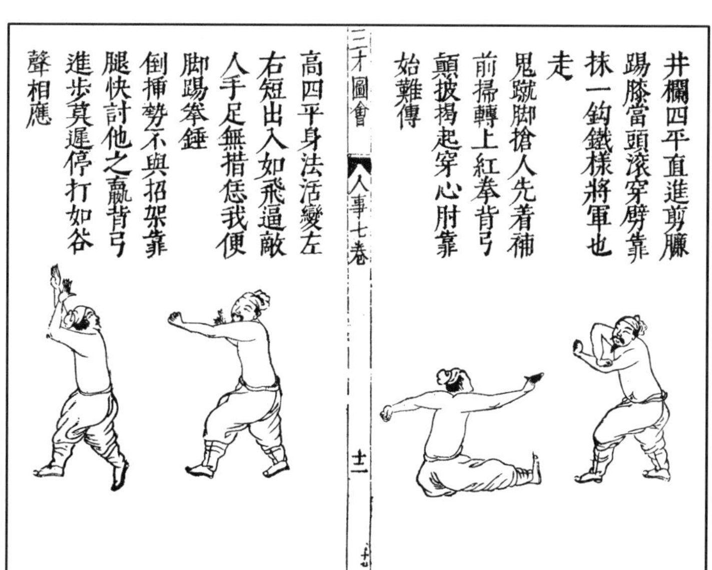
井欄四平直進剪臁
踢膝當頭滾穿劈靠
抹一鉤鐵樣將軍也
走

鬼蹴脚搶人先着裩
前掃轉上紅拳背弓
顛披揭起穿心肘靠
始難傳

三才圖會　人事七卷　十二

高四平身法活變左
右短出入如飛逼敵
人手足無措恁我便
脚踢拳錘

倒插勢不與招架靠
腿快討他之羸背弓
進步莫遲停打如谷
聲相應

4

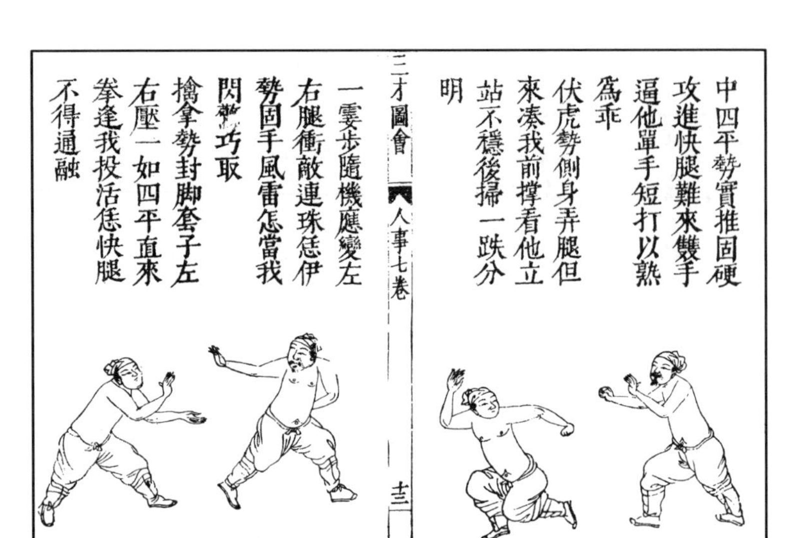

中四平勢實推固硬攻進快腿難來雙手逼他單手短打以熟爲乖

伏虎勢側身弄腿但來湊我前撑看他立站不穩後掃一跌分明

三才圖會 人事七卷 十三

一霎步隨機應變左右腿衝敵連珠恁伊勢固手風雷怎當我閃驚巧取

擒拿勢封脚套子左右壓一如四平直來拳逢我投活恁快腿不得通融

5

抛架子搶步披掛補上腿那怕他識右橫左採快如飛架一掌不知天地

拈肘勢防他弄腿我截短須認高低劈打推壓要肯依切勿手掌忙急

三才圖會 人事七卷 十四

下插勢專降快腿得進步攪靠無別鈎脚鎖臂不容離上驚下取一跌

埋伏勢窩弓待虎犯圈套寸步難移就機連發幾腿他受打必定昏危

6

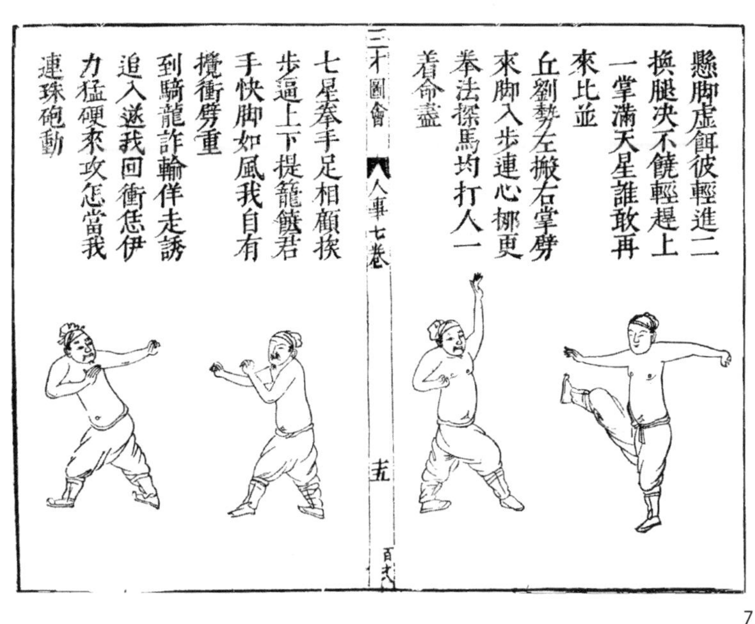
懸脚虛餌彼輕進二
換腿決不饒輕趕上
一掌滿天星誰敢再
來比並
丘劉勢左搬右掌劈
來脚入步連心挪更
拳法探馬均打人一
着命盡

三才圖會 人事七卷 十五

七星拳手足相顧挨
步逼上下提籠饑君
手快脚如風我自有
攪衝劈重
到騎龍詐輸佯走誘
追入遂我回衝恁伊
力猛硬來攻怎當我
連珠砲動

7

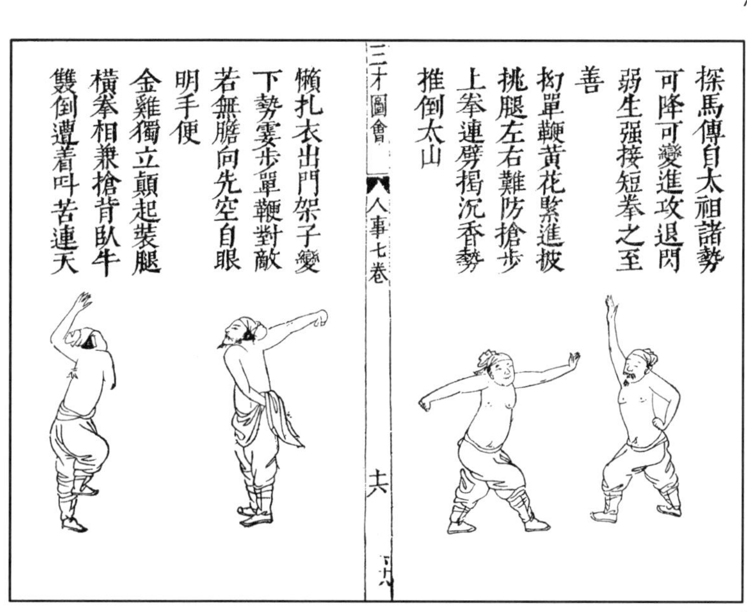
探馬傳自太祖諸勢
可降可變進攻退閃
弱生强接短拳之至
善
拗單鞭黃花緊進披
挑腿左右難防搶步
上拳連劈揭沉香勢
推倒太山

三才圖會 人事七卷 十六

懶扎衣出門架子變
下勢霎步單鞭對敵
若無膽向先空自眼
明手便
金雞獨立顛起裝腿
橫拳相兼搶背臥牛
雙倒遭着叫苦連天

8

拳經

拳法似無預於大戰之技然活動手足慣勤肢體此爲初
學入藝之門也故存于後以備一家學拳要身法活便手
法便利脚法輕固進退得宜腿可飛騰而其妙也顚起倒
揷而其猛也披劈橫拳而其快也活捉朝天而其柔也知
當斜閃故擇其拳之善者三十二勢勢勢相承遇敵制勝
變化無窮微妙莫測窈焉冥焉人不得而窺者謂之神俗
云拳打不知是迅雷不及掩耳所謂不招不架只是一下
犯了招架就有十下博記廣學多算而勝古今拳家宋太

三才圖會 人事七卷 七

祖有三十二勢長拳又有六步拳猴拳囮拳名勢各有所
稱而實大同小異至今之溫家七十二行拳三十六合鎖
二十四棄探馬八閃番十二短此亦善之善者也呂紅八
下雖剛未及綿張短打山東李半天之腿鷹爪王之拿千
跌張之跌張伯敬之打少林寺之棍與青田棍法相兼楊
氏鎗法與巴子拳棍皆今之有名者雖各有所長各傳有
上而無下有下而無上就可取勝於人此不過偏于一隅
若以各家拳法兼而習之正如常山蛇陣法擊首則尾應
擊尾則首應擊其身而首尾相應此謂上下周全無有不

9

3. 조선본 <권경첩요편>

走馬回頭勢

上剃勢

拳法解

拳法似無預于大戰之技然活動手足慣勤肢體此為初學入藝之門也故存于後以備一家學拳要身法活便手法便利脚法輕固進退得宜腿可飛騰而其妙也顛起倒揷而其猛也披劈橫拳而其快也活捉朝天而其柔也知當斜閃故擇其拳之善者三十二勢勢相承遇敵制勝變化無窮微妙莫測窈焉冥焉人不得而窺者謂之神俗云拳打不知是迅雷不及掩耳所謂不招不架只是一下犯了招架就有十下博記廣學多算而

1

勝古今拳家宋太祖有三十二勢長拳又有六歩拳猴拳囮拳名勢各有所稱而實大同小異至今之温家七十二行拳三十六合鎖二十四棄探馬八閃番十二短此亦善之善者也呂紅八下雖剛未及綿張短打山東李半天之腿鷹爪王之拿千跌張之跌張伯敬之打少林寺之棍與青田棍法相兼楊氏鎗法與巴子拳棍皆今之有名者雖各有所長各傳有上而無下有下而無上就可取勝於人此不過偏於一隅若以各家拳法兼以習之正如常山蛇陣法擊首則尾應擊尾則首應擊其

身而首尾相應此謂上下周全無有不勝大抵拳棍刀鎗叉鈀劍戟弓矢鉤鐮挨牌之類莫不先由拳法活動身手其拳也為武藝之源今繪之以勢註之以訣以啓後學既得藝必試敵切不可以勝負為愧為奇當思何以勝之何以敗之勉而久試怯敵還是藝淺善戰必定藝精古云藝高人膽大信不誣矣

余在舟山公署得參戎劉草堂打拳所謂犯了招架便是十下之謂也此最妙即棍中之連打連戳一法

2

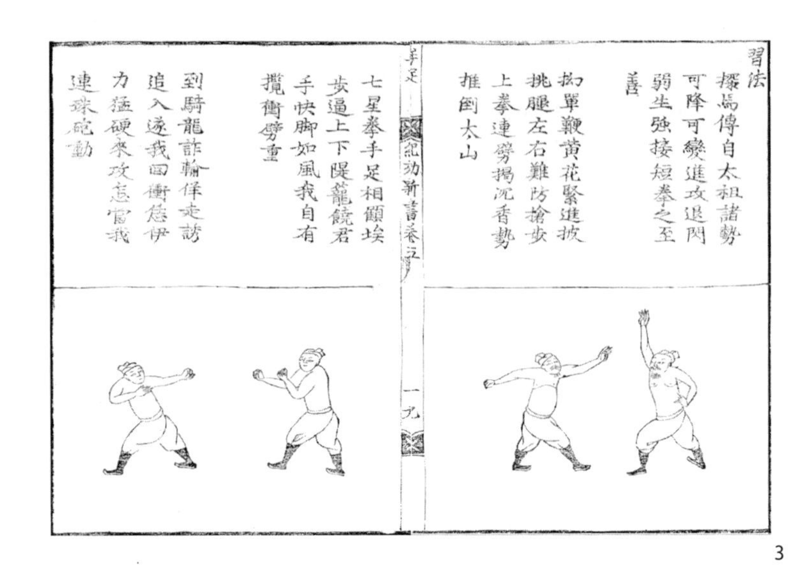

習法
探馬傳自太祖諸勢可降可變進攻退閃弱生強接短拳之至善
拗單鞭黃花緊進披挑腿左右難防搶步上拳連劈揭沉香勢推倒太山

手足　紀効新書卷之　一九

七星拳手足相顧挨步逼上下隄籠饒君手快脚如風我自有攪衝劈重
倒騎龍詐輸佯走誘追入遂我回衝恁伊力猛硬來攻怎當我連珠砲動

3

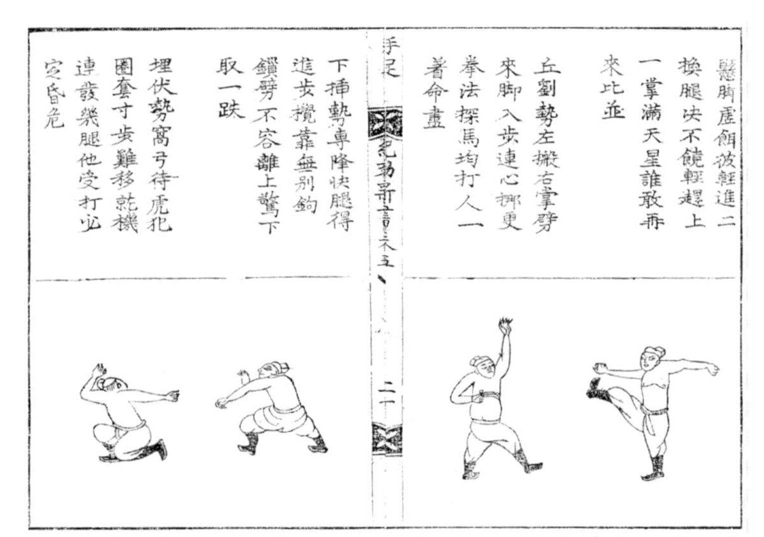

懸脚虛餌彼輕進二換腿決不饒輕趕上一掌滿天星誰敢再來比並
丘劉勢左搬右掌劈來脚入步連心挪更拳法探馬均打人一著命盡

手足　紀効新書卷之　二十

下插勢專降快腿得進步攪靠無別鉤鐮劈不容離上驚下取一跌
埋伏勢窩弓待虎犯圈套寸步難移就機連發幾腿他受打必定昏危

4

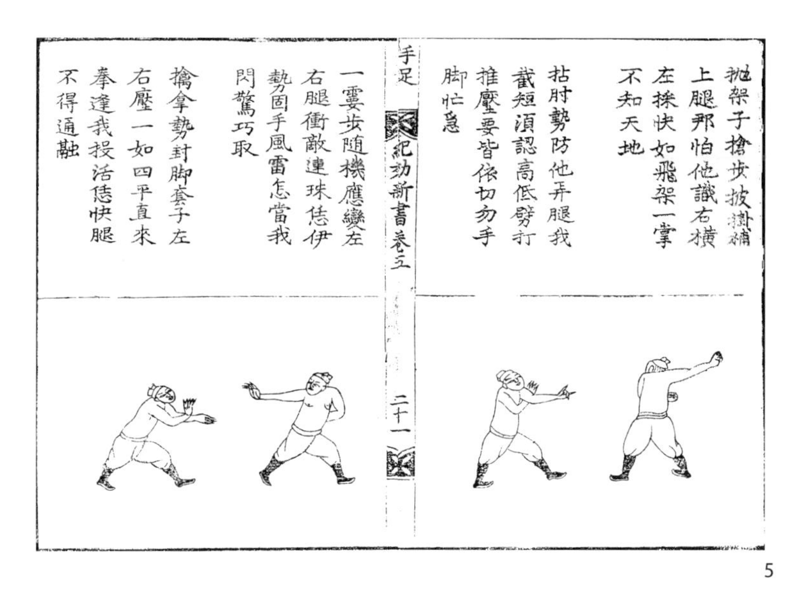

抛架子搶步披掛補
上腿那怕他識右横
左採快如飛架一掌
不知天地

拈肘勢防他弄腿我
截短須認高低劈打
推壓要皆依切勿手
脚忙急

手足　紀効新書卷之三　二十一

一霎步隨機應變左
右腿衝敵連珠恁伊
勢固手風雷怎當我
閃驚巧取

擒拿勢封脚套子左
右壓一如四平直來
拳逢我投活恁快腿
不得通融

5

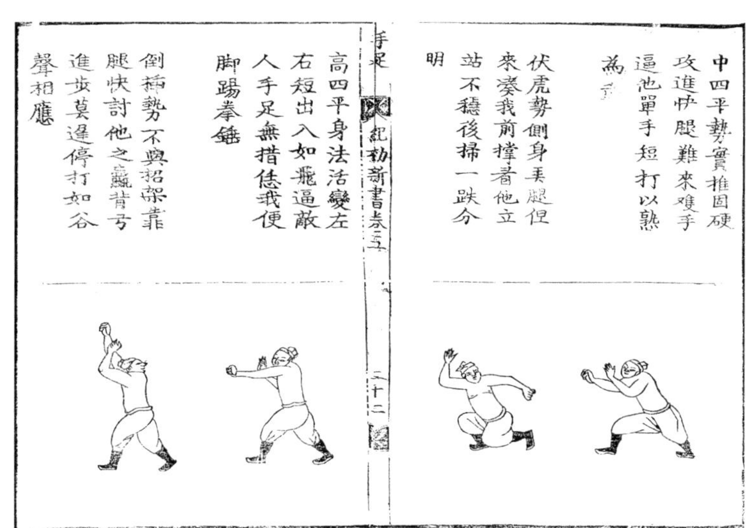

中四平勢實推固硬
攻進伊腿難來雙手
逼他單手短打以熟
為[illegible]

伏虎勢側身弄腿但
來湊我前撑着他立
站不穩後掃一跌分
明

手足　紀効新書卷之三　二十二

高四平身法活變左
右短出入如飛逼敵
人手足無措恁我便
脚踢拳錘

倒插勢不與招架靠
腿快討他之贏背弓
進步莫遲停打如谷
聲相應

6

鴈翅側身挨進快腿
走不留停退上穿庄
一腿要加剪劈推紅

跨虎勢那移發腳要
腿去不使他知左右
跟掃一連施失手剪
刀分易

手足　紀効新書卷十四　二十三

拗鸞肘出步顛剡搬
下掌摘打其心拿陰
捉兔硬開弓手腳必
須相應

當頭砲勢衝人怕進
步虎直攛兩拳他退
閃我又顛踹不跌倒
他也忙然

7

順鸞肘靠身搬打滾
快他難遮攔復外絞
刷回拴肚搭一跌誰
敢爭前

旗鼓勢左右壓進近
他手橫劈雙行絞靠
跌人人識得虎抱頭
要躲無門

手足　紀効新書卷十四　二十四

書器械應有兵器軍士配定隨身雖一弓一箭須書
各行伍在上或遺失易為撿給或瞭操易為辨賞
官器只書營哨旗隊不必書名以便更代者
尊教師器械不習與赤手同教習之道須先重師禮
古云師道立而善人多教師之類于位甚卑然在
兵卒之間即師父之尊也兵卒素未曾習藝者不
知藝之可好略聞外習者心中有物而不化自恃
舊習以為佳師道不立則言不信教之不遵學之
不習習而不悅師道廢而教無成矣須于兵卒間
降以師禮付以便宜凡兵士之不聽教者得徑行

8

4. 학진탐원본 <권경첩요편>

紀效新書卷十四

拳經捷要篇第十四 此藝不甚預於兵能有餘力則亦武門所當習但衆之不能强者亦聽其所便耳於是以此爲諸篇之末第十四

拳法似無預於大戰之技然活動手足慣勤肢體此爲初學入藝之門也故存于後以備一家學拳要身法活便手法便利脚法輕固進退得宜腿可飛騰而其妙也顛起倒插而其猛也披劈橫拳而其快也活捉朝天而其柔也知當斜閃故擇其拳之善者三十二勢勢勢相承遇敵制勝變化無窮

紀效新書拳經卷十四　照曠閣

微妙莫測窈焉冥焉人不得而窺者謂之神俗云拳打不知是迅雷不及掩耳所謂不招不架只是一下犯了招架就有十下博記廣學多算而勝古今拳家宋太祖有三十二勢長拳又有六步拳猴拳囮拳名勢各有所稱而實大同小異至今之溫家七十二行拳三十六合鎖二十四棄探馬八閃番十二短此亦善之善者也呂紅八下雖剛未及綿張短打山東李半天之腿鷹爪王之拿千跌張之跌張伯敬之打少林寺之棍與靑田棍法相兼

1

楊氏鎗法與巴子拳棍皆今之有名者雖各有所取然傳有上而無下有下而無上就可取勝於人此不過偏於一隅若以各家拳法兼而習之正如常山蛇陣法擊首則尾應擊尾則首應擊其身而首尾相應此謂上下周全無有不勝大抵拳棍刀鎗叉鈀劍戟弓矢鈎鎌挨牌之類莫不先有拳法活動身手其拳也爲武藝之源今繪之以勢註之以訣以啟後學旣得藝必試敵切不可以勝負爲愧爲奇當思何以勝之何以敗之勉而久試怯敵

紀效新書拳經卷十四　照曠閣

還是藝淺善戰必定藝精古云藝高人胆大信不誣矣

余在舟山公署得參戎劉草堂打拳所謂犯了招架便是十下之謂也此最妙卽棍中之連打

2

懶扎衣出門架子變
下勢霎步單鞭對敵
若無膽向先空自眼
明手便
金雞獨立顛起裝腿
橫拳相兼搶背臥牛
雙倒遭着叫苦連天

紀效新書拳經卷十四　三　照曠閣

探馬傳自太祖諸勢
可降可變進攻退閃
弱生强接短拳之至
善
拗單鞭黃花緊進披
挑腿左右難防搶步
上拳連劈揭沉香勢
推倒太山

3

七星拳手足相顧挨
步逼上下隄籠饒君
手快脚如風我自有
攪衝劈重
到騎龍詐輸佯走誘
追入遂我回衝恁伊
力猛硬來攻怎當我
連珠砲動

紀效新書拳經卷十四　四　照曠閣

懸脚虛餌彼輕進二
換腿决不饒輕趕上
一掌滿天星誰敢再
來比並
邱劉勢左搬右掌劈
來脚入步連心挪更
拳法探馬均打人一
着命盡

4

下揷勢專降快腿得
進步攪靠無別鉤脚
鎖臂不容離上驚下
取一跌
埋伏勢窩弓待虎犯
圈套寸步難移就機
連發幾腿他受打必
定昏危

抛架子搶步披掛補
上腿那怕他識右橫
左採快如飛架一掌
不知天地
拈肘勢防他弄腿我
截短須認高低劈打
推壓要皆依切勿手
脚忙急

一霎步隨機應變左
右腿衝敵連珠恁伊
勢固手風雷怎當我
閃驚巧取
擒拿勢封脚套子左
右壓一如四平直來
拳逢我投活恁快腿
不得通融

中四平勢實推固硬
攻進快腿難來雙手
逼他單手短打以熟
爲乖
伏虎勢側身弄腿但
來湊我前撑看他立
站不穩後揷一跌分
明

雀地龍下盤腿法前
揭起後進紅拳他退
我雖顛補衝來短當
休延
朝陽手偏身防腿無
縱銷逼退豪英倒陣
勢彈他一腳好教他
師也喪身

紀效新書拳經卷十四 七 照曠閣

鴈翅側身挨進快腿
走不留停追上穿庄
一腿要加剪劈推紅
騎虎勢那移發腳要
腿去不使他知左右
跟掃一連施失手剪
刀分易

7

拗鸞肘出步顛剎搬
下掌摘打其心拿鷹
捉兎硬開弓手腳必
須相應
當頭砲勢衝人怕進
步虎直攛兩拳他退
閃我又顛踹不跌倒
他也忙然

紀效新書拳經卷十四 八 照曠閣

順鸞肘靠身搬打滚
快他難遮攔復外絞
刷回拴肚搭一跌誰
敢爭前
旗鼓勢左右壓進近
他手橫劈雙行絞靠
跌人人識得虎抱頭
要躲無門

紀效新書拳經卷十四終

8

참고문헌

[연대기 사료]

1. ≪조선왕조실록≫http://sillok.history.go.kr/
2. ≪승정원일기≫http://sjw.history.go.kr/

[사전류]

1. 고대민족문화연구소중국어사전편찬실, ≪중한대사전≫, 서울: 고려대학교민족문화연구소, 1995.
2. 국립특수교육원, ≪특수교육학 용어사전≫, 서울: 하우, 2009.
3. 단국대학교동양학연구소, ≪한한대사전≫, 전 16권, 서울: 단국대학교출판부, 1999-2008.
4. 임종욱, ≪중국역대인명사전≫, 서울: 이회문화사, 2010.
5. 한국교육평가학회, ≪교육평가용어사전≫, 서울: 학지사, 2004.
6. 한국민족문화대백과사전편찬부, ≪한국민족문화대백과사전≫, 전 28권, 성남: 한국정신문화연구원, 1991-1995.
7. 한국브리태니커회사, ≪브리태니커세계대백과사전≫, 전 27권, 서울: 웅진출판사, 1997.
8. 教育部體育大辭典編訂委員會 主編, ≪體育大辭典≫, 臺北: 臺灣商務印書館, 1984.
9. ≪辭海≫編輯委員會, ≪辭海≫ 全3卷, 上海: 上海辭書出版社, 1989.
10. 楊麗 主編, ≪太極拳辭典≫, 北京: 北京體育大學出版社, 2004.
11. 余功保, ≪中國太極拳大百科≫, 北京: 人民體育出版社, 2011.
12. 王海根, ≪古代漢語通假字大字典≫, 福州: 福建人民出版社, 2006.
13. 張撝之・沈起煒・劉德重, ≪中國歷代人名大辭典≫ 上下, 上海: 上海古籍出版社, 1999.
14. 諸橋轍次, ≪大漢和辭典≫, 全13卷, 東京: 大修館書店, 昭和61年(1986) 修訂版(昭和31年(1956) 初版).
15. ≪中國軍事百科全書≫編審委員會, ≪中國軍事百科全書≫, 全11卷, 北京: 軍事科學出版社, 1997.
16. ≪中國歷史大辭典≫編纂委員會, ≪中國歷史大辭典≫ 上下, 上海: 上海辭書出版社, 2000.
17. ≪中國武術大辭典≫編纂委員會, ≪中國武術大辭典≫, 北京: 人民出版社, 1990.
18. ≪中國武術百科全書≫編纂委員會, ≪中國武術百科全書≫, 北京: 中國大百科全書出版社, 1998.
19. ≪中國武術人名辭典≫編輯委員會, ≪中國武術人名辭典≫, 北京: 人民體育出版社, 1994.
20. 彭衛國编著, ≪中華武術諺語≫, 北京: 電子工業出版社, 1988.
21. ≪漢語大詞典≫編纂委員會, ≪漢語大詞典≫, 全13卷, 22冊, 上海: 上海辭书出版社, 2001.
22. ≪漢語大字典≫編輯委員會, ≪漢語大字典≫, 全8卷, 成都: 四川辭書出版社, 1986-1990.
23. ≪現代漢語大詞典≫編輯委員會, ≪現代漢語大詞典≫, 全6卷, 上海: 漢語大詞典出版社, 2006.
24. Luther Carrington Goodrich, Chao-ying Fang(房兆楹). ≪Dictionary of Ming Biography, 1368-1644≫, New York: Columbia University Press, 2004.

[무예 관련 원전류]

1. 唐順之, ≪武編≫, 中國兵書集成 第13-14冊, 北京: 解放軍出版社, 1989, 영인.
2. 茅元儀, ≪武備志≫ 明天啓刻本影印, 中國兵書集成 第27-36冊, 北京: 解放軍出版社, 1989, 영인.
3. 吳殳 著, 孫國中 增訂點校, ≪增訂手臂錄 - 中國槍法眞傳≫, 北京: 北京師範大學出版社, 1989.
4. 王圻・王思义 辑, ≪三才圖會≫ 上中下, 明萬曆35年(1607年) 槐蔭草堂刻本 上海: 上海古籍出版社, 1988, 영인.
5. 俞大猷, <劍經> ≪續武經總要≫, 中國兵書集成 第17冊, 北京: 解放軍出版

社・遼沈書社, 1994, 영인.

6. 伊世珍, ≪瑯環記≫, 卷上中下, 毛晉, ≪津逮秘書≫ 746卷, 常熟: 汲古閣, 1630-1642 수록. DIGITAL EAST ASIA COLLECTIONS of the Bavarian State Library(http://ostasien.digitale-sammlungen.de)에서 원문을 확인할 수 있다.
7. 張孔昭, ≪拳經拳法備要≫, 張雄鷹, 常學剛點校, 太原: 山西科學技術出版社, 2006.
8. 鄭若曾, ≪籌海圖編≫, 中國兵書集成 第15冊, 北京: 解放軍出版社, 1989, 영인.
9. 正祖(朝鮮) 命撰, ≪武藝圖譜通志≫, 朝鮮木版本, 4卷, 附錄1卷, 合5冊, 正祖14年(1790) 刊. 청구기호 M/F85-16-270-K 서울대학교 규장각한국학연구원, 동문선에서 규장각 소장본과 No.33 ≪武藝諸譜≫를 합본하여 영인본으로 간행. ≪原本武藝圖譜通志≫, 서울: 동문선, 1998.
10. 正祖 命撰, ≪武藝圖譜通志≫, 서울: 학문각, 1970, 영인.
11. 程宗猷, ≪單刀法選≫(1621), ≪長槍法選≫(1621), 두 권 모두 ≪耕餘剩技≫(1621)에 수록되어 있다. 본서에서는 민국(民國) 시기 中西書局에서 ≪少林槍法闡宗≫・≪少林刀法闡宗≫이라는 타이틀로 발간된 판본을 사용하였다. 서지사항은 다음과 같다. 常學剛・張裕庚校點, ≪少林槍法闡宗・少林刀法闡宗≫, 古拳譜叢書 第6輯, 武俠社版, 太原: 山西科學技術出版社, 2006.
12. 調露子 撰, ≪角力記≫, ≪叢書集成初編≫ 권1680, 上海: 商務印書館, 1935-1937, 영인.
13. 朱國禎, 1622 ≪涌幢小品≫ 卷12 <兵器>, 繆宏 點校, ≪涌幢小品≫(全2卷), 北京: 文化藝術出版社, 1998.
14. 曾公亮, ≪武經總要≫明金陵書林唐富春刻本影印, ≪中國兵書集成≫ 第3-5冊, 北京: 解放軍出版社, 1988.
15. 陳鑫, ≪陳氏太極拳圖說≫, 上海: 上海書店出版社, 1986(民國21年(1932)).
16. 戚繼光 撰, ≪紀效新書≫, 18卷本, (景印)文淵閣四庫全書 第728冊, 子部34, 兵家類, 臺北: 臺灣商務印書館, 民國74(1985), 영인.
17. 戚繼光 撰, ≪紀效新書≫, 18卷本, 明隆慶刻本. LCCN 2012402354.

Chinese Rare Book Collection. Library of Congress.
18. 戚繼光 撰, ≪紀效新書≫, 18卷本, 書號: 30205731, 臺灣中央圖書館 소장.
19. 戚繼光 撰, ≪紀效新書≫, 18卷本, 書號: T01525-30, 上海市立圖書館 소장.
20. 戚繼光 撰, ≪紀效新書≫, 18卷本, 淸嘉慶張海鵬輯刊學津探原本. ≪紀效新書≫, 14卷本, 北京圖書館 明 萬曆 間 李承勛本 合本. ≪紀效新書≫, 中國兵書集成 第18冊, 北京: 解放軍出版社, 1995, 영인.
21. 戚繼光 撰, ≪紀效新書≫, 朝鮮木版本, 18卷 7冊, 王世貞序丙寅年(1566), 戚繼光 自序, 乙酉中秋安營開刊. 청구기호 M/F85-16-268-B, 서울대학교 규장각한국학연구원, 국방군사연구소 편. ≪紀效新書≫ 上下, 軍事史研究資料集 6, 7, 서울: 국방군사연구소, 1998, 영인.
22. 戚繼光 撰, ≪紀效新書≫, 朝鮮木版本, 18卷 7冊, 王世貞序丙寅年(1566). 戚繼光 自序, 청구기호 MF35-1556 한국중앙연구원 장서각.
23. 戚繼光 撰, 邱心田 校釋, ≪練兵實紀≫, 北京: 中華書局, 2001.
24. 戚繼光 撰, 馬明達 點校, ≪紀效新書≫, 北京: 人民體育出版社, 1988.
25. 戚繼光 撰, 范中義 校釋, ≪紀效新書≫, 14卷本, 北京: 中華書局, 2001.
26. 戚繼光 撰, 盛冬鈴 點校, ≪紀效新書≫, 北京: 中華書局, 1996.
27. 戚繼光 撰, 曹文明・呂穎慧 校釋, ≪紀效新書≫, 18卷本, 北京: 中華書局, 2001.
28. 戚祚國 撰, 李克・郝敎蘇 點校, ≪戚少保年譜耆編≫, 北京: 中華書局, 2003.
29. 崔起南, ≪武藝諸譜翻譯續集≫, 朝鮮木版本, 1冊, 萬曆38年(1610) 刊, 대구: 계명대학교 동산도서관, 1999, 영인.
30. 何良臣 撰, ≪陣紀≫, 淸李錫齡輯惜陰軒叢書本, 中國兵書集成 第25冊, 北京: 解放軍出版社, 1994, 영인.
31. 何良臣 撰, ≪陣紀≫, (≪墨海金壺≫本), 中國哲學書電子化計劃 (http://ctext.org/wiki.pl?if=gb&res=133594) 2017년 6월 9일 검색).
32. 韓嶠, ≪武藝諸譜≫, 木版本, 1冊, 萬曆26年(1598).

[무예 관련 번역류]

33. 국립민속박물관, ≪무예문헌자료집성≫, 서울: 국립민속박물관, 2004.
34. 김광석 실연, 심우성 해제, ≪무예도보통지 실기해제≫, 서울: 동문선, 1987.
35. 김위현 역, ≪국역 무예도보통지≫, 서울: 민족문화사, 1984.
36. 나영일·노영구·양정호·최복규 공저, ≪조선중기 무예서 연구 - ≪무예제보≫·≪무예제보번역속집≫ 역주≫, 서울: 서울대학교출판부, 2006.
37. 박청정 역, ≪무예도보통지주해≫, 서울: 동문선, 2007.
38. 유재성 역주, ≪紀效新書≫ 上, 서울: 국방부군사편찬연구소, 2011.
39. 임동규 역, ≪완역실연 무예도보통지≫, 서울: 학민사, 1996.
40. Kim, Sang H.. ***The Comprehensive Illustration of Martial Arts of Ancient Korea.*** Hartford: Turtle Press, 2000.

1번. 국립민속박물관이 주관한 한국 무예문헌 자료총서의 하나로 이루어진 번역이다. ≪기효신서≫, ≪무비지≫는 무예에 관련된 내용을 발췌, 번역하고 있으며, ≪무예제보≫와 ≪무예제보번역속집≫은 전체가 번역되어 있다.

2번. ≪무예도보통지≫에 대한 최초의 실기 해제로 ≪무예도보통지≫의 무예를 구체적으로 이해할 수 있게 한 선구적인 작업이다. 무예인인 김광석이 직접 실연하고 민속학자인 심우성이 해제를 했다. 오늘날 ≪무예도보통지≫가 다양한 형태로 재현되거나 소비될 수 있게 된 것은 이들의 작업에 힘입은 바가 크다.

3번. 한학자인 김위현의 노작으로 ≪무예도보통지≫의 최초 한글 번역이다. 일반인들에게 ≪무예도보통지≫가 본격적으로 소개되어 읽힐 수 있게 되었다. 하지만 무예 술어와 개념 등의 풀이에서 오류가 많다.

4번. 번역은 체육학자, 국어학자, 역사학자, 무예학자가 팀을 구성해 공동작업 한 결과물로 단순 번역에서 벗어나 무예사적인 의미와 병학사와 국어학적인 측면의 분석을 시도하고 있다. 1번에 소개된 ≪무예문헌자료집성≫의 번역과 대조하며 보기 바란다.

5번. ≪무예도보통지≫의 또 다른 한글 번역으로 여태까지 나온 ≪무예도보통지≫ 번역 가운데서 가장 낫다. 상세한 주석을 달아놓은 점도 미덕이다.

하지만 옮긴이의 민족주의적인 주장이 곳곳에 배어 있어 독자들에게 부담을 준다는 점은 옥에 티다. 그럼에도 불구하고 상세한 주석은 이러한 단점을 상쇄하고도 남는다.

6번. 현종 5년(1664) 간행된 조선본 ≪기효신서≫의 최초 완역으로 하권은 2013년 간행되었다. ≪기효신서≫의 전모를 현대 한국어로 옮기고 있다는 점에서 고무적이기는 하지만 무예에 관한 번역은 오류가 많다. 번역자가 무예 전문가가 아니기 때문에 발생할 수밖에 없는 문제이다.

8번. 재미 무술가인 김상환의 번역으로 ≪무예도보통지≫에 대한 최초의 영어 번역이다. 이 번역서를 통해 ≪무예도보통지≫가 서구 사회에 본격적으로 소개되었다. 하지만 ≪무예도보통지≫를 원본에서 직접 번역한 것이 아니고 2번 김위현의 ≪국역 무예도보통지≫를 저본으로 삼았기 때문에 2번의 번역 오류가 반복되고 있다. 주석이 없고, 중국이나 한국의 인명, 서명 등을 모두 한국식 발음, 그것도 어떤 원칙에 따른 것이 아니라 임의로 표기하고 있기 때문에 독자들에게 혼란을 가중시킨다. 학술적인 자료로 참고하기에는 한계가 있다.

[권법 관련 번역류]

1. 이진수, <조선의 권법에 관해> ≪동양무도연구≫, 서울: 한양대학교출판부, 2004.
2. 江百龍・林鑫海, ≪明清武術古籍拳學論析≫, 北京: 人民體育出版社, 2008.
3. 金一明編著, ≪三十二勢長拳≫, 上海: 中華書局, 中華民國18年(1929).
4. 大聲書局編輯, ≪拳經≫, 上海: 大聲書局. 中華民國18年(1929) 3版(1918 초판), 太原: 山西科學技術出版社, 2008, 영인.
5. 鄭少康, ≪紀效新書拳經考≫, 上海體育學院博士學位論文, 2008.
6. 笠尾恭二, ≪中國武術史大觀≫, 東京: 福昌堂, 1994.
7. 大塚忠彦, ≪中國, 琉球武藝志≫, 東京: ベースボール・マガジン社, 1998.
8. Culin, Stewart. *Korean games: with notes on the corresponding games of China and Japan.* University of Pennsylvania, 1895. 윤광봉 역, ≪한국의 놀이≫, 서울: 열화당, 2003.
9. Gyves, M. Clifford. ***An English Translation of General Qi Jiguang's***

"Quanjing Jieyao Pian" (Chapter on the Fist Canon and the Essentials of Nimbleness) from the Jixiao Xinshu. Master's degree thesis. Tucson: The University of Arizona, 1993.

10. Wile, Douglas. ***Lost T'ai Ch'i Classics from the Late Ch'ing Dynasty***. Albany: State University of New York Press(SUNY), 1996.
11. Wile, Douglas. ***T'ai Chi's Ancestors***. New City: Sweet Ch'i Press, 1999.

2번. ≪무편(武編)≫의 <권(拳)>, ≪기효신서≫<권경첩요편>, ≪권경권법비요(拳經拳法秘要)≫, ≪장씨무기서(萇氏武技書)≫ 권법에 관련된 고대의 자료들을 번역하여 소개하고 있다. 연구사적인 검토도 포함되어 있어 현대 중국 무술학계의 분위기를 읽을 수 있다.

3번. 근대 중국 무술가 및 저술가로 유명한 진이밍의 저작이다. 원래 ≪삼십이세장권≫이라는 이름으로 1929년 출판되었다. <권경첩요편>에 나타난 세의 가결을 풀이하고 이들을 연결하여 상로(上路)와 하로(下路) 두 가지 투로로 선보이고 있다. 근대 중국인들이 권법 32세를 어떻게 이해하고 있는지를 보여준다.

5번. <권경첩요편>을 주제로 한 박사학위 논문. 현재까지 나온 연구 가운데 가장 광범위한 자료 수집과 정치한 분석을 보여주는 수작이다. 이 책의 집필이 거의 마무리되는 단계에서 이 논문을 입수하였다. 본서의 내용을 전반적으로 재검토할 수 있었다. 일독을 권한다.

6번. 일본의 대표적인 연구 성과의 하나로 <권경첩요편> 32세의 해석을 시도하고 있다.

7번. 오오츠카 타다히코[大塚忠彦]의 저서는 고전무예서 독해에서 무예 실천가적인 관점이 가지는 장점이 있지만 이론적인 토대가 없는 경우 발생할 수 있는 한계를 보여준다. 32세의 그림을 모두 준비[시작] 자세로 보고 거기서부터 다음 변화로 이어진다고 가정하고 있는데, 가결의 의미를 제대로 이해하고 있지 못하다는 것을 역으로 보여준다.

8번. 조선 후기의 놀이 문화를 이해하는 중요한 자료이다. 일독을 권한다.

9번. 영어권에서 이루어진 번역으로 애리조나대학교 동아시아학과의 석사학위 논문으로 제출된 것이다. 늘 지적되는 얘기지만 창의적임을 가장한 논문보다 견실한 번역이 학문 역량을 축적시키는 데 더 효과적일 수 있다는 생각을 다시 한번 하게 하는 논문이다.

10번. 역시 영어권의 번역이다. <권경첩요편> 외에도 <내가권법>과 <장씨무기서>를 함께 번역했다. 와일의 <권경첩요편> 번역에는 동의하기 힘든데, 그는 보통 네 구절로 이루어져 있는 각 세의 가결에서 두 번째와 세 번째 구절을 일률적으로, 두 번째 구절은 상대의 공격을 의미하고 세 번째는 여기에 대한 대응을 의미하는 것으로 해석하고 있다. 하지만 이런 구조에 들어맞지 않는 경우가 많다.

[권법 관련 논저류]

1. 김광석, ≪권법요결≫, 서울: 동문선, 1992.
2. 김용옥, ≪동양학 어떻게 할 것인가≫, 서울: 통나무, 1988(1986).
3. 김용옥, ≪태권도철학의 구성원리≫, 서울: 통나무, 1990.
4. 황기, ≪수박도 대감≫, 서울: 도서출판 한우리, 1970.
5. 顧留馨, ≪太極拳術≫, 香港: 中國圖書刊行社, 1985.
6. 唐豪 編著, ≪戚繼光拳經≫, 中國武術學會, ≪王宗岳太極拳經・王宗岳陰符槍譜・戚繼光拳經≫ 合本, 民國24年(1936), 刊影印, 太原: 山西科學技術出版社, 2008.
7. 馬明達, <手搏初探> ≪說劍叢稿≫, 北京: 中華書局, 2007a.
8. 馬明達, <戚繼光 ≪拳經≫探論> ≪說劍叢稿≫, 北京: 中華書局, 2007b.
9. 馬明達, <虎抱頭要躲無門 – 讀戚繼光 ≪拳經≫札記之一> ≪武學探眞≫ 下, 臺北: 逸文出版有限公司, 2003.
10. 沈壽, <明代戚繼光 ≪拳經・捷要篇≫今譯與解析> ≪太極拳法研究≫, 福州: 福建人民出版社, 1984.
11. 張唯中, <重振國術武藝, 發揚中華文化> ≪武壇≫, 1 (10), 臺北: 武壇雜誌社, 1972.
12. 張唯中, <重振國術武藝, 發揚中華文化> ≪武壇≫, 2(19), 臺北: 武壇雜誌社, 1973.
13. 尊我斋主人, ≪少林拳術秘訣≫ 中華書局 (1915), 北京: 北京市中國書店, 1984, 영인.

1번. 전통적인 권법 이론과 ≪무예도보통지≫<권법>의 실기 해제를 포함하고 있다. ≪무예도보통지≫<권법>에는 원래 두 사람이 나란히 서서 투로를 시작해 후반부에 대련으로 전환해 마무리하게 되어 있지만 김광석은 뒷부분의 대련을 빼고 <증(增)>으로 추가되어 있는 '나찰의세'부터 '조양수세'까지 10세를 연결해 해제하였다. <권경> 32세의 개별 세들이 어떻게 연결되어 투로를 구성하게 되는지를 이해하는 데 좋은 참고가 된다.

3번. 황기는 한국 맨손 무예의 근원을 고대의 수박에서 찾으려고 노력하였으며, 그 관심의 연장선상에서 ≪무예도보통지≫<권법>에 주목해왔다. 제2편 제3장에서 ≪무예도보통지≫<권법>에 대한 부분 번역을 시도하고 있다.

4번. 저명한 태극권가인 꾸리우시앙(顧留馨)의 글. 이 책의 본문에서도 언급했듯이 중국에서도 당시 <권경첩요편>의 32세가 여전히 널리 알려져 있지 않았다는 사실에 주목할 필요가 있다.

5번. 근대 중국의 무술사가인 탕하오의 저작이다. 척계광의 <권경첩요편>에 대한 실기적인 관점이 아니라 최초의 이론적인 연구라고 할 수 있다. 근대 무술학의 문을 열었다는 점에서 탕하오의 업적은 아무리 강조해도 지나치지 않는다.

6, 7, 8번. 역사학 교수이며 무술가로 유명한 중국의 마밍다(馬明達)의 글. 그의 글은 기존의 해석을 뛰어넘는 독특한 관점을 제기하고 있어 계발을 주는 바가 있다. 하지만 때로 지나친 독특함이 만들어내는 생경함도 함께 존재한다는 점을 지적한다.

9번. 저명한 태극권가이며 저술가인 션소우(沈壽)의 글로 마밍다는 혹평을 하고 있지만 계발을 주는 바가 많다. 7번의 마밍다의 글과 대조해서 읽어보기를 권한다.

[논저 및 기타 자료]

1. 김동주, ≪장서각도서한국본해제집 - 군사류≫, 성남: 한국정신문화연구원, 1993.
2. 김용옥 역, <번역의 이론과 실제> ≪도올논문집≫, 서울: 통나무, 1991. Nida, A. Eugene and Taber, R. Charles. ***The Theory and Practice of Translation***. Leiden: Brill, 2003(1974).

3. 김현우, <최초의 무예서 '무예제보' 찾았다><<인천일보>>, 11월 7일, 2017.
4. 남덕현 · 이천희 · 이지훈, <송대 ≪각력기(角力記)≫에서 본 '각력(角力)'의 의미분석> ≪한국체육사학회지≫, 12권 2호, 한국체육사학회, 2007.
5. 노영구, <조선 증간본 ≪기효신서≫의 체제와 내용 - 현종 5년 재간행 ≪기효신서≫의 병학사적 의미를 중심으로> ≪군사≫, 36호, 서울: 국방부 군사편찬연구소, 1998.
6. 레이황 저, 박상이 역, ≪1587 아무 일도 없었던 해≫, 서울: 도서출판 가지 않은 길, 1997.
7. 박귀순, <한중일 무예 교류사 연구> ≪한국무예의 역사 · 문화적 조명≫, 서울: 국립민속박물관, 2004.
8. 손무(孫武) 저, 유동환 역, ≪손자병법(孫子兵法)≫, 서울: 홍익출판사, 1999.
9. 송정화 · 김지선 역주, ≪목천자전(穆天子傳) · 신이경(神異經)≫, 서울: 살림출판사, 1997.
10. 시노다 고이치 저, 신동기 역, ≪무기와 방어구(중국편)≫, 서울: 도서출판 들녘, 2009.
11. 심승구, <한국 무예의 역사와 특성> ≪군사≫, 43호, 서울: 국방부군사편찬연구소, 2001.
12. 심승구, <임진왜란 중 무과의 운영 실태와 기능> ≪조선시대사학보≫, 23권, 조선시대사학회, 2002.
13. 심승구, <한국 무예사에서 본 ≪무예제보≫의 특성과 의의> ≪한국 무예의 역사 · 문화적 조명≫, 서울: 국립민속박물관, 2004.
14. 아더 훼릴 저, 이춘근 역, ≪전쟁의 기원≫, 서울: 인간사랑, 1990.
15. 양진방, <근대 무술론과 한국 현대 태권도의 성취> ≪전통과 현대≫, 여름호, 통권20호, 서울: 전통과현대사, 2002.
16. 양진방, <품새의 발생 기원과 품새 개념의 확장 가능성 모색> ≪한국체육사학회지≫, 16권 2호, 한국체육사학회, 2011.
17. 윤종연, <중국 남방 방언과 한국 한자음 성모의 유사성 비교 연구: 중국 객가(客家), 월(越), 민(閩) 방언을 중심으로>, 이화여자대학교 석사

학위 논문, 2010.
18. 이규형, ≪태권도 품새란 무엇인가?≫, 서울: 오성, 2010.
19. 松田隆智 저, 이우진 역, ≪중국권법 쿵후교본≫, 서울: 내외출판사, 1981.
20. 정해은, <임진왜란기 조선이 접한 단병기와 ≪무예제보≫의 간행> ≪군사≫, 51호, 서울: 국방부군사편찬연구소, 2004a.
21. 정해은, ≪한국 전통 병서의 이해≫, 서울: 국방부군사편찬연구소, 2004b.
22. 정해은, <18세기 무예 보급에 대한 새로운 검토> ≪이순신 연구 논총≫, 9호, 순천향대학교 이순신연구소, 2007.
23 佐藤金兵衛 저, 조석주 역, ≪중국권법 소림권≫, 서울: 내외출판사, 1979.
24. 진단학회, ≪진단학보≫, 91호, 2006.
25. 최복규, < ≪무예도보통지≫ 권법에 관한 연구> ≪한국체육학회지≫, 41권 4호, 한국체육사학회, 2002.
26. 최복규, < ≪무예도보통지≫ 편찬의 역사적 배경과 무예론>, 서울대학교 박사학위 논문, 2003.
27. 최복규, < ≪무예도보통지≫ 무예 분류의 특징과 그 의미> ≪한국체육학회지≫, 44권 4호, 한국체육학회, 2005.
28. 최복규, <조선에 도입된 ≪기효신서≫의 판본> ≪한국체육학회지≫, 50권 5호, 한국체육학회, 2011.
29. 최영애, ≪중국어란 무엇인가≫, 서울: 통나무, 1998.
30. 허선도, <무예도보통지> ≪한국의 명저≫, 서울: 현암사, 1969.
31. 허준 저, 동의문헌연구실 역, ≪신증보대역 동의보감≫, 서울: 법인문화사, 2012.
32. 홉스 보옴 · 랑거 편, 최석영 역, ≪전통의 날조와 창조≫, 서울: 서경문화사, 1995.
33. 황도연 · 황필수 저, 김동일 역, ≪방약합편(方藥合編)≫, 평양: 과학 · 백과사전출판사편, 1986.
34. 康戈武, ≪中國武術實用大全≫, 北京: 今日中國出版社, 1995(1990).

35. 陶仁祥, ≪中國武術基礎功法≫, 上海: 上海科學技術出版社, 1989.
36. 馬明達, <虎抱頭要躲無門> ≪武學探眞≫ 下, 臺北: 逸文出版有限公司, 2003.
37. 范中義, ≪戚繼光評傳≫, 南京: 南京大學出版社, 2004.
38. 史仲文 主編, ≪中國藝術史－雜技卷≫, 石家庄: 河北人民出版社, 2006.
39. 孫祿堂 著, 孫劍雲 編, ≪孫祿堂武學錄≫, 北京: 人民體育出版社, 2001.
40. 孫武 著, 孫星衍 校, ≪孫子十家注≫, 天津: 新華書店, 1991.
41. 習雲太, ≪中國武術史≫, 北京: 人民體育出版社, 1985.
42. 楊伯峻 譯注, ≪論語譯注≫, 北京: 中華書局, 2000(1980 2판).
43. 吳廣孝, ≪集安高句麗壁畵≫, 濟南: 山東畵報出版社, 2006.
44. 翁士勳, ≪ ≪角力記≫校注≫, 北京: 人民體育出版社, 1990.
45. 李會寧, <八極拳與巴子拳不是一回事> ≪精武≫ 第10期, 哈尔滨: 精武雜誌編輯部, 2006.
46. 林伯原, ≪中國古代武術論文集≫, 臺北: 五洲出版社, 民國78年(1989).
47. 林伯原, ≪中國武術史≫, 臺北: 五洲出版社, 民國85年(1996).
48. 周偉良, ≪中國武術史≫, 北京: 高等敎育出版社, 2003.
49. 陳山, ≪中國武俠史≫, 上海: 三聯書店, 1992. 강봉구 역, ≪중국무협사≫, 서울: 동문선, 1997.
50. Choi, Bok Kyu. "*An Introduction to the History of Korean Martial Arts.*" Syllabus of special lecture hosted by the Center for Korean Studies of Leiden University and the Korean Institute for Martial Arts in Leiden University, 23 February, 2008.
51. Choi, Bok Kyu. "*Ssanggeom. The Muyedobotongji Cycle V.*" Syllabus of Lecture Series hosted by the Center for Korean Studies of Leiden University - Korean Institute for Martial Arts. 22 May. 2011.
52. Choi, Bok Kyu. Dissemination of Japanese Swordsmanship to Korea. ***Martial Arts Studies***. 6 (Cardiff: Cardiff University Press, 2018), pp.27-40. DOI: http://doi.org/10.18573/mas.63
53. Perez, Herb, and Capener, Steven. State of Taekwondo: Historical arguments should be objective.

Black Belt. Vol. 36, No. 7. July. 1998.

54. Jones, David E.(edit.). ***Combat, Ritual, and Performance - Anthropology of the Martial Arts***. Westport: Praeger, 2002.
55. Madis, Eric. *The Evolution of Taekwondo from Japanese Karate*. Thomas A. Green, and Joseph R. Svinth (EDs.). ***Martial Arts in the Modern World***. Westport: Praeger, 2003.
56. Hurst, G. Cameron. ***Armed Martial Arts of Japan***. New Haven: Yale University Press. 1998.
57. Swope, Kenneth M.. ***A Dragon's Head and a Serpent's Tail: Ming China and the First Great East Asian War, 1592-1598***. University of Oklahoma Press, 2009.
58. Adrogué, Manuel E., L. L. M.. *Ancient Military Manuals and Their Relation to Modern Korean Martial Arts.**Journal of Asian Martial Arts***. Vol. 12. No.4. Erie: Via Media Publishing Company, 2003.
59. Henning, Stanley E.. *Chinese Boxing: The Internal Versus External Schools in the Light of History & Theory*. ***Journal of Asian Martial Arts***. Vol. 6. No.3. Erie: Via Media Publishing Company, 1997.
60. Henning, Stanley E.. *Chinese Boxing's Ironic Odyssey*. ***Journal of Asian Martial Arts***. Vol. 8. No.3. Erie: Via Media Publishing Company, 1999.

[도록]

1. 조선일보사, ≪集安 고구려 고분벽화≫, 서울: 조선일보사, 1994(1993 초판).
2. 崔樂泉, ≪中國古代體育文物圖錄≫, 北京: 中華書局, 2000.
3. 中國武術協會, ≪中華武術圖典≫, 北京: 人民體育出版社, 1998.
4. 邵文良, ≪中国古代のスポーツ:中国古代體育文物圖集≫, 中國・人民體育出版社, 東京: ベースボール・マガジン社, 1985.

◆ 집필후기

이제 이 책의 마지막 장을 남기고 있다. ≪기효신서≫와 씨름했던 지난 시간들이 주마등처럼 스친다. 처음 이 책의 집필 계획을 말했을 때 주변의 많은 사람들이 관심과 격려를 아끼지 않았다. 그만큼 고전무예에 관심이 있는 사람이라면 궁금증을 가질 만한 주제였기 때문이다. 나 역시 이미 레이던대학교(Leiden University)에서 '권법'을 주제로 두 차례 특강을 한 바 있어서 집필에 그다지 어려움은 없을 것이라고 낙관을 하고 있던 터였다. <권경첩요편>에 대한 기존에 없던 새로운 번역과 나만의 해석을 보이겠다고 호언장담으로 시작했지만 그 만용을 어찌 다 주워 담을지 집필 기간 내내 가슴 졸여야만 했다.

머릿속에 담고 온 세월이 30여 년 가까이 되지만 막상 펜대를 잡고 써내려가기가 쉽지 않았다. 생각지도 않은 복병들이 나타나 시간을 잡아먹고 말았다. 다른 일들을 뒤로하고 책 쓰는 데만 집중한다고 했는데도 8년이 넘게 걸렸다. 오랜 시간이 걸린 것은 솔직히 고백하자면 나의 능력이 모자랐기 때문이다. 나름의 변명을 하자면 그만큼 450년이란 세월의 벽이 크며, 이를 넘어서기가 쉽지 않았다고나 할까. 하지만 어렵사리 탈고하고 나니 홀가분한 마음 이루 말할 수가 없다.

≪무예도보통지≫의 권법은 ≪기효신서≫<권경첩요편>으로 향하는 관문이었다. 삼십여 년도 넘게 ≪무예도보통지≫의 권법을 익혀왔던 터라 <권경첩요편>을 풀어내는 걸 그다지 어렵게 생각하지 않았던 것이 패착이었다. 몸의 움직임과 번역은 달라도 너무 달랐다. 늘 반복하던 기법들도 막상 지면으로 옮기려면 막히기 일쑤였다. 안다고 생각했지만 아는 게 아니었다. 한자의 함축성으로 인해 어느 의미를 취하고 어느 걸 버려야 할지, 숙어와 무술 관용구를 어떻게 평이한 언어로 옮길 것인지, 기존의 번역과 대비해 나의 장점을 어떻게 살릴 것인지 등등 수많은 질문들이 꼬리를 물었다. 나름 마무리했다고 안도할 무렵 만난 또 다른 자료들, 더 나은 결과물을 만들고 싶다는 욕심, 이 모든 것들이 어우러지다 보니 시간은 한정 없이 늘어나고 말았다. 책 출간을 기다리던 예비 독자들의 열심히 하라는 덕담이 언제부터인가 "네가 그러면 그렇지, 어떻게 그런 책을 쓰겠느냐?"는 빈정거림의 환청으로 다가왔다. 늦었지만 내가 빈말을 한 것이 아니라는 걸 증명하게 되어 기쁘다.

무예 공부를 본격적으로 시작하면서부터 ≪기효신서≫<권경첩요편>은 나에겐 언젠가는 넘어서야 할 산이었다. 그나마 다행인 것은 처음엔 태산이던 것이 시간이 지남에 따라, 그리고 나의 공부가 깊어지고 생각이 무르익으면서 그나마 넘어설 만하다고 느껴지게 되었다는 점일 것이다. 넘어선다는 게 정복한다는 의미는 아니다. 지금 이 순간에도 내가 선택한 용어들에 주저되는 바가 없지 않다. 한 번의 작업으로 마무리하겠다는 생각 자체가 과도한 욕심인지도 모른다. 매번 산에 오를 때마다 다른 감흥을 느끼는 것처럼 다음엔 또 다른 결과를 낳을지 모른다.

나름 묻고 배우며, 생각하기를 게을리하지 않았다고 믿고 있으나 넓고도 깊기만 한 무예의 세계에서 나의 학문이란 지극히 초라하기만 하다. 그나마 이 정도의 작업을 할 수 있었던 것은 선학들의 노고에 힙입은 바가 크다. 그들이 멈춰 선 자리를 나의 출발점으로 삼을 수 있다는 것은 후학의 특권이다. 지금 내가 선 자리가 뒷날 그 누군가에게도 그렇게 받아들여질 수 있기를 바란다.

시대가 시대이니만큼 인터넷을 통해 다양한 사람들과 소통하고자 노력하고 있다. 링크드인(www.linkedin.com)의 '한국무예전문가그룹(Korean Martial Arts Professionals)'과 페이스북의 '한국무예연구소(KIMA, Korean Institute for Martial Arts)', '네덜란드십팔기협회(Dutch Sibpalki Association)'를 통해 사람들과 만나고 있다. 시공간을 떠나 관심 주제를 가지고 거의 실시간으로 토론을 나눌 수 있다는 건 행운이다. 나의 지식을 공유한다는 의도로 시작한 것이지만 의외로 지적 계발을 받는 경우가 더 많은 것 같다. 시간이 허락하는 한 온라인 활동을 통해 더 많은 사람들과 즐거운 소통을 하고 싶다. 관심 있는 독자들의 참여를 바란다.

이제 이 책을 떠나보내야 할 시간이다. 본서가 독자들이 고전무예의 세계로 들어가는 데 작은 안내서가 될 수 있다면 저자로서 그보다 더 큰 기쁨은 없을 것이다. 아울러 새로운 작업을 통해 독자들과 다시 만날 수 있기를 희망한다.

◆ 감사의 글

보잘것없는 책이지만 이 책을 집필하는데 음으로 양으로 많은 도움을 받았다. 지면으로나마 감사의 마음을 전한다.

먼저 해범 김광석 선생님께 감사 드린다. 무예뿐 아니라 기공과 한의학, 수양 등 전통적인 몸학 전반에 걸쳐 확고한 인식론적 기반을 다질 수 있었던 것은 모두 당신의 가르침 덕분이다. 돌아보면 당신과 함께 했던 20대는 내 인생을 담금질하는 시기였다. 미욱한 제자를 키워주신 은혜에 다시 한 번 감사 드린다.

왈라번(Boudewijn Walraven) 교수님께 감사드린다. 이 책은 네덜란드 레이던대학교(Leiden University)에서 2009년부터 2011년에 걸쳐 행한 특강을 기초로 집필되었다. 무예학이 한국학의 중요한 분야라는 믿음을 가지고 계신 교수님의 혜안이 아니었다면 나의 강의는 이루어지지 못했을 것이다. 귀중한 기회를 제공해주신 교수님께 진심으로 감사 드린다. 아울러 행정적인 편의와 공간을 제공해준 레이던대학교 한국학센터와 관심과 격려를 아끼지 않으신 한국학과의 렘코 브뢰우커(Remco E. Breuker), 쿤 더 세우스터(Koen de Ceuster), 지명

숙 교수님께 감사 드린다.

카리오 파르토수브로토(Karijo Partosoebroto)와 파트리시아 파르토수브로토(Patricia Partosoebroto) 내외에게 고마움을 전한다. 레이던대학교 특강에서 만났다. 나의 취지에 동감해 집필을 위한 재정적인 후원을 해주었다. 그들의 도움이 없었다면 이 책은 나오지 못했을 것이다. 다시 한 번 감사한다.

한국과 중국에서 자료를 공수해준 이성현, 박금수, 허대영, 황문호에게 고마움을 전한다. 시도 때도 없는 부탁에도 불구하고 늘 성의를 다해서 도와주었다. 모두 학문에 뜻을 두고 열심히 공부 중이다. 다들 훌륭한 학자로 성장하길 바란다. 특히 중국 문학을 전공한 이성현 박사는 권법 32세의 가결 해석에 중요한 지적과 코멘트를 해주어서 내용을 충실히 하는데 도움을 많이 받았다. 이에 감사한다.

동생 최동규에게 고마움을 전한다. 네덜란드에 거주하지만 한국에 늘 이런저런 일들이 많다. 번거로운데도 불구하고 매번 부탁할 때마다 기꺼이 처리를 해주어서 집필에 집중할 수 있었다.

아버지 최돈화, 어머니 김찬숙 님께 감사 드린다. 당신들의 사랑과 헌신이 아니었다면 지금의 나는 없었을 것이다. 멀리 나와 살다 보니, 그리고 자식을 키우는 입장이 되고 보니 당신들 마음을 조금이나마 더 이해할 것 같다. 늘 건강하시고 행복 하시기를 기원한다.

봅 보스만(Bob Bosman)과 릿 보스만(Riet Bosman) 장인어른 내외께 감사 드린다. 한 지붕 밑에서 생활한지도 어언 10년이 넘었다. 당신들의 도움이 없었다면 네덜란드에 정착해 이 만큼 생활할 수 없었을 것이다. 이에 감사 드린다. 글을 마무리하던 중 안타깝게도 장인어른께서 운명을 달리 하셨다. 삼가 고인의 명복을 빈다.

아내 수정 보스만(Soo Jung Choi-Bosman)에게 감사한다. 게으른 천성 탓에 아내의 독려가 아니었다면 작업이 더욱 늦어졌을 것이다. 대기만성(大器晩成)의 남편을 만났다고 믿고 있는 아내에게 여전히 '만성'은 그냥 늦은 정도가 아니라 '굉장히' 늦게 라는 말이며, 여전히 때가 무르익지 않았다고 얼버무려야 해서 미안할 따름이다. 지금은 중학교에 다니는 예분, 효신 두 딸과 초등학생인 막내 종우가 장성할 때쯤이면 '만성'이 되리라고 말을 바꿀까 고민 중이다.

어디 감사드릴 사람이 이뿐이겠는가? 지면으로 옮겨지지 않았더라도 넓은 아량으로 이해해주시리라 믿는다. 나의 책은 비록 보잘것없는 종이 묶음에 불과할지 모르나 여기엔 셀 수없이 많은 삶의 궤적이 서려 있다. 시공간을 넘어 만난 수많은 사람들, 나는 그들과의 대화를 통해 때로는 공감하기도 하고 때로는 그들의 논리와 치열하게 대결하기도 하며 많이 배웠다. 그 지식과 깨달음에 다시 한 번 감사한다.

특강에 참여해 질문과 열띤 토론을 진행해주었던 수강생들과 직·간접으로 나에게 배움을 청하는 모든 이들에게 고마움을 전한다. 교학상장(敎學相長)이라고 가르치는 과정에서 나 역시 새로운 깨달음을 얻는다. 나와의 인연이 그들의 무예 공부에 조금이라도 계발을 주는 바가 있다면 그보다 더 큰 보람은 없을 것이다.

마지막으로 본서를 출간해 주신 한국학술정보에 감사 드린다. 무예 이론 분야의 책이 시장성이 있을 리 만무한데도 불구하고 책 출판의 기회를 주셨다. 깔끔한 디자인과 꼼꼼한 교정 작업 덕분에 책이 더 빛을 발하게 되었다는 점은 두 말할 필요도 없을 것이다.

◆ 색인

인명색인

ㅈ

ㅊ

ㅋ

ㅌ

ㅍ

ㅎ

서명색인

ㅅ

ㅇ

ㅈ

ㅊ

항목색인

ㄴ

ㄷ

ㄹ

ㅁ

ㅂ

ㅅ

ㅇ

ㅈ

ㅊ

ㅋ

ㅌ

ㅍ

ㅎ

최복규

서강대학교에서 물리학을 전공하였다. 졸업할 무렵 무예를 평생의 화두로 삼겠다는 생각에 진로를 바꿨다. 서울대학교에서 전통무예와 ≪무예도보통지≫에 관한 연구로 석사와 박사 학위를 받았다.

인생의 경로를 바꾼 계기는 ≪무예도보통지≫였다. 문치의 나라 조선이 남긴 고전무예의 무게가 예사롭지 않다는 사실에 신선한 충격을 받았다. 현란한 몸짓에 깃든 기술적인 성취를 넘어 그 무예를 가능하게 하는 인간의 내면을 읽어내는 데 관심을 가지고 있다. 전통주의자를 자처하지만 민족주의적인 입장이 아니라 무예 인문학적인 관점을 견지한다. 고전무예서 번역은 그 출발점이다.

서울대학교 스포츠과학연구소 선임연구원, 영산대학교 동양무예학과 교수, 레이던대학교(Leiden University) 지역학연구소의 방문학자로 연구하고 가르쳤다. 현재 네덜란드에 거주하며, 한국무예연구소(KIMA, Korean Institute for Martial Arts), 네덜란드십팔기협회(Netherlands Sibpalki Association)를 이끌고 있다. 연구와 교육, 집필에 힘쓰며, 강연과 세미나, 소셜 네트워크를 통해 일반 대중과 소통하려는 시도를 꾸준히 하고 있다.

〈≪무예도보통지≫ 권법 연구〉, 〈≪기효신서≫ 판본에 관한 연구〉, 〈태권도 전사(前史)로서 택견 사료 해석〉, 〈태권도 전사(前史)로서 수박(手搏) 사료 해석〉 등 다수의 논문과 ≪조선 중기 무예서 연구≫(공저), ≪무림고수를 찾아서≫(공저), ≪한국의 전통무예 십팔기≫ 등의 책을 썼다.

권법 바이블

≪기효신서≫를 통해 본 고전 권법

초판인쇄 2018년 11월 30일
초판발행 2018년 11월 30일

지은이 최복규
펴낸이 채종준
펴낸곳 한국학술정보㈜
주소 경기도 파주시 회동길 230(문발동)
전화 031) 908-3181(대표)
팩스 031) 908-3189
홈페이지 http://ebook.kstudy.com
전자우편 출판사업부 publish@kstudy.com
등록 제일산-115호(2000. 6. 19)

ISBN 978-89-268-8615-1 93690